JN194463

俗化する
宗教表象と明治時代——縁起・絵伝・怪異

堤　邦彦／鈴木　堅弘 編

三弥井書店

目次

Ⅲ　モノとしての寺社縁起と近代

はじめに

鈴木　堅弘

「俗化」へのまなざし

遠くて近きは男女の仲というが、残念ながら、学術世界はそれほどロマンチックではない。

本書においても、遠くて近きものは「明治」という時代である。さらに言えば、宗教的なモノ・コトに付随する〈聖なるもの〉と〈俗なるもの〉の繋がりも、遠くて近きものといえよう。

日本の宗教文化にそうした聖・俗の交わりを見い出す視座は、これまでにもくり返し考究されてきた。とくに、『寺社縁起の文化学』（堤邦彦・徳田和夫編、二〇〇五年、森話社）、『遊楽と信仰の文化学』（堤邦彦・徳田和夫編、二〇一〇年、森話社）による共同研究の成果は、中世から近世にかけての高僧絵伝や寺社縁起が、寺院施設・仏像・宝物・絵伝・縁起書などの「モノ」（物質）と、仏教説話・高僧伝記・開基伝承などの「コト」（言説）との結びつきによって民衆へと伝播していくプロセスを宗教性の卑俗化という観点から明らかにした点で、画期的であった。それまでの研究では、これら高僧絵伝や寺社縁起は、ことさら〈聖なるもの〉として考究されることが多かったが、先の共同研究では、その視座を絵解き説法や歌舞伎・浄瑠璃などの芸能、あるいは土着の民間信仰を含んだ先祖供養や風俗祭祀など、〈俗なるもの〉の領域まで延ばしていったのである[1]。それはいわば、人びとの生活が有する俗物的なエネルギーのなかに、中世以来の〈聖なるもの〉としての宗教機能が汲み上げられ、聖・俗が融和する宗教文化の大衆化を自明理にあぶり出すものであった。

本書も、それら前書の学術的な流れを受け継ぐものとして、表題に「俗化する」という言葉を用いた。本書における「俗化」とは、高僧絵伝や寺社縁起などの宗教的事物（モノ・コト）が、現世利益や大衆芸能を好む人びとの心根にシンクロすることで、ときに不真面目に「卑俗化」することを意味する。しかも、そうした卑俗化への意識は、正規の経典・教義と重なりつつも、異なる次元に存在する。むしろそれらは、民衆の日常的な生活習慣からおのずと湧き上がり、ひいては人間心理の奥底にひそむ享楽を求める精神にまで行きつくことになる。

もっとも、本書の特色は、そうした視座を引き継ぎつつも、前書ではほとんど触れられることはなかった「明治」という時代に着目した点にある。宗教的事物への理解は、ほんらい院政・中世・近世・近代と安易に時代区分できるものではないが、これまでの高僧絵伝や寺社縁起の研究においては、おもに中世期や近世期といったパラダイムで区切られるケースが多かった[2]。いうならば、その視座を「近代」にまで延ばすことはなく、「前近代」の範疇でとどまっていたのである。

それはおそらく「明治」という時代が、民衆の生活圏においては、聖俗が混交する旧来の宗教観を有していたにもかかわらず、一方で、政治的な思想圏においては、神仏分離や廃仏毀釈など、聖俗を切り離す新時代の宗教観を浸透させていたからであろう。この二面性が、明治期の高僧絵伝や寺社縁起を考究する際に、思考のプロセスをより複雑にし、新たな結論を導き出すことを困難にする要因となった。

さらに言うならば、明治期の寺社縁起の研究が遅れた理由として、新政府による仏教弾圧などの宗教政策により、前近代の卑俗化した宗教文化が歴史から失われたという教科書的な認識を挙げることができる。たしかに、明治の日本といえば、早急に近代化を推し進めるあまり、多くのものを見失い、捨て去りもした時代であった。こと、宗教文化に限っていえば、神仏分離や廃仏毀釈が象徴する時代精神が、民衆の信仰心を生活圏から切り離し、その心を国家主導の殖産興業へと向けさせたこともまた事実である。

ところが、そうした月並みな歴史解釈も、当時の西洋人のまなざしを介すと、また違った見方ができる。明治期に日本にやってきた西洋人たちは、新政府の宗教政策が各地で断行されるなかで、なお民衆の生活習慣には聖俗が入り乱れる宗教観が根づいている点に、いち早く魅力を感じていたのである。

たとえば、イギリス人ジャーナリストのエドウィン・アーノルドは、明治二十二年(一八八九)末から数年間、日本に滞在し、その見聞録『ヤポニカ』(明治二十五年・一八九二)に、次のように記す。彼は、「一八六八年(明治元年)以降、国家神道を社会的・民衆的な信仰基盤とする変革がもたらされた」としたうえで、

[それによって逆に]仏教は、広く浸透し、これまで以上に民衆の宗教となった。とはいえ、日本人がどのようにゆっくりと、日常生活の中へ信仰要素を取り入れたのかを説明するのは難しい。彼らは、熱心な信仰をもたない人びとであるが、だからといって無宗教であるわけではない。日本人は、あらゆる縁日や祭りに、すなわち「聖なる日」として、市場や饗宴を混ぜ合わせる。(3)

と記述する。この西洋人のまなざしに、明治時代においてもなお、人びとが「聖なる日」に買い物や宴会を楽しむ、

聖俗が混在する信仰習俗の在り方をとらえることができる。(4) それはまた、仏教信仰が、祭りや縁日など、民衆生活の一部として大衆化する江戸人の宗教観を引き継ぐものでもある。そして、エドウィン・アーノルドの見聞を信じるならば、このような仏教の「俗化」は、明治期の神仏分離や廃仏毀釈をひとつの契機として、さらに助長されたという。もちろん、かれら西洋人は、西欧社会が有する規範としての「宗教」(religion) との比較において、明治期の「民衆の宗教」、すなわち世俗仏教や民間信仰を眺めていることを忘れてはならない。

もっとも、こんにちのわれわれが、彼らの見識から汲み取るべきは、明治政府による神道政策が断行される中、なお人びとは、旧来の仏教を捨てずに、既存の信仰を生活を彩る楽しみとした実態である。そしてこの傾向は、同時代の地方社会において、とくに強くあらわれたのではなかろうか。中央教団による教義的な支えが希薄な地方村里では、廃仏毀釈の思潮が吹き荒れるなか、旧来の仏教信仰が失われるか否か、その狭間で、人びとは戸惑い、結束したにちがいない。彼らは祖先より受け継いできた高僧絵伝や寺社縁起を、いわば「聖なる日」に披露する楽しみとして「俗化」させることで、守り抜いてきたといえよう。

本書における各論考も、そうした宗教的事物(モノ・コト)の卑俗化を「明治」という時代から読み解くことをテーマとしている。

第一部では「開化期の高僧絵伝・聖人伝説」と題し、明治期の高僧絵伝や宗祖伝承を取り上げつつ、とくに地方社会における在地信仰のあり方に着目する。そうした地域では、開化期以降も、中央教団とは異なる意向で、聖俗の入り交じる宗教観が人びとの信仰習慣の支柱を成したことを明らかにする。

第二部では「仏教説話・寺社伝承の明治時代」と題し、江戸期の寺社をめぐる怪談や奇譚が、明治期の科学技術や鉄道敷設が発達する社会において、どのように読み解かれ、享受されていったのかを問うものである。

そして第三部では、「モノとしての寺社縁起と近代」と題し、明治期の寺社が有する視覚表現や神仏尊像を取り上げる。そうしたモノの含まれる信仰イメージが、新聞や観光などのメディア産業を通じて、いかなる変遷を遂げ、人びとに受け継がれてきたかを論じる[(5)]。

またいずれの部においても、中央教団と地方村民における認識の格差や、絵伝や縁起のあり方が近世・近代などの時代区分を越えて継承される問題など、さまざまな課題に取り組むものであることは言うまでもない。

なお、本書を編むきっかけとなった出来事について、一言ふれておきたい。現在、「寺社縁起研究会・関西支部」を京都精華大学にて定期的におこなっている。同研究会はいつも少人数ながら、発足からすでに二十年以上も続き、来る者は拒まず、去る者は追わず、のらりくらりと考究を進めてきた。その研究会が母体となって、二〇一五年十二月に公開シンポジウム「俗化する高僧絵伝と明治時代―寺社縁起における近代とは何か?」(於キャンパスプラザ京都)を開催した[(6)]。同シンポジウムは、文学、民俗学、美術史、芸能史、宗教学などを専攻する研究者が集い、寺社縁起における「近代」の問題を正面から討議する内容であった。本書は、同シンポジウムを一つの契機とし、そこでの発表を各人が論考にまとめ、一冊の本にしたものである。

また本書を企画するにあたって、まず思い浮かべたのは、「遠くて近きは」の言葉であった。学問の世界では、時として、〈遠くのもの〉と考えられていた過去の出来事が、ふと何かのきっかけによって、われわれの身近に存在する〈近くのもの〉と結ばれる瞬間がある。本書の目的も、「明治」という時代を扱いつつも、絵伝・縁起が描く〈過去〉が、〈今〉を生きるわれわれの日常生活と結ばれる接点をとらえる試みである。

それはまた、「明治」という時代が、現代を生きるわれわれにとって、遠くにあるように思えて、存外、近しい、そう思えることが、本書のめざす帰結点となる。

注

（1）堤邦彦「寺社縁起の転換期―近世から近現代へ」（堤邦彦・徳田和夫編『寺社縁起の文化学』二〇〇五、森話社、八頁―九頁）。

（2）そのほか、近年、寺社をめぐる縁起書・絵巻等の共同研究として、主たる成果を下記に列挙しておく。佐野みどり・新川哲雄・藤原重雄編『中世絵画のマトリックス』（二〇一〇、青簡舎）。藤巻和宏編『聖地と聖人の東西―起源はいかに語られるか』（二〇一一、勉誠出版）。徳田和夫編『中世の寺社縁起と参詣』（二〇一三、竹林舎）。佐野みどり・加須屋誠・藤原重雄編『中世絵画のマトリックス Ⅱ』（二〇一四、青簡舎）。大橋直義・藤巻和宏・高橋悠介編『中世寺社の空間・テクスト・技芸―「寺社圏」のパースペクティヴ』（二〇一四、勉誠出版）。小林真由美・北條勝貴・増尾伸一郎編『寺院縁起の古層―注釈と研究―』（二〇一五、法藏館）など。

（3）エドウィン・アーノルド『JAPONICA』New York Charles Scribner's Sons,1892,p.15（和文への翻訳および［　］の補足は筆者による）。

（4）他にも、オーストリア人の美術研究家アドルフ・フィッシャー（『明治日本印象記』）や、イギリス人の女性作家イザベラ・バード（『日本奥地紀行』）などが、明治期の日本における〈宗教的祝祭〉と〈寺社境内の娯楽〉との結びつきを報告している。

（5）同研究会は当初「縁起学研究会」として京都で発足し、二〇〇一年に関東の「寺社縁起研究会」と協同するかたちで、その「関西支部」となった。

（6）　また同シンポジウムは、日本学術振興会科学研究費補助金「「明治期の高僧絵伝」における地方寺社伝承の近代化に関する研究」（研究代表者・鈴木堅弘：平成25年度から平成27年度まで）によって遂行されたものである。

I　開化期の高僧絵伝・聖人伝説

高僧伝のゆくえ——『高祖見真大師御旧跡要図』

堤　邦彦

はじめに——近世僧伝の「物語」志向

上越新幹線の浦佐駅を降りると、構内の一画に彫工・石川雲蝶（一八一四—八三）の竜虎図を模写した巨大な極彩画が目に入る。雲蝶は「越後のミケランジェロ」と呼ばれた幕末・明治の彫工であり、新潟の社寺を中心に千点余の作品を残している。

浦佐駅のレプリカは魚沼市の曹洞宗・西福寺開山堂の天井に彫られた「道元禅師猛虎調伏の図」（寛政四年・一八五七）を写したもので、中国大陸の荒野を行く修行中の道元にまつわるエピソードが三間四方の天井全面を埋め尽くし、岩絵具で鮮やかに彩られている。いまにも襲いかかろうとする虎に、道元は拄杖を投げつける。すると不思議なことに、杖が龍に変じて虎を追い払った。宗祖道元の威大な禅定力がいまも西福寺の天井画となって訪れる人の目を驚かせるのであった。開山堂には、天井画のほかにも正面の欄間に彫られた「一夜碧巌（へきがん）」「血脈池」「稲荷神の加護」といった宗祖伝の名場面が配され、曹洞禅の開創をものがたる故事のかずかずを致密な技により再現している。いわば開山堂そのものが道元伝記をつづる壮大な宇宙となっているわけである。

一方、道元の生涯を讃える法悦の物語を宗門の歴史資料に対置してみた場合、それらが近世になってはじめて宗祖伝の一景に加えられ、一般信徒に向けて唱導されるようになった比較的新しい「物語」であることに気付かされる。(1) たとえば西福寺の開山堂を飾った猛虎調伏の説話についていえば、古くから教団に伝わる『建撕記（けんぜいき）』（応安二年・一四七二）の諸本はこの話にまったく触れていない。ところが、近世後期に流布した絵入版本の『訂補建撕記図会』（文化三年・一八〇六序、同一四年刊）や、木版掛幅絵伝の『永平道元禅師行状之図』（文化十三年刊、双幅）は、おしなべて猛虎の調伏を宗祖入宋時の霊験として載せるのであった。近世後期の曹洞教団においては、俗説を聖なる宗祖伝の一齣に挿しはさむことを忌避せず、むしろ異国の荒野を行く道元のたぐいまれなる法徳をあらわす「物語」に昇華させる力がはたらいていたともいえるだろう。

道元の弟子　虎猫に杖を投げ

（『日本史伝川柳狂句』）

杖で猫を追い払う禅寺の和尚の日常を道元伝の故事にからめる右の句がすぐさま発想された背景には、近世社会に行きわたった俗伝許容の宗風が大いに作用していたと考えて差し支えない。

もっとも近世にたちあらわれる高僧伝の物語化は、なにも曹洞宗に限った動向ではない。浄土宗十八檀林の名僧にまつわる神異な利益譚や妖魔鎮圧のエピソード、あるいは真宗の二十四輩寺院を舞台とした東国の親鸞伝説については、前著『絵伝と縁起の近世僧坊文芸—聖なる俗伝』（二〇一七、森話社）にその一端を考察した。とりわけ絵画をともなう絵解き説法の法席にあって、信徒の心に響く宗教英雄の物語は、前代にも増して説話性にとむものに変遷し、波瀾万丈の伝奇世界をドラマチックに描くことにより、文芸虚構の世界との類縁性を強めるにいたった。

曹洞宗とならんで檀家数の多い浄土真宗の教線では、とくに地方の末寺を中心に絵解きの物語化、伝奇化がおしすすめられていた。京都の本山・本願寺から遠く離れた北関東や四国の真宗寺院に残る幕末・明治の絵伝には、本山より下付された四幅もの「御伝絵」にとうてい載らないような、土地の親鸞伝説が目につく。土着の神霊を教化し、念仏の功徳を示す神異僧、・親鸞のマジカルな物語を図像化した絵伝の登場は、歴史僧伝と在地伝承の混交を如実にあらわす。

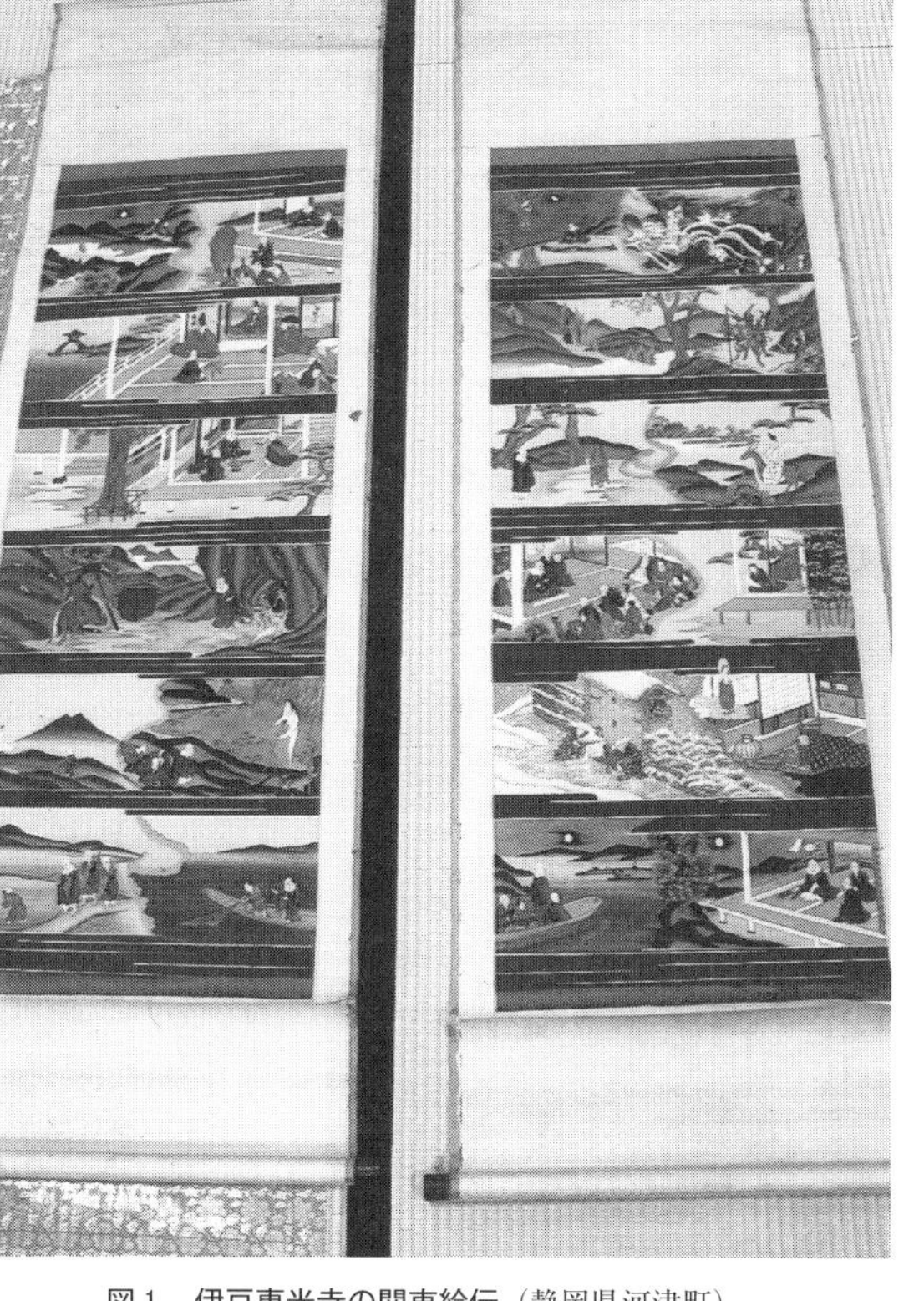

図１　伊豆専光寺の関東絵伝（静岡県河津町）

北関東の二十四輩寺院に散在する「関東絵伝」は画かれた親鸞伝説の典型といえるだろう。茨城県坂東市・西念寺の所蔵する『御絵伝関東の巻』（双幅、肉筆、紙本著色）をはじめ、現在所在を確認できるものだけで九点の関東絵伝が諸寺の宝物となっている。(2)

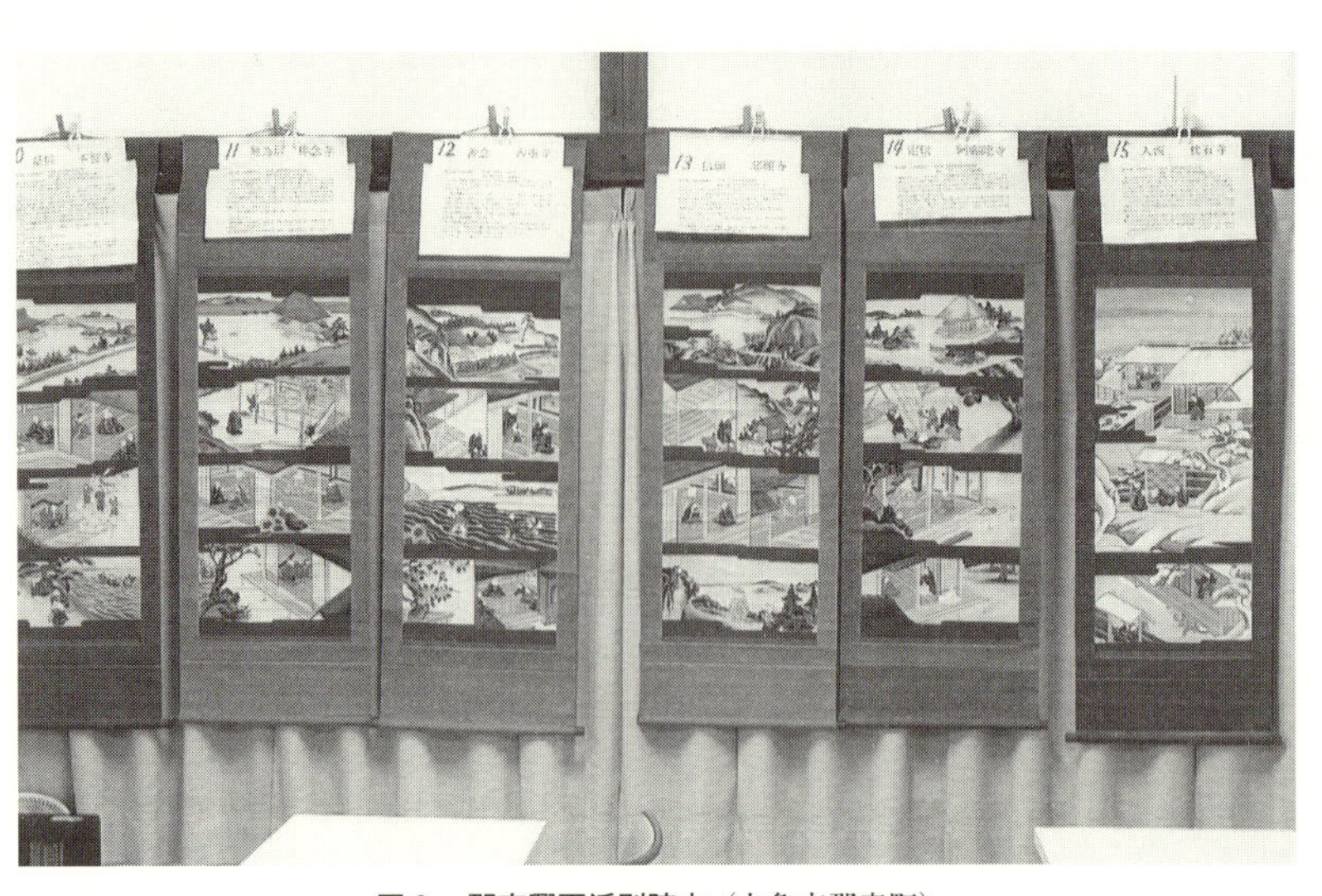

図２　郡家興正派別院本（丸亀市郡家町）

それらはいずれも近世に隆盛した宗祖の聖跡巡拝〈二十四輩めぐり〉を意識した内容と図像配置を特色としており、巡拝型絵伝と呼ぶにふさわしい形態の一群であった。

巡拝型絵伝の分布はおもに北関東に集中するものの、諸寺の絵伝を模写して遠方に運んだ例（西念寺本を写した伊豆専光寺本など）もあり、全国に四散したものもある。また、幕末から明治初年にかけて讃岐の興正派により編まれた二十四幅形式の巡拝型絵伝は、関東から四国に伝播した親鸞伝説の実態をつぶさにものがたる。香川県綾川町の法専寺本、丸亀市郡家町の郡家興正派別院本はその典型である。

そもそも京都の本山側が意図した「御伝絵」編纂の意味に立ちもどっていうなら、宗祖絵伝を末寺に下付する本来の目的が、教団公許の「正しい親鸞伝」を弘めるところにあったことは言うまでもない。そのために本山の絵所で均質な図様内容のテクストが画かれ、異説俗伝の入る余地を排除したわけである。(3) そのような宗門の事情に比定するとき、地方絵伝の生成は、近世期にわきおこった高僧伝の物語化が個々の門徒圏に皮下浸透をはたした結果とみることができるのではないか。

地方門徒圏に語られた近世後期の親鸞伝説は、その後の近代化の渦中にあっていかなる展開をみせたのであろうか。明治十年代から二十年代になると銅版活字を用いた略縁起や掛幅絵伝が普及し、同三十六年の帝国文庫版『仏教各宗高僧実伝』正・続の刊行をへて、物語色の濃い通俗僧伝が全国規模の「読者」を得るようになる。唱導のメディアが享受層を飛躍的に拡大した明治期において、肉筆、木版を基本とする巡拝型の親鸞絵伝は、いかなるかたちで地域密着の寺宝から、より広範な享受を意識した僧伝の物語に転換したのか。そのあたりの変遷を明らかにするため、本稿では明治十年代に成立した『高祖見真大師御旧跡要図』（木版、紙本手彩色、一幅）に着目してみたい。

明治九年（一八七六）、親鸞に「見真大師」号が下賜されたのを契機として、書名に大師号を冠する親鸞伝や旧跡めぐりの書物が陸続と刊行された。本絵伝もそのような流行色を受けて生まれたものであるが、一方、内容上の類似から、近世に流布した二十四輩旧跡の伝承との間にきわめて密接な関係を見出すことができる。

近世後期に確立した通俗かつ在地性の濃い親鸞絵伝の系譜は、廃仏毀釈の嵐に揺れ動く明治初年の唱導界にあって、どのような変貌をとげていったのか。本稿の目的は、前近代の二十四輩絵伝や旧跡伝承との類比において明治の親鸞絵伝の特性を浮き彫りにするところにある。

見真大師ものの諸相

『高祖見真大師御旧跡要図』の考察に先立って、大師号下賜以降の明治一〇～二〇年代の出版界に見出される「見真大師」ものの刊行について概観しておきたい。

二十四輩旧跡に関する参詣案内書で、近世期に最もよく読まれた絵入り版本は、おそらく『二十四輩順拝図会』（享和三年・一八〇三刊、続篇文化六年・一八〇九刊）であろう。随所に大坂の絵師・竹原春泉斎の挿絵を加えた平

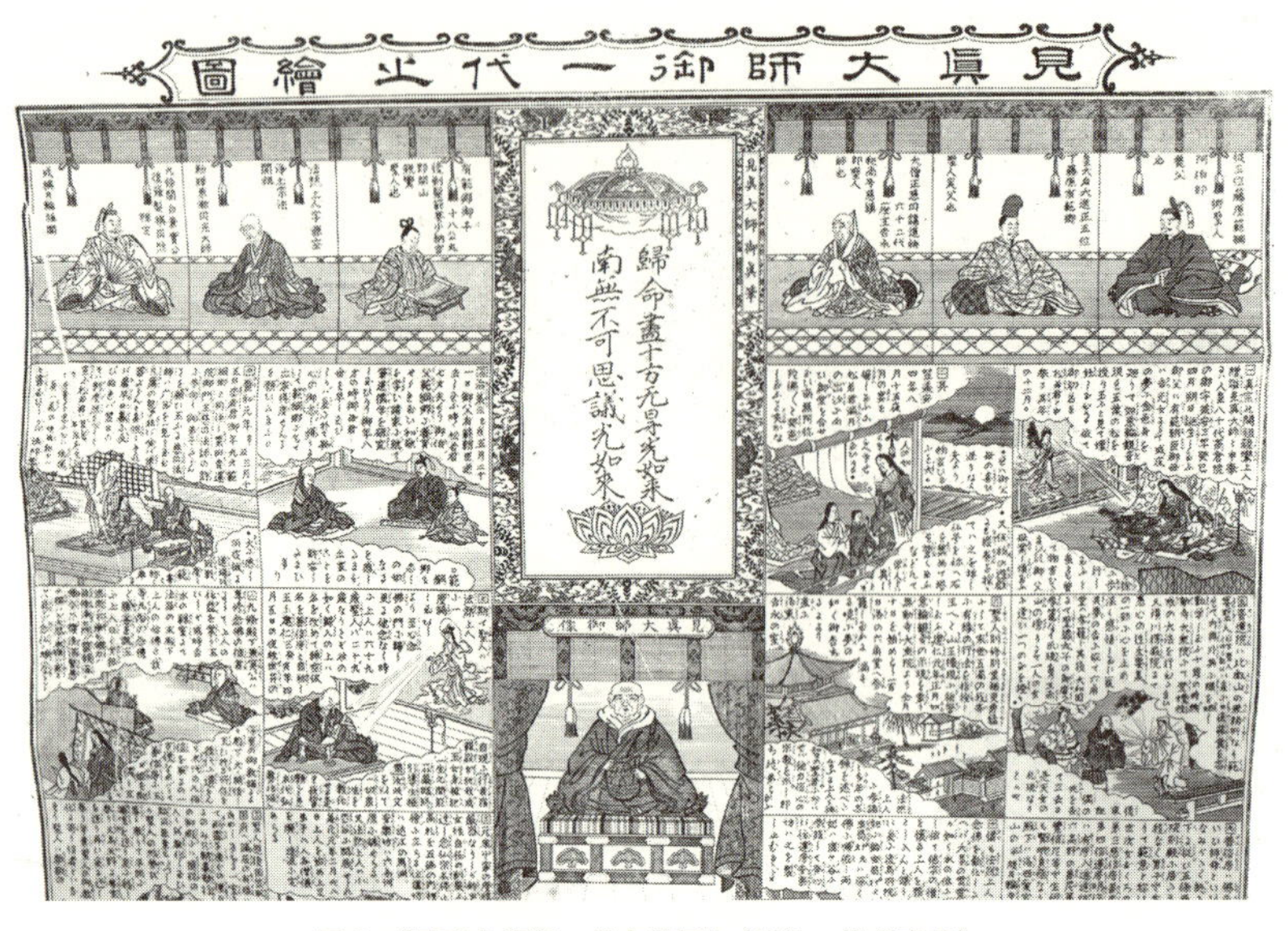

図3 『見真大師御一代之絵図』（部分、堤邦彦蔵）

仮名ルビ付きの読みやすい形態もあいまって、一般向けの通俗伝記として大いに普及した。

いわば紙上巡拝記の性質をあわせもつ本書が『見真大師御旧跡二十四輩順拝図会』と改題して京都の本屋・西村九郎右衛門、および護法館、顕道書院の相版により再刊されたのは明治二十八年四月であった。見真大師ものの親鸞伝の刊行があいつぐなかで、『二十四輩順拝図会』の改題・再刊もまた大師号下賜以来の出版界の風潮と無縁ではなかったであろう。

版元に名をつらねた西村九郎右衛門は、早く明治二十年四月に木版一枚刷りの『見真大師御一代之絵図』を刊行し、宗祖の生涯を、配布に適した簡便な絵図にまとめている。細かくみていくと、絵相の構図には、万延元年（一八六〇）刊の『親鸞聖人御一代記図絵』の挿絵によく似た筆致も見受けられる[4]。『二十四輩順拝図会』とならぶ普及本を一枚刷りの手ごろな絵図に作り直して「見真大師」の名を冠したのが西村版と考えてよいだろう。

著名な宗祖旧跡の由来を選び出して紹介する体裁の案

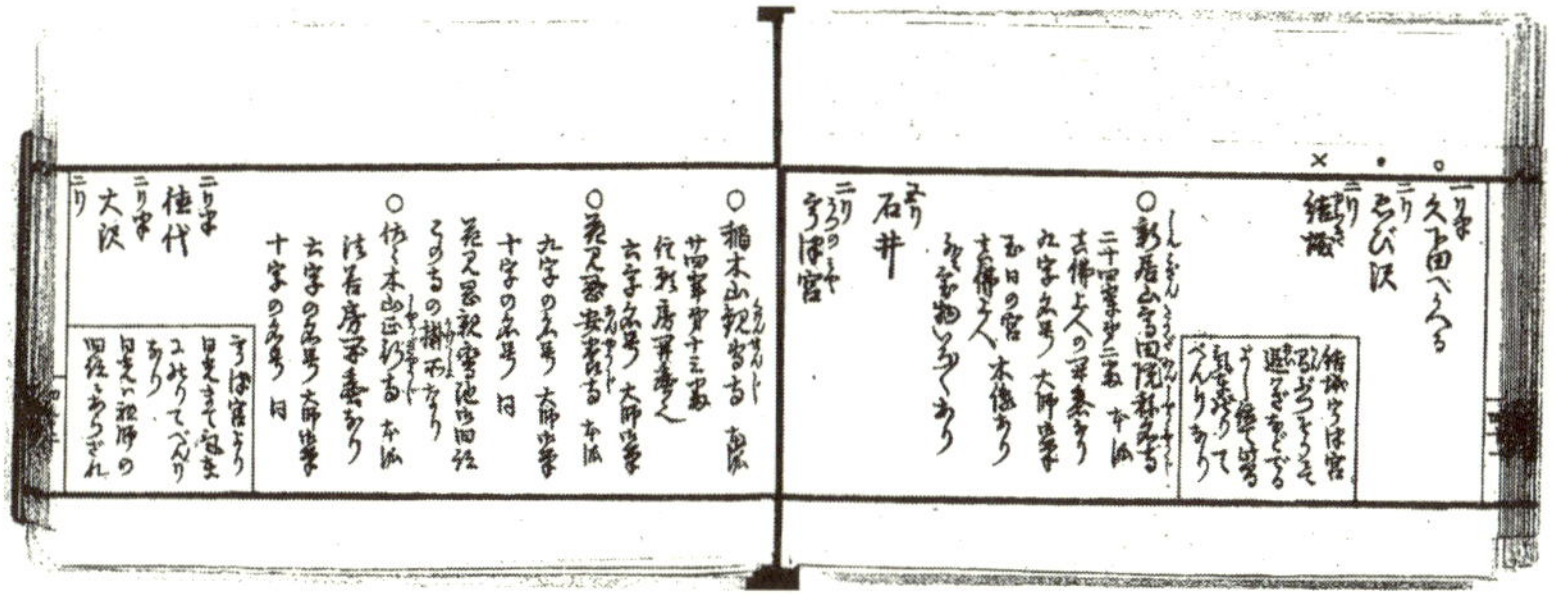

図4『見真大師御旧跡二十四輩道しるべ』（国立国会図書館蔵）

内記としては、明治二十四年六月に京都油小路花屋町上ルの顕道書院が刊行した『見真大師旧跡七不思議略縁起』がある。銅版活字を使った絵入本一冊で、「川越名号之由来」、「逆竹之由来」、「八房梅之由来」などの耳慣れた越後の旧跡説話をコンパクトにまとめた通俗本である。顕道書院は明治二十年創業の真宗専門書肆で、前に述べたように『二十四輩順拝図会』の明治版再刊にも関わっている。

さて、実際に旧跡巡拝の旅に出るには、旅程や街道の情報、宿場の善し悪し、見るべき諸寺の宝物などをしるした案内記が要るだろう。すでに近世には、この種の需要に応えて形態に利便性のある横本仕立ての小型版本が刷られていた。紅玉堂楓司『親鸞聖人御旧跡廿四輩巡拝記』（宝暦十年・一七六〇刊、一巻一冊全八十丁、享和元年再刊）や、光玉堂主人『二十四輩御旧跡道しるべ』（天保十五年・一八四四刊、一巻一冊）などはその代表的なものといえるだろう。

かような流れは西村九郎右衛門版の『見真大師御旧跡二十四輩道しるべ』（明治二十六年九月刊）へと引き継がれることになる。本書の編者は、岐阜大垣の片山嘉助で、横本（七・五×一五・八）全六十四丁の形式は基本的に近世以前の案内記を踏襲しており、京都から北陸、信州、奥州、関東、東海の旧跡をめぐりながら、再び京都に戻る旅程を紹介する。さらに本書は、明治初頭の交通事情を反映し、汽車や旅客船の利用に関する知識を書き添える点に、江戸時代版とは異なる新味を見せている。記述の一部をあげてみよう（句読点を私に補う）。

・善光寺より相原まで汽車にのるも都合なり。（十八丁）
・盛岡より松島まで汽車道九十八マイルあり。汽車にのるも便利なり。（二十七丁）
・仙台より福島まで御旧跡なし。依て汽車にのりて便利なり。（二十九丁）
・東京横浜間、汽車全通す。（四十九丁）
・草津より三十丁、山田へ船路五十丁の間、汽船数度出帆す。（六十四丁）

旅程のみならず、あまり見るもののない場合の汽車利用を勧める記述に、近代交通の時代に適合した巡拝案内記の特徴がうかがえる。さらにまた、維新後の不安定な治安を思わせる注意喚起を汽車利用にからめる以下の配慮を加えたことも、明治版『道しるべ』の興味深い内容とみてよい。

・結城、宇都宮間ぶっそうにて追いはぎなどでるよし。依て此間、汽車にのりてべんりなり。（四十三丁）
・維新以来、箱根山ぶっそうなり。依てこれより甲州街道すばしりに行くには、宮之下より一り半山北へ、ステーションより御殿場まで汽車にて行。（五十二丁）

旅の安全策に鉄道網が顧慮される近代初頭の庶民生活を思わせる記述といえるだろう。

このほか、明治四十四年九月に水戸の一心堂が刊行した『見真大師関東御旧跡明覧』も明治期らしい発想と技術に支えられた旧跡案内であった。仲村安造、塙泉嶺共編の本書は、二十四輩寺院を撮影した二十点の写真帳であり、前代の木版もしくは銅版による境内全景図を写真という新しい技術に置き換えたところに、寺院絵葉書にも通底する着想がみてとれる。

『高祖見真大師御旧跡要図』の成立

かくして明治期の出版文化の影響を受けながら、巡拝型案内記の諸作は新時代の要請に合わせた形態へと変容していく。そのような状況のもとに生成した木版掛幅図『高祖見真大師御旧跡要図』（以下『要図』）は、前近代の高僧絵伝にひき比べてみた場合、いかなる特徴と位相を示すのか。この点を明らかにするため、ひとまず『要図』の成立についで確認することからはじめたい。

全四十五景の絵相から成る本図は、下部左端に「市田治郎兵衛刻／小野周文画」とあり、彫工と画家の名前が判る。兵庫県網干出身の日本画家・小野周文（一八四七―一九三五）については、『網干町史』（一九五〇）に略歴がみえる。周文は弘化四年に網干町興浜に生まれる。小野家は代々京極佐渡守に仕える家柄であり、父の嘉左衛門も武士の勤めのかたわら画業にいそしんでいた。周文は幼くして絵を法橋周得に学び、長じて中山来章の弟子となる。明治九年、旧姫路藩窯の後に開業した民営の陶器会社「永世舎」の画工となるが、経営難で会社が解散となったため、大阪に移り扶桑絵画協会の役員をつとめる。その後、周文は天王寺の御成玄関の襖絵や、和泉・大威徳寺の仏間襖絵に絵筆をふるっている。昭和十年に八十九才で没し大阪の大覚寺に葬られた。

一方、『要図』所収の四十五景の旧跡を選び出し、詞書きを編んだのは、同じく兵庫出身の鷹津冬輝とみられる。すなわち、国立国会図書館蔵の『高祖見真大師御旧跡要図略解』（明治十五年二月刊、以下『略解』）は「第一　新黒谷」以下「第四五　光悦寺」にいたる四十五の旧跡の内容、配列すべてが『要図』の絵相と一致しており、両者の関係を絵伝とその解説本とみなすことができる。『略解』の作者に関していえば、『略解』巻頭の内題下に「鷹津冬輝編纂／小野周文　画図」とあるので、冬輝が本文の著述を担当したと考えてよいだろう。また、以下に示すように『略解』の刊記から、遅くとも明治十四年春には冬輝の編集した原稿が出来上がり、同十五年二月までに周文の画図を加

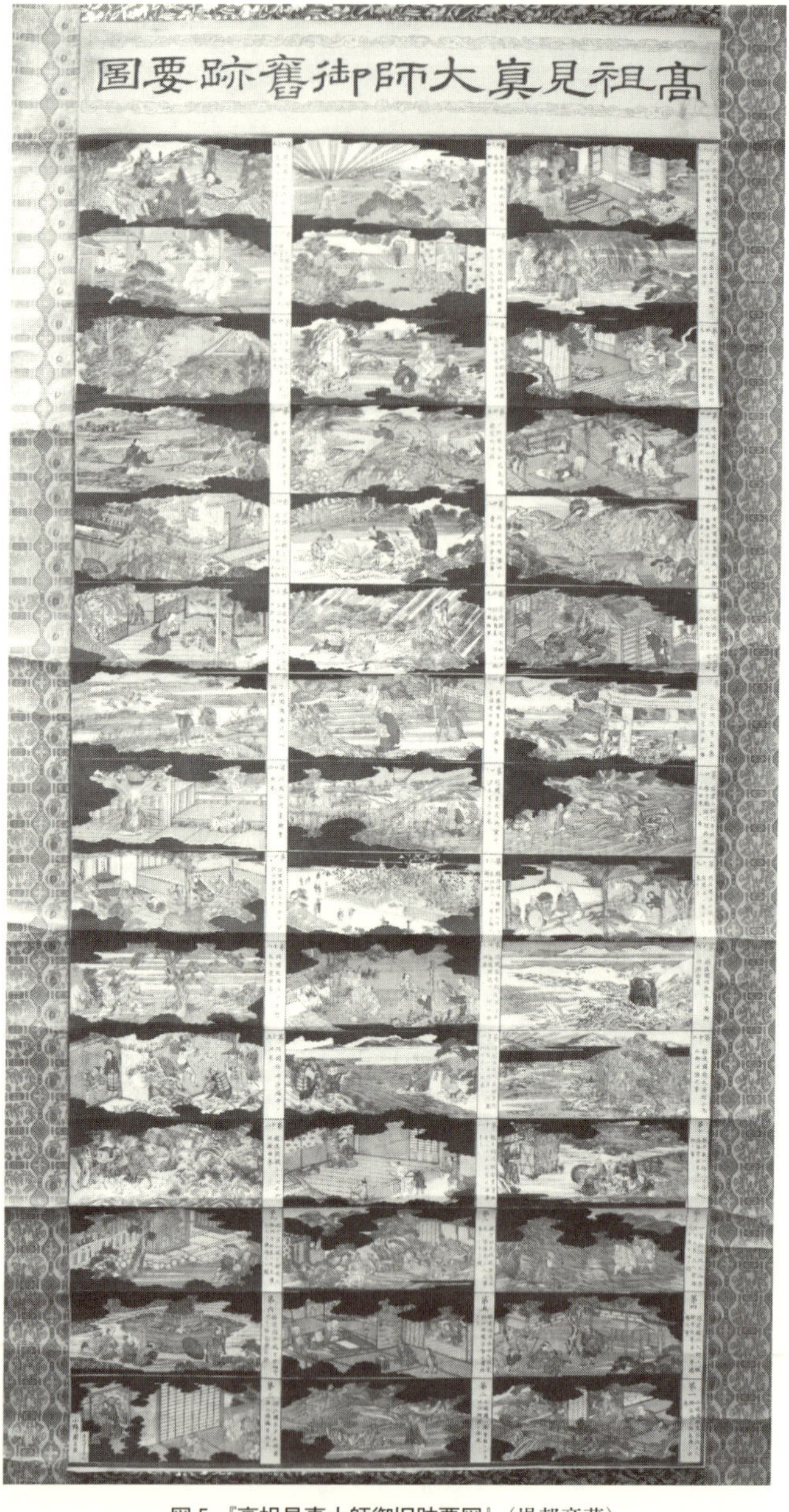

図５『高祖見真大師御旧跡要図』（堤邦彦蔵）

えて『要図』の完成をみたと推測される。

明治十四年三月八日　御願
同　年四月十六日　版権免許　定価廿五銭
同　十五年二月　刻成発兌

編輯人　兵庫県平民
鷹津冬輝
播磨国飾東郡深志ノ村
百十二番地住
出版人　同平民
本庄輔三
同国同郡米田町
十九番地住
同　同　平民
松原仁作
同国同郡元塩町
四十三番地住

『略解』刊行の出版人はいずれも冬輝と同じ兵庫・飾東郡の住人であり、地方の真宗門徒が新しい時代の巡拝案内書を生み出す原動力となっていたことを想察させる。

さて、絵相全四十五景の内容は、文言の小異をのぞけば『要図』『略解』ともにほぼ同一である。そこで、『要図』をもって四十五景の全貌を示す。それぞれの絵相の右端に付された詞書きを翻字すると以下のようになる。

第一　山城国新黒谷両上人／御取替ノ御本尊ノ由／来
第二　山城国一條寺村ニアリ／北山御堂ノ由来
第三　近江国木戸天神護法山錦織寺由来
第四　越前鯖江上野山誠／證寺由来并ニ車道／場之事
第五　越前福井木田町存家／御旧跡橘宗賢之遺跡／ナリ
第六　越前福井城下果畑中ニ／アリ柘枉御旧跡
第七　加賀松任坂　元(ママ)(本)山本／誓寺由来上人倉部／川ヲ渡リ玉フ図
第八　越中砺並郡勝興寺由／来　順徳帝上人之草／庵ニ入玉フ図
第九　越中富山城下館定山／極性寺由来ニ二王ノ木像／上人ヲ礼拝スル図
第十　越中新川郡三日市辻／徳法寺由来并ニ三本／柿ノ事
第十一　越中国同郡金屋浄永／寺三十五名号之由来／ナリ
第十二　越後国親シラズ之御／旧跡由来
第十三　越後国府大場村小丸／山御旧跡之事

第十四　同国頸城郡高田寺町／踊躍山浄興寺ノ川越／御名号ノ由来
第十五　同国柿崎浄福寺ノ由来
第十六　越後国功徳池ノ浜御／旧跡由来
第十七　同国蒲原郡金津之荘／鳥屋野逆竹ノ御旧跡／由来
第十八　同国新潟佐々木村／太子堂由来
第十九　越後国保田焼栗山三／度栗并ニ布名号ノ由／来ナリ
第二十　越後国下條村八房山善照寺ハツ房之梅之／御旧跡
第廿一　信濃国善光寺塔中堂／照坊笹之名号

図６　『高祖見真大師御旧跡要図略解』見返し
（国立国会図書館蔵）

第廿二　信濃松代平林山本／誓寺瀬踏之阿弥陀仏／之由来　十番
第廿三　同国芝村芝御堂十／字名号之由来
第廿四　同国塩崎康楽寺／由来
第廿五　武蔵国浅草高龍／山報恩寺由来　一番
第廿六　武蔵国東京府麻布／善福寺由来
第廿七　下総国鹿嶋之御旧／跡由来
第廿八　常陸国新沼郡大増村／板敷山麓大学堂大蛇／御済度之旧跡
第廿九　常陸国茨木郡与沢村長島喜八郎宅御／旧跡由来
第三十　常陸国鹿島郡鹿嶋大／宮司神告アリ錦戸張／ヲ献ズ　第三番
第卅一　常陸国鹿島郡鳥ノ栖無／量寿寺由来并ニ刑部／亡妻ヲ夢ミル図
第卅二　同国那珂郡額田小／壺山由来　第十四番
第卅三　同国久慈郡上川合村／大門山枕石寺御旧跡／十五番
第卅四　陸（ママ）国岩手郡南部森／岡石森山本誓寺御／旧跡由来　第十番
第卅五　下野国丸山花見岡／親鸞池旧跡
第卅六　下野国高田専修寺／由来
第卅七　相模国足柄郡倉田村／臥龍山永勝寺由来
第卅八　相州足柄郡津町信楽／寺帰命堂名号石之由／来
第卅九　甲斐国山梨郡等力村／等力山万福寺杉箸之／御旧跡

第四十　駿河国富士郡阿部川／御旧跡
第四十一　駿河国益頭郡藤枝熊／谷山蓮生寺由来
第四十二　三河国額田郡ハリ崎／勝鬘寺由来柳堂之／旧跡
第四十三　尾張国名古屋七間町七／宝山聖徳寺鏡之御影／御旧跡
第四十四　美濃国多芸郡瀧谷福／島永寿寺切リハメノ／御影
第四十五　河内国大県郡松谷／光徳寺之由来

市田治兵衛　刻
小野周文　画

これらの旧跡は、すべて『二十四輩順拝図会』にとりあげられたものと重なる。そればかりか『略解』と『二十四輩順拝図会』のあいだに本文上の典拠関係を推測しうることから、『要図』『略解』は世上に流布した『二十四輩順拝図会』を念頭に置いて編纂されたものと考えられる。こころみに『略解』冒頭の「第一　新黒谷」の由緒の一部を『二十四輩順拝図会』の当該部分に対置してみよう。

此黒谷阿弥陀堂に見真大師尊像あり。是は両上人左遷の時、東西に別れ玉ふ御記念とて、互に鏡へ御姿を写し彫刻遊はし取替玉ふ処也。法然上人の尊像は仏光寺に伝来せり（『略解』）

かつこの新黒谷阿弥陀堂に親鸞聖人の尊像を安置せり。されば両人左遷の御身となり西海北越と別れさせたまふ御時、共に御別れを惜しませられ、御容貌(おんかたち)を明鏡に写し御互ひに御自身の御姿をみづから彫刻あそばし、御記念(かたみ)として取かはしたまふ御影(みえい)にして、法然聖人の御木像は仏光寺に納まり、親鸞聖人の御木像は今黒谷に伝来せりと、すなはち仏光寺の縁起に見えたり。(『二十四輩順拝図会』新黒谷)

本文の類似に加えて、周文の描く『要図』の絵柄もまた、『二十四輩順拝図会』に酷似している(図7、8)。他の部分についても絵相の細部にわたる模写をみることができるので、『二十四輩順拝図会』の挿絵を出拠にして『要図』が画かれたことはほぼ間違いないだろう(図9、10参照)。

物語志向のあらわれ

もっとも、部分的な例外についていうなら、『要図』の作画方針には、『二十四輩順拝図会』の模写にとどまらない独創性がみてとれる。『二十四輩順拝図会』の挿絵は、図会ものの性格上、旧跡寺院の寺院全体を鳥瞰する図柄を多く用いる。これに対して、『要図』は寺堂や境内の実景、有名な建物のありさま等にこだわらず、むしろ縁起由来譚のクライマックスに作画の中心点を置く。物語重視の構成がきわだつといってもよいだろう。

さらにまた、『二十四輩順拝図会』の援用にあたり、もとの挿絵に描かれていない親鸞その人の姿を図様のなかに追補したのも、『要図』を特徴付ける作画意識のあらわれといえるだろう。最もわかりやすい例として、第二の「北山御堂」の場面に注目してみたい。

『二十四輩順拝図会』巻之一「北山御堂」の挿絵は、境内の「影向石」を拝する参詣人の様子を点描する(図11)。眼前の実景を写すのは、参詣案内を目的に編まれた名所図会としてはしごく当然の描き方といえるだろう。一方、『要図』に目を転ずるなら、御堂に詣でた聖人みずからが画中の主人公となり視覚化されているのが分かる(図12)。

図7　『二十四輩順拝図会』新黒谷

図8　『要図』第一　新黒谷

図９　『二十四輩順拝図会』帰命堂名号石之図

図10　『要図』第三八　帰命堂

図11 『二十四輩順拝図会』聖水影向石

図12 『要図』第二　北山御堂

実景描写から物語の一シーンへの置き換えが起きているのである。すなわち『要図』は、石の上に示現した童子（じつは聖徳太子）より大願成就の瑞兆を予言され、おもわず手を合わせる聖人を絵相の中央にすえ、不可思議な霊験譚の空間に視る者聴く者の心を誘うのである。それはまさに宗祖のまなざしをとおして縁起由来の一部始終が語られる絵語りの構図にほかならない。絵解きの場の朗読に効果を発揮する物語のフィクション表現に『要図』の関心が移行している点は注目してよいだろう。

さらにまた、第十六「功徳池ノ浜」においても、『二十四輩順拝図会』の挿絵に描かれていない旅姿の聖人を画中に画き加え、降りつもった雪景色のなかで歌を詠む宗祖の労苦を臨場感あふれる筆致によって蘇らせている。より劇的な情趣を求めてやまない原拠改変のありようは、『要図』の虚構志向と物語重視の世界観を知るうえからも留意すべきではないだろうか。

神異な霊験がはなつ宗教的感動を優先させる『要図』の意図は、第九の富山極性寺・二王像の話や、第三十九甲斐万福寺の源誉像の通力にいたり、なおいっそう明確な方向性を示すことになる。すなわち両寺の由来をしるす『二十四輩順拝図会』の当該項目は、いずれも挿絵をともなわず、したがって二景ともに『要図』のオリジナルな絵相とみなしうるからだ。

極性寺の二王像について『二十四輩順拝図会』は、密教僧が聖人の法徳に感じて改宗した際の奇瑞を紹介する。建保元年、越中布法の旅の途中で聖人は極性寺に詣で、二王門の前の石に腰をかけてしばし休らう。

　塔中の安正院といふ小僧、門内よりこれをみれば、門の左右なる二王の像ひたすら一向腰をかがめて聖人を拝せるがごとし。

図13　『二十四輩順拝図会』功徳池ノ浜聖人御詠歌の図

図14　『要図』第十六　功徳池ノ浜

これはただ人ならざることを悟った門主の恵明院は、すぐさま直弟となり教順の法名を賜る。

二王礼拝の話は近世中期までの宗門史料に記載をみることができない（『遺徳法輪集』、『御旧跡并二十四輩記』など）。早い時期にこれをしるした『二十四輩順拝図会』にしても、本文に法徳譚を紹介するにとどまる。したがって極性寺・二王の因縁をはじめてビジュアルとして捉えた『要図』の新味があらためて浮き彫りになるだろう。

のちに大正二年の『見真大師旧跡巡拝弐拾四輩案内記』（京都・負野弥七編）にも極性寺・二王の説話はとりあげられており、『要図』以後に注目度の増した旧跡とみてよい。ちなみに同書の記述には「極性寺（中略）富山駅下車、高岡駅より四里半」のごとく、鉄道開通後の道筋が明記されていて、明治・大正の旧跡巡拝と交通情報の密なかかわりをものがたる。

第三十九万福寺の由来は、「杉の御坊」の異称で知られる霊木にまつわる話である。承応二年（一六五三）の火難の折、炎が杉の木に燃えうつり、危うく失われそうになる。その時、寺の開山・源誉自作の木像がにわかに動き出して木によじ登り火を消し止めたという。

源誉木像の霊験はすでに十八世紀前後の真宗史料に見出せる。『大谷遺跡録』（明和八年・一七七一）に「木像の御指に焼痕あるは此時のこと也」とあり、寺宝の木像の生々しい霊痕に言及している。二十四輩旧跡をモチーフとした十返舎一九の『方言修行金草鞋』第十六編（文化六年・一八〇九刊）にも「源誉の木像出で、火を防ぎしことなり」とみえ、宗門の内外によく知られていたことが分かる。

『要図』の絵相は、猛火の上を紫雲に乗って飛翔する源誉の木像を描き、杉の木を守りきる名場面に筆をふるうのである。『二十四輩順拝図会』の本文に

図15　『要図』第九　二王木像

図16　『要図』第三十九　杉箸之御旧跡

誠や師恩を思ふの厚き、滅後ほとんど四百年の星霜を経るといへども、なほかくのごとし。あに木像霊なしといはんや、仰ぐべし、尊ぶべし。

とある部分を一葉の絵相に具象化したのが、『要図』第三十九の図様（図16）ということになるであろう。

以上みてきた『要図』の創作性を旧跡巡拝記の歴史のなかに位置付けた場合、やはりきわだつ物語志向がうかがえるのではないか。実際に巡拝の旅に出るための実用性を重んじた横本形式の参詣記、あるいは紙上参詣の要素の濃い『二十四輩順拝図会』をふまえながら『要図』のめざしたドラマチックな宗教物語の創出は、近代以後の親鸞伝のゆくえを暗示している。明治大正期の節談説教や昭和の立体紙芝居(5)へと展開する史伝と物語の混融は、『要図』に立ちあらわれる「新しい親鸞伝」の方向性にあい通ずるものであった。

注

（1）血脈池、稲荷神の加護などの説話については堤邦彦『近世説話と禅僧』（一九九九、和泉書院）第一章Ⅱ、第三章Ⅳ、同『江戸の高僧伝説』（二〇〇八、三弥井書店）第一編Ⅲ参照。

（2）堤邦彦『絵伝と縁起の近世僧坊文芸　聖なる俗伝』（二〇一七、森話社）一一八頁～一一九頁、一三四頁～一三五頁。

（3）塩谷菊美『真宗寺院由緒と親鸞伝』（二〇〇四、法蔵館）一〇七頁～一〇八頁。

（4）『親鸞聖人御一代図絵』の明治版には、明治二十九年の博文館本、同三十四年の京都中村風祥堂本、大正二年の大字新版など五刷がある（塩谷菊美『語られた親鸞』二〇一一、法蔵館）二八五頁～二八六頁。

（5）菊池政和「真宗の立体芝居「親鸞さま」」（堤邦彦、徳田和夫編『遊楽と信仰の文化学』）二〇一〇、森話社）。

親鸞聖人御寿像周辺——世俗の中の「信」と「疑」

菊池　政和

はじめに

真宗に限らず、宗教は常に「救済」を目的とし、またそれが求められる。とかく「沈滞」のイメージで見られがちな近代日本の仏教であるが、短期間のうちに数万人以上もの信者を擁する宗教運動の実際からすると、教団なり寺院・僧侶の目指すものと、世俗の求めるものとに大きなギャップを認めずにはいられない。寺院僧侶側から求めるものはやはり、教義に基づいた信仰の推進であろう。結果、そこから外れるものに対して世俗は「疑」の姿をあらわにする。一方、「宗教」に「救い」を求めようとする世俗一般にとっては「寺」は空気のような存在であって欲しいと願う。自分の生活の邪魔にならず、そうかといって自分にとってはなくてはならないものなのだ。「宗教」そのものへの信頼感と「寺・僧侶」へのそれは一致しないということだ。世俗の要求に応えない後者は「疑」の対象となる。

本稿では、熊本・阿蘇南郷谷地方に残された親鸞聖人の寿像のいくつかを例に世俗の「信じようとした」あるいは「信ずべき」信仰対象のありかたを浮き彫りにしたい。

親鸞立像安置の堂

親鸞聖人北国巡化御影

平成十三年（二〇〇一）師走のある日、在家報恩講（おとりこし）で伺った門徒宅（南阿蘇村・旧白水村）で思いがけず親鸞聖人が安置してあるお堂の存在を知った。御堂は門徒宅から北東の方角へ五十メートルほど離れたところに二間四面といったたたずまいで建てられている。

ガラス戸の奥の重い木製の板戸を入ると右手に杖、左手に念珠を持って立つ親鸞寿像が正面に安置されている。寿像前には燭台や花瓶などで荘厳されている。向って右側には聖徳太子が安置されている。御堂軒下の扁額には善導の往生礼讃で「諸衆等聴」と呼びかけ願われた文のうち、日没・初夜・中夜・後夜の偈文のみが書かれている。また御堂正面親鸞御簾前の扁額は顕浄土真実教行証文類序（総序）が揮毫され、昭和二十五年の文字が確認できる。聖徳太子像前に目を転ずると横壁扁額（堂内北側上）には以下のような文が記されている。

聖徳太子　御自刻ノ聖文

我身救世観世音　定慧契女大勢至　生育我身大悲母　西方教主弥陀尊

極楽ニ今皈ヘルナリ世ノ中ノ　迷ヘル人ノ道シルベシテ

肥後緑川ノ辺リ□吉海辺リ
聖徳太子見晴御殿主管
念仏軍曹　小山寿八郎　七十才
昭和二十年十二月十三日
南無阿弥陀仏　合掌　礼拝

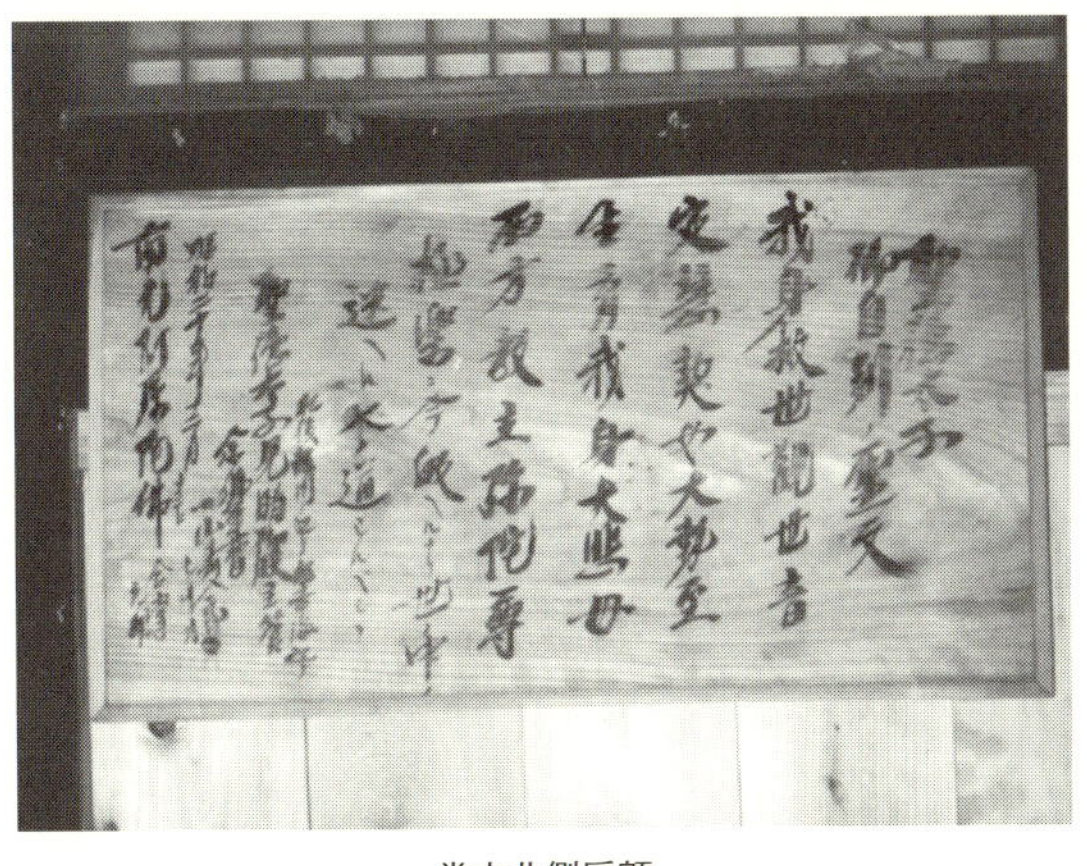
堂内北側扁額

写真でははっきりしないが、左下のあたりに「念仏軍曹　小山寿八郎」の文字が書かれている。門徒宅の主人によると、この念仏軍曹がこの親鸞北国巡化像に深いかかわりを持つ。実は親鸞聖人北国巡化御影像は、念仏軍曹と称した小山寿八郎（明治九年生まれ？）の発願によるものという。寿八郎は当初、投身多発の阿蘇山上に建立せんとしたが、国立公園法の規制により断念、以後御影像は雨ざらしとなってしまっていたのである。しかるに昭和八年南郷谷の当門徒宅先祖の寄進により堂舎が約一年をかけて建立せられたという。

ところで小山寿八郎という人物は大日本仏教済世軍の熱心な信者であったようだ。(1) 大日本仏教済世軍とは豊前の真宗寺院生まれである真田増丸が大正四年（一九一五）に創立した仏教団体で「社会化をめざす街頭仏教」として一世を風靡していたのである。(2) その法話スタイルは都市の路傍で太鼓をたたき人を集め身振り手振りで話をし、難解な

「箱根示現」の額

用語は板書にてかみ砕くというものであった(3)。わかりやすい法話内容は現在でも聴衆から常に求められることであり、教義一本やりでは民衆の「信」が満足しないのであろう。それはつまり「お寺」に「寺院の腐敗と僧侶の堕落」あるいは「沈滞」を感じさせることになり、増丸のスタイルが「生きた仏教」だという印象を与えるには有効な方法であったといえる(4)。

今一度、親鸞聖人北国巡化御影堂に注意を向けよう。御文の用例をあげる。

> 仏法を修行せんひとは、念仏者にかぎらず、物さのみいむべからずと、あきらかに諸経の文にもあまたみえたり。（御文一の九）

真宗の教えでは「門徒物（忌み）知らず」と言われるように、吉良日や方角などを選ばぬ宗風のはずである。良きにつけ悪しきにつけ蓮如の御文（御文章）によって本願寺は興隆し、門徒は日々の聴聞や生活に大きな影響を受けてきた。だが御堂が寄進者当家からみて北東に位置させる場合、鬼門除としての役割を意識しなかったといえるであろうか。また堂内に懸けられた御絵伝は一枚のみであるが、その絵相は「箱根示現」と呼ばれている。関東からの帰洛途中のある晩、険阻なる箱根の道を辿っていた親鸞一行がようやく人家の門前に立った時、暁方に及び月も嶺に傾いていた。案内を乞うと高齢で麗しく身なりを整えた翁が出迎えて言う。「夜もすがら巫とともに舞楽で過ごしておりましたが、少し腰を下ろしましたところ、夢となく現となく箱根の権現様が仰るには、まもなく私の尊敬する客人がここをお通りになるにちがいないから、丁重におもてなしをするように、ということでございました。するといまだ夢の覚めぬうちにあなたさまがいらっしゃいました。ただのお人とは思えません。神様のお言葉は明らかでございます。」と言って、様々な饗応にあずかったという内容である（『本願寺聖人伝絵』下末）。出迎えた翁は白装束に烏帽子をつけた神官で上原靫負、先頭は親鸞、その後ろに西念房、その後ろが随伴で笈を背負った蓮位房であろうとされる。この「箱根示現」はいわゆる御絵伝に記すところではあるが、この一枚のみ掲げてあることは注意しておくべきかもしれない。昭和十一年に真宗大谷派によって製作された「新案立体式紙芝居　親鸞さま」には入れられなかった箱根・熊野の神祇の場面が翌年製作の立体紙芝居に取り入れられた。蓮如は「御文」で、神明というのは、仏法において信心を得ることができずにむなしく地獄に堕ちてしまうであろうことをかなしみ、なんとしてもこれを救わんが為、仮に神として姿を現し、それを方便として仏法に導き入れようと神として現れたのだと説くところである（御文二の三）。もし衆生が信心決定し極楽に往生するべき身となったならば神明はそれを喜び念仏の行者を守護するのであるから、とりたてて神をあがめなくともただ弥陀一念をたのむうちに皆こもっているのだ、という教義上の言説の有効性となると、時代の要請と相俟ち微妙なせめぎあいの中に立たされることになるのであろう。

越後からの親鸞聖人像

真宗大谷派江善寺（南阿蘇村・旧久木野村）では越後の旧跡から授かった「留別の御真影」を伝えている。高さ四十センチ程の小さな黒塗りの厨子に入れられた寿像には略縁記が添えられている。まずそれを紹介する。

留別御真影由縁（仮題）

抑御厨子ノ中ニ安置シ奉祖師聖人御真影ノ由来ヲタ
ツネ奉ニ　頃ロハ人王八十三代土御門ノ院ノ御宇　承元元丁卯
御年三十五オニシテ勅勘蒙リ玉ヒ　御流罪ノ御身トナラセ
ラレ　弥生中ノ六日都ヲ離レ越後ニ趣玉フ　五年ノ居緒
ヲヘタリト御伝文ニノ玉ヘリ　則玉府御滞居ノ砌　御教
化在シニ　疑信ノ輩ハスクナク信順ノ族ハ多シ　尓ルニ有
里ニ慳貪邪見ノ老女アリ　聖人フカクアワレミマシ〳〵テ
此里ニ親ノシニタル子ハナキカ法リノ風ニナヒク人ナシ　一首ノ
歌ヲ以テ教化シ玉フニ　宿善ヤイタリケレ立処ニ一念
帰命ノ信ヲヱテ　泪タト共ニ無二ノ信者トナリ　其ノ后
カノ地御発足ノコロ　御別ヲオシミシニ由テ　此尊像ヲ
彫刻在シ〳〵老女ニアタエ玉フ　由テ留別ノ御真影ト
称シ奉　尓ルニ由縁有テ当寺伝リ玉フ　委クハ外ノ
縁起ニ顕セリ　参詣ノ道俗　祖師聖人ニ御対顔ノ
想ヲナシ　時ナル哉　縁ナル哉　オカミ初ノ拝ミオサメノ御姿
ト称名諸共謹テ拝礼

肥后阿蘇郡久木野村　玉龍山江善寺

（裏書・墨書）

此縁記ノ板行ハ於圓林寺テ／作タルモノ也　元者御寿像ニハ／添タルモノニテ　此之為後日書付置也／伝来ノ御寿像ハ当寺三／世ノ住義達越後ヨリ御依奉也／御腰掛石ト云御旧跡ヨリ拝シ来ト伝

この略縁記は親鸞寿像を前に門信徒へ向けて拝読するために作成された。いわゆる渡邉信和氏の提起された「読縁起」の類であろう[5]。すなわち、報恩講などで法宝物を虫干しを兼ねて展観し、参詣者にそのモノの由来を拝読して聞かせるためのものをいう。薄暗い本堂でうまく見せる工夫も伴なったに違いない。

留別の御真影

この略縁記は人集めの為に開催される開帳で配ったり販売するといった目的を有してはいない。板行が圓林寺（南阿蘇村・旧白水村）でなされたという墨書内容からすれば、地域の真宗寺院どうしの聞法・学問交流での関係で生まれたものと推察される。圓林寺はもと竹崎村にあり、文化年間に旧白水村へ移動し[6]、やがて平成十七年（二〇〇五）長陽・白水・久木野の三村合併により江善寺とともに南阿蘇村の真宗寺院となった。阿蘇地方では外輪山のほぼ中央に聳える五岳で南北に分け、北側を阿蘇谷、南側を南郷谷と呼ぶ。明和六年（一七六九）の裏書を持つ御絵伝（四幅・江善寺蔵）に「延寿寺懸所」の文字が見えるが、それはのちに承応の鬩牆と言われる法義論争を本願寺初代能化豊前永照寺西吟と争った月感を開基とする肥後延寿寺（現熊本

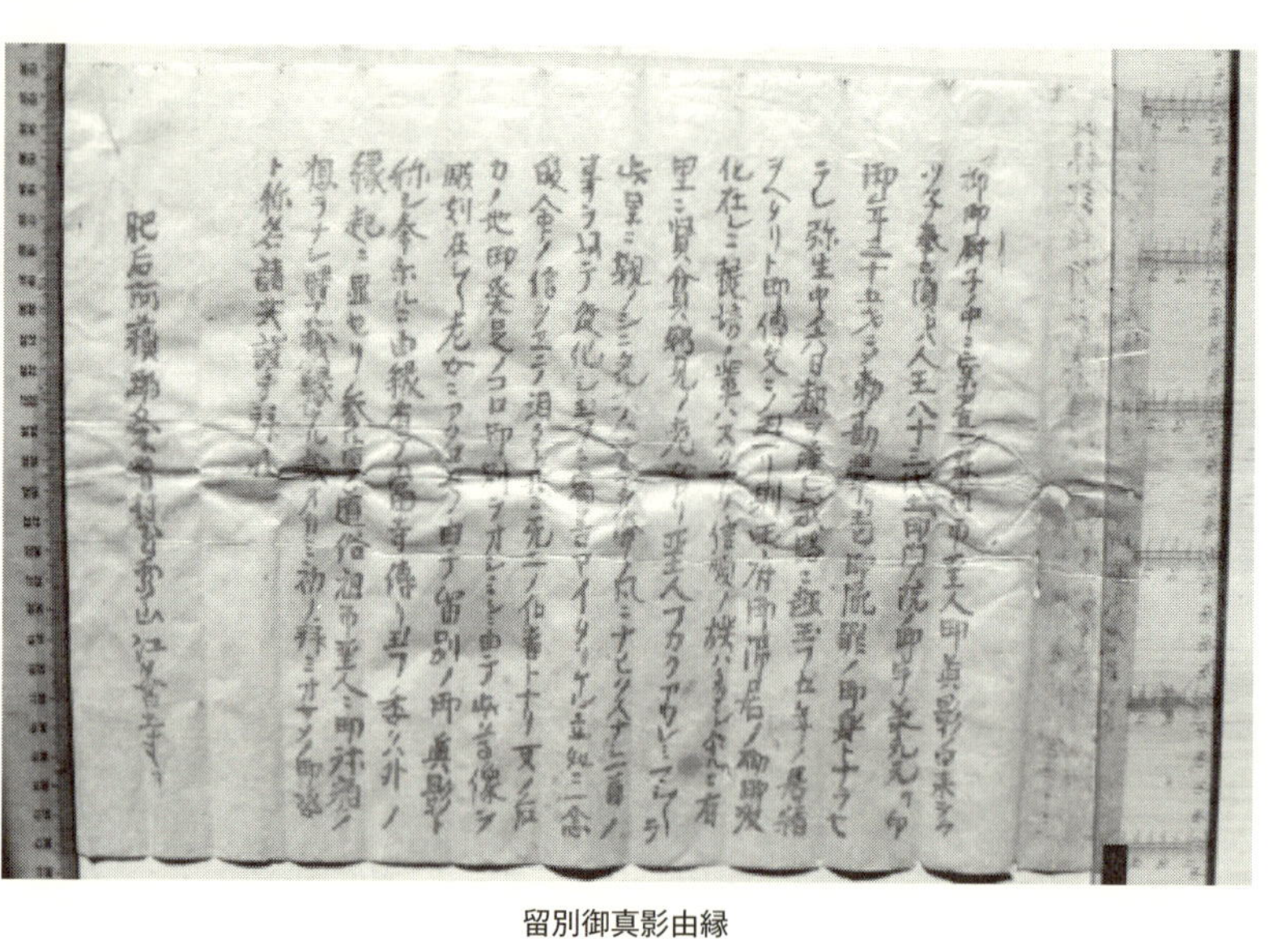

留別御真影由縁

市河原町）をさす。阿蘇地方にはこの延寿寺の懸所とする寺院が多くあり、(7)圓林寺もその一寺院である。『肥後國志艸稿』(8)に

円林寺　真宗東派延寿末寺懸所也　寛文二年祐甫ト云
僧開基寺中年貢地ナリ

とある。「懸所」とは広義にとれば支院の性格をもつ説教所を意味する。

この略縁記の裏書墨書に、親鸞寿像を伝えたのは江善寺第三世義達（明和五年・八十二才寂）であって、越後の腰掛石の御旧跡から寿像を拝受した旨が記されている。ただ興味深いのはこの略縁記は誰の起草によるものか不明だが、(9)「此里ニ親ノシニタル子ハナキカ法リノ風ニナヒク人ナシ」という歌を挿入している点である。この和歌は越後の七不思議の内「鳥屋野の逆さ竹」の来由にみえる。すなわち、親鸞の七年間にわたる越後の流罪生活は厳しく、念仏の教えを広めるどころか誹謗されることが多かった。そこで詠じられたのが「此里ニ……」の歌で、竹の杖を地面につきさし「我が弘むる所の法、若し仏意に称はば此枯竹必ず当に根芽を生ずべ

し」と予言する。すると枯れた竹が青々と繁茂したが、それらの枝は皆逆さに伸びていたという。(10) 義達が伝えた腰掛石の旧跡は越後であったが、他に蟹江(愛知)、象潟(秋田)、柳町・小摺戸・泊(富山)などにも旧跡と称するものが散見される。

この寿像には「親鸞聖人八十九歳」という文字と共に親鸞最晩年の姿を描いた木版画も添えられている。「此板行ハ越後ヨリ御寿像ニ相添来者也為後日記之置」と裏書墨書してあることにより、厨子入り寿像は親鸞八十九歳の姿をうつしたものだといえる。

この寿像は厨子に入れられ、略縁記・八十九歳絵像とともに圓林寺はじめ近隣の寺院で法座の聴聞者の興味を引いたことであろう。

親鸞八十九歳の絵像

浮かび上がる絵像

親鸞の寿像のほかこの厨子には小物が入れられている。一体が五センチにも満たない小さな三尊像など、具体的な使用法は明らかではない。あるいは念持仏として懐中に入れて旅先で枕もとなどに置いて手を合わせたものであろうか。

その他、興味深いものとして白く塗りつぶされた絵像がある。一枚は聖徳太子で、今一枚が親鸞である。聖徳太子像はその年齢に応じて六首に大別されている。(11)

白塗りの親鸞

小三尊

親鸞絵像裏側

白塗りの聖徳太子

イ、南無仏太子像（二歳像）上半身裸形・赤袴・合掌
ロ、童形太子像（七歳～十五歳）美豆良結い・袍袴・沓・持ち物様々
ハ、孝養太子像（十六歳）美豆良結い・赤袍・袈裟・柄香炉
ニ、馬上太子像（十六歳・二十七裁）乗馬姿・白馬、黒駒
ホ、摂政太子像（二十二歳～四十九歳）袍衣・袴・沓・石帯・剣・笏・左右に侍者
へ、講讃太子像（三十五歳）宝珠・毘沙門天像・赤袍・袈裟・塵尾・礼盤

厨子に保存される聖徳太子絵像は「太秦広隆寺」蔵版にかかるもので摂政太子像と考えられる絵相である。顔・両手・衣の裾を白く塗りつぶしている。一方、親鸞は「親鸞聖人　植髪御影」と文字が彫り付けてある。親鸞九歳の出家得度を表わし、白衣であるため全身を白く塗りつぶしている。紙の裏から姿を墨でなぞってある。

白い胡粉は聖徳太子講とか報恩講などに参詣者に見せるための工夫ではなかろうか。すなわち薄暗い本堂で小さな紙切れをそのまま見せても視覚的効果は薄いであろうから、白く塗った紙の後ろから光を当てたのではなかろうかと推量する。略縁記拝読といっても頭を垂れたままでは興味は半減してしまうであろう。この推測がゆるされるならば、略縁記拝読の実態を窺わせる例として興味深く、また世俗の求めたものに寺院側が応答した具体的なモノとして意味づけることができよう。それは一方で、侵すべからざる信仰対象に手を加えることを意味する。ここに寺院側の世俗の要求に応えることで伝導手段とする正当性意識と、信仰対象を汚すという罪意識とのせめぎあいをかいまみることができる。

おわりに

親鸞の「正信念仏偈」に「摂取心光常照護」とあるが、摂取について親鸞は左訓を施していう。

オサメトル　シユハムカエトル　ヒトタビトリテナガクステヌナリ　セフハモノ、ニグルヲオワヘトルナリ　セフハオサメトル

すなわち、逃げる衆生を追いかけてでも救わんとする大悲を説く。無明の闇に迷う衆生を仏の智慧でものの真相を照らすのである。それを心光というが、智慧の光であるがゆえに我々は感知することができない。そこで、仏菩薩の身から発する光として色光があるのである。寺の参詣聴聞者に常に仏の智慧たる心光が照らしているのだという教義は感覚的に実感は難しいであろう。それではやはり仏智に対して「疑」を抱かせるだけであり、それを説く者も謗法の嵐は避けられない。その点、視覚に訴える教化方法はある程度その効果を期待できるであろう。わかりやすく、という参詣聴聞者の声を反映させた光こそ「疑」を「信」に転換していく有効な手段であったのである。

このように教義と世俗の一般常識のせめぎあいの中で、寺院においてはモノを動かし、色を施して「救い」を色光としてあらわしたといえる。

注

(1)　松根鷹「真田増丸と大日本仏教済世軍―大正期仏教運動の軌跡と限界―」

(2)　同右

(3)　同右

（4）　藤井健志「大日本仏教済世軍の展開と真宗教団」（一九八六・東京大学宗教学年報3）
（5）　「真宗初期遺跡寺院資料の研究」（『同朋学園佛教文化研究所紀要』第七・八合併号一九八六・同朋学園佛教文化研究所）
（6）　本田秀行『阿蘇南郷谷史覚書』（一九八六・本田秀行）
（7）　星野元貞氏の調査によれば享保期の延寿寺の末寺は五十五カ寺という。「肥後国・日向国・薩摩国における真宗の展開」（『講座　蓮如』第五巻　一九九七・平凡社）
（8）　文化十一年写・阿蘇南郷谷長野家所蔵
（9）　略縁記は文才があり、寺伝を要領よくまとめることのできる人物が宗派を超えて、依頼に応じて筆耕したという具体的な例がある。拙稿「近江・真宗僧の略縁起―『諸方縁記』」（『唱導文学研究』第四集　一九八六、東京大学宗教学年報3）
（10）　真宗大谷派越後三条教区ねっとホームページを参照させていただいた
（11）　光森正士『真宗重宝聚英』第七巻（二〇〇六・同朋社メディアプラン）

付録として、明治期の僧、江善寺の実行（一八一九～一八八八・六世了達孫）の業績を一覧表とし、以て明治期阿蘇の山寺の勧化世界の一端を紹介しておきたい。

書名	現存冊数	刊・写	綴状	年代	表紙法量	備考
教行信証惣序（内題：教行信証親聞記）	一	写	袋		24・9×17・4	加州金城環定寮司口授　江善寺三男実行蔵本（花押）
御絵伝	一	写	袋		22・2×15・5	実行署名アリ
御伝	四	写	袋		25・2×17・0	上巻之一、上巻之二、下巻之一、下巻之二存。四月三十日開会　実行写
本願寺聖人親鸞伝絵	一（合綴）	写	袋		24・9×17・2	実行書之　上下合綴、御伝の六会分を後半とする
御伝鈔勧録	一	写	袋		12・5×17・5	実行署名アリ
御伝文勧録（雑纂）	一	写	袋		12・8×18・8	実行〈内容〉報恩講式・御伝文勧録・連歌など
御絵伝御流罪之段	一	写	袋		12・5×17・1	実行署名アリ
御伝勧録	一	写	袋		12・2×16・6	実行書之　説草二葉挿入
浄土和讃四十八首勧録	一	写	袋		24・4×16・7	「江善寺三男実行蔵本」「可楽之書印」説草挿入多し
源空章大蔵轍	一	写	袋		25・0×16・8	実行署名アリ
浄土和讃	一	写	袋		25・2×17・0	実行署名・花押アリ
御文一帖目勧録	一	写	袋		25・2×16・8	実行署名アリ
（御文聞書）	一	写	袋		25・2×16・8	実行署名アリ

末代無智（内題：末代無智等）	一	写	袋		25・1×17・4	実行署名アリ
御文勧録	一	写	袋		24・5×16・9	実行署名アリ
御文勧録	一	写	袋		24・5×17・2	実行署名アリ
末代無智（内題：末代無智聖教来由）	一	写	袋		12・5×17・5	江善寺実行
勧善懲悪三世因果	一	写	袋	弘化四	12・3×17・0	「納シテ自他トモニ是ヲ翫トキハ善道ヲ求ル一助トモナランヤ　弘化四丁未季東奥法照山選之」実行署名アリ
因縁喩	一	写	袋		12・1×17・9	実行署名アリ
三世因果実験抄（内題：通俗三世因果実験録）	一	写	袋	明治八	24・7×17・0	三州本法院講師述「明治八年旧七月四日ヨリ六日終ル　江善寺三男　実行書之」
合類大因縁集	一（合綴）	刊	袋		26・5×18・7	巻三と五の合綴本。表紙後補。実行蔵本。明治五年購入。
仏法ちよかれ	一	写	袋		23・7×16・5	実行写。
大無量寿経法話	一	写	袋		23・5×16・5	易行院講師　実行署名アリ
欲生之下御講談聞書	一	写	袋	延享四	26・6×19・5	「延享四年丁卯十月九日夜玉名中村明正寺ニ而欲生之下御講談聞書」実行署名アリ
歓録　両部廃事	一	写	袋	慶應四	24・2×17・2	実行写〈附録〉両部廃絶之事「右此書慶應四年戊辰涼月従南郷法中送管尾法中来候　予於玄高寺見之儘後日為心得写置者也」　実行書之

正信偈勧録（内題：正信偈絵抄）	一	写	袋		25・3×17・1	菊池実行
（講録）	一	写	袋		23・9×16・8	実行写
正信念仏偈	一	写	袋		22・8×15・9	実行写
観無量寿経法話巻下	一	写	袋		23・7×16・3	実行署名アリ
口伝抄	一	写	袋		24・8×19・0	「阿蘇郡南郷　江善寺　沙門実凝」実行署名アリ
鶴嶋福正寺ノ演説	一	写	袋		23・1×16・2	実行署名アリ
山海里	三	写	袋		25・2×17・0	実行書之。＊二篇全、三篇全、四之中ノ三冊。文政九年八月刊本ノ写シ。
破邪正直録　神書抜萃　大倉問答　弁明録抜	一	写	袋		25・1×17・2	表紙「江善寺弟　実行」
神明三ケ条聞書	一	写	袋		25・0×17・0	実行署名アリ
実行　雑類集	一	写	袋	明治四	12・8×19・8	明治四暮秋書之〈内容〉横歩取駒組　征討物督宮鹿児島県合信書等
勧化無法録	一	写	袋		12・4×17・0	実行署名アリ
勅命抄	一	写	袋		12・5×17・0	実行署名アリ
論註玄談七料（内題：論註文前七科）	一	写	袋		19・5×13・5	実行

帰命字訓勧誘録	一	写	袋		19・1×13・6	野村淳清著。奥「江善寺六代ノ孫三男実行写ス之ヲ　七十才」
三国七祖法話	一	写	袋	安政四	12・6×17・2	嗣講師易行院法海述、実行写　奥「安政四年極月写之　債春屈　実行」
十門分別　第十八願	一	写	袋		12・2×17・6	実行
改悔批判	一	写	袋		12・4×17・1	開正寺講師説　実行

殖産興業と一向一揆——田中長嶺（ながね）の描いた三河真宗

塩谷 菊美

「擾乱」としての一向一揆

「一向一揆」や「石山本願寺」は高校の日本史の教科書に太字で載っているが、昔からそうだったわけではない。江戸時代には百姓一揆一般が禁じられていたし、そもそも一向一揆や本願寺が織田信長との戦いに敗れて「天下統一」が成ったのだから、東西両本願寺の学僧であっても、一揆称讃はもちろん、言及すること自体ほとんどなかったのである。

一揆逆賊観は近代にも尾を引く。明治二十三年（一八九〇）、星野恒は『史学会論叢』第三号に「織田信長の僧徒に対する処置」、第九号に「徳川家康一向一揆の処分」を書いているが、前者では「一向一揆」に対する信長の「異常の処分」は「撥乱の英雄」による「拠なき次第」とされ、後者では、赦免と偽って一揆を解散させてから真宗を禁制とした家康の「器度謀略」が称賛される。「一向一揆」の語はこれ以後学界に定着していくというが(1)、星野にとって論文の主役は信長や家康であって、一向一揆は彼ら「英雄」が撥（おさ）めるべき「乱」にすぎない。

日本仏教史の最初の通史として名高い村上専精（せんしょう）『日本仏教史綱』（明治三十二年・一八九〇）においても、三河一向一揆は「乱漸く平ぐ」、北陸一向一揆は「北地更に擾乱し、宗徒暴起」、長島一向一揆は「長島の一揆、勢猖獗にして」と表現される。真宗僧侶の村上にとっても、やはり平らぐべき「乱」なのである。辻善之助『日本仏教史』（昭和二十六年・一九五一）でも、第八章第十四節「室町時代の僧侶の堕落」の第一に「大衆一揆」が掲げられている。

三河真宗寺院と家康の戦い

三河一向一揆は特に言及されにくい条件を備えていた。一揆側が敗れたため史料が残っていないというばかりではない。敵対した相手が松平（後の徳川）家康だったのである。

永禄六年（一五六三）～七年、三河三ヶ寺（本証寺・上宮寺・勝鬘寺）や本宗寺といった西三河の大坊が守護不入権をかけて領主の家康と戦い、家康に臣従しつつ三河本願寺教団の門徒でもあった武士たちは二者択一を迫られた。門徒たることを選んだ者は、一部の例外を除いて再び抱えられることなく、改宗を拒んだ坊主衆は領外へ逃れた。天正十一年（一五八三）に家康が復興を許すまでの二十年間、西三河に本願寺派の寺院・道場は存在していない。(2)

大久保忠教『三河物語』（寛永二年・一六二五）は、家康は寺院・道場の処遇を「前々之ゴトク」にすると約束して一揆と和議を結びながら、彼らの武装解除後、「前々ハ野原ナレバ、前々のゴトク野原にセヨ」と命じて寺内を破却し、改宗を強要したとして、家康の智謀を褒め称えている。(3)時代が降るにつれて「乱」と見る傾向は強まり、この一揆を詳述した近世前期の『三河記異考拾遺録』は、同内容のまま書名のみ『三州本願寺宗一揆兵乱記』『三州一向宗乱記』と、「〇〇乱記」の形に変化するという。(4)

宗門内では永禄一揆の五年後、蓮如の孫の顕誓が『反古裏書』を著し、三河の一揆と伊勢長島一揆の壊滅を「蓮如上人サダメマシ〳〵ケル真俗ノ御掟ソムキ申サレシ」ゆえと慨歎した。[5] 蓮如は「御文」で、王法を表に立て信心は内心に蓄えるよう、再三再四説いている（『五帖御文』第二帖第六通など）のに、三河真宗はこの「掟」に背いて退転したというのである。西本願寺は明和二年（一七六五）、東本願寺は文化八年（一八一一）に依用すべき聖教を集成したが（『真宗法要』『真宗仮名聖教』）、『反古裏書』はこれらに収録されたため、この見解は不可侵性を帯びた。

同朋を掟破りと鞭打つに忍びがたければ、触れずにおくしかない。西派玄智の『大谷本願寺通紀』（天明五年・一七八五）は近世真宗教団で唯一の本格的通史だが、永禄五年九月条に「三河諸寺与徳川家争戦」とあるのみである。[6]

村上専精は真宗の通史も著している。大正五年（一九一六）の『真宗全史』[7]がそれである。第三篇第三章に「三河宗徒一揆の概況」の一項を立て、本願寺の与り知らぬ「地方一揆」だが本願寺門徒の一揆だから「全然無関係」とも言い難いとし、「寛量なる家康」が「頗る狂暴の態度」の百姓一揆をすみやかに「鎮定」して「平和の春」を迎えた「慶事」と説明している。石山合戦については、当時一般に読まれていた『石山軍鑑』に拠って、織田信長が石山を己の城地にしたいがために理不尽にも本願寺に立ち退きを求め、本願寺が抵抗したというストーリーで描いて、一方的に信長を糾弾しているので、ちぐはぐの感は免れない。結局、聖なる本願寺であれば一揆と関っても擁護せざるを得ないが、本願寺の与り知らぬ「地方一揆」では「鎮定」は「慶事」なのである。

主役は無名人

明治末にこの永禄一揆を積極的に描いた人物がいる。越後出身の田中長嶺（一八四九―一九二二）である。国文学界では未知の人かもしれないが、菌類栽培の世界では著名で、早く一九六七年に『明治殖産業の民間先駆者　田中長嶺の研究』[8]が刊行され、二〇〇九年には西尾市岩瀬文庫で「田中長嶺～知られざる明治殖産興業のパイオニア～」と

石山籠城

題する企画展が開かれた(9)。

それらによれば、長嶺は三島郡才津村庄屋の分家の六男として生まれ、若年時に結婚したがまもなく離別して、以後は独身を通したらしい。実家の菩提寺は浄土宗である。明治八年(一八七五)に村の近隣の長峰山の官林開墾を委託され、二十二年、四十歳で完了し上京した。政府の一員で西三河出身の織田完之の知己を得、その保護のもと、自ら開発した椎茸栽培法や木炭製造法の伝習に全国を巡ったが、五十九歳のとき済州島で病を得て三河に寓居した。

幼時から絵画に秀で、大正二年(一九一三)に完成させた『菌類図譜』は、昭和四十一年(一九六六)の日本菌学会創立十周年記念会場に展示され、激賞を博したという。また、明治四十二年(一九〇九)五月、額田郡岩津村(現岡崎市)の真宗東派の順行寺で開基縁起の画帳を作ったのを皮切りに、三河の寺社の縁起絵巻や掛幅を多く遺した。

順行寺にほど近い恵田の浄教坊(東派だったが現在は廃寺)には、『釈慶祐伝　付東円山浄教坊由来』という絵巻が蔵されていた(現個人蔵)。制作年時は記されていないが、やはり明治四十二年ごろの作であろう。四十一年に親鸞遠忌の地方準備掛に任じられた記事があるのに、四十四年の遠忌には触れていないからである。

この絵巻は一般の寺院縁起とはかなり異なる構成である。通常の真宗寺院の縁起では、俗人もしくは他宗の僧侶が親鸞か蓮如に帰依する場面が冒頭に掲げられ、それから寺院の開創（もしくは中興）と、以後の歴代住職の事蹟が語られるものである。物語の中心人物は開基・中興僧よりも親鸞や蓮如であって、宝物開帳の場などで読み上げられた場合には、開基・中興僧に向かってなされる親鸞・蓮如の説法や、開基・中興僧が親鸞・蓮如から賜った宝物の霊験譚が聴聞者を有り難がらせる。

だが、『釈慶祐伝　付東円山浄教坊由来』は、その標題からして「釈慶祐」の伝記であって、「浄教坊由来」は「付けたり」である。「開祖」の「杉浦四郎右衛門」が蓮如から蓮如寿像を賜る話はあるが、それ自体が有り難い物語であるというより、慶祐の物語の伏線として機能する。

しかも慶祐はまったくの無名人で、浄教坊の開基や中興ではない。長嶺は当の浄教坊の人々さえ、過去帳でも見ないかぎり存在に気づかなかったかもしれない六代目住僧を主人公として、縷々その生涯を語り、当該寺院の来歴を付録のように添えたのである。

奇瑞より史実

慶祐は岩津村恵田浄教坊の第六世である。杉浦四郎右衛門は碧海郡西端の農民だったが、天台宗の恵田真福寺で出家して不動庵東円坊の主となり、やがて蓮如の教えを聞き真宗に帰依して、蓮如自刻の蓮如像等を賜わった。慶祐のころ東円坊は江田の道場と呼ばれ、上宮寺配下三十六道場の一だったので、慶祐はその指揮に従い奔走したが、一揆は鎮定されて上宮寺父子は尾州苅谷須正福寺で自害し、三河の真宗寺院・道場は退転して慶祐も流浪の身となった。元亀元年に織田信長が石山本願寺を攻めたので、慶祐も駆けつけて数年間籠城し、天正八年に三河に戻った(10)。慶長七年の東本願寺創建に際しても同志とともに奔走し、十六年に帰国し道場を復して(11)、十八年に八十余歳で往生した。その後、浄教坊は後継に恵まれず度々無住となったが、法宝物は散佚することなく現存し、中でも蓮如作木像には特別の話がある。慶祐のころ木像を担い遠州に漫遊した者があり、入寂地も不明のままだったが、天保年間に遠州秋田村の安藤善三郎なる者から木像が届いた。添えられた送り状によれば「四代前の安藤善之進が蓮如上人の木像を預って信仰してきたが、家内の者の夢に上人が現れ、もとの恵田村の寺に送ってくれと仰せなので、仏供料金百疋を添えて送る」とのことであった。思うに、永禄五年に三州一向一揆があって、同六年に真宗寺院は破却され、宝物を岩窟に隠したり、遠方に送り難を避けたりしたと伝える。上宮寺父子は切腹させられたというから、慶祐も遠州に立ち退き、木像を安藤氏に託したのではないか。二十年後の慶長十一年十二月晦日に帰寺復旧を許され(12)、木像のみ遠州に留め置いたが、慶祐に後嗣がなかったために所在不明となったのではないか。慶祐の父や祖父の入寂の日が不詳であるのは、流浪していたためではないか。

以上がこの絵巻の前半、慶祐を主人公とする部分の内容である。長嶺自身が四十歳で故郷を離れて帰郷せず、家庭も持たず、この絵巻を描いた十三年後には永く他郷に眠ることになるのだから、慶祐が四十八年間も三河を離れて永禄一揆・石山合戦・東西分派と苦難を重ねたことに思い入れがあったのかもしれないが、そういう思い入れは少なくとも表には出ていない。史実の探索は古記録に拠って行われ、事実と推測は混同されず分けて記されている。現代の真宗史の知見と照らしても、その記載には妥当なところが多い。

まず東円坊が杉浦氏による蓮如期創立の真宗道場であったことは、上宮寺文書から確認できる。文明十六年（一四八四）の「上宮寺門徒次第之事（如光弟子帳）」に「江田　一箇所　四郎左衛門[13]」、その注釈書で近世前期成立とされる「末寺鏡（別本如光弟子帳）」に「江田　一箇所　四良衛門〈今者東円房ト申候〉」とある。上宮寺如光は蓮如直弟で、三河本願寺教団の基盤を作った人物である。

永禄一揆後の状況については、天正十九年（一五九一）正月二十日の年紀を有する「上宮寺末寺連判状写」に、上宮寺の「御とう（灯）明・御そうち（掃除）等」を担う「御番」を年に三回、各七日行うという内容で「ゑた東円坊」が加判しており、慶長二年かとされる八月二十四日付「上宮寺末寺連判状写」には「東円坊祐可」が見える[14]。祐可は『釈慶祐伝』には出ない名前だが、浄教坊歴代は慶祐以外すべて「祐〇」の名を持っているので、慶祐の別名かもしれない。

上宮寺父子が「尾州苅谷須正福寺」で切腹させられたという記事については、『三河異記考拾遺録』に、上宮寺住持の真祐とその子の性祐が「尾州苅安賀ニ蟄居セシヲ、信長公聞召シ、三河ヲ背タル者ナル故、父子共ニ捜出シ切腹サセラル」とある[15]。長嶺はこれに近い資料を見ていたのであろう。ただし、上宮寺旧蔵『古今纂補鈔』では、天正二年七月、後に上宮寺尊祐となる十二歳の少年が伊勢長島に祖父勝祐と父信祐を訪問したとされ[16]、上宮寺勝祐は本願寺証如の『天文日記』天文十三年（一五四四）十一月六日条に顔を見せるから、「真祐・性祐父子切腹」の事実は存在しなかった可能性が高い。

最後に、「遠江への一時退去」という推測も、当たらずといえども遠からずであろう。「遠州秋田村の安藤善之進」に関する史料は見出せないが、安藤氏は古来三河真宗と縁が深く[17]、遠江にも進出していた[18]。一揆敗北により退去を迫られた三河の上宮寺門徒が、すでに遠江に根付いている上宮寺関係者に保護を求めても不思議ではない。長嶺は木像返還の送り状から、蓮如木像の奇瑞譚を仕立てるのではなく、禁教下を生き延びようと苦闘する真宗僧侶の生活を推し量ったのである。

無名僧侶の役割

絵巻後半は当代住職（明治末期）である杉浦千恵に関する話である。慶祐没後の浄教坊は、無住と他寺からの入寺・継職を繰り返し、千恵もまた尾州善福寺から入った人物だが、その精神は見事に慶祐のそれを継承していると、長嶺は言う。北参福田会を創立して五百人の会員を率い貧民救助に当たったり、岩津小学校に寄付をしたり、日露戦争の傷痍軍人の慰問や出征軍への新聞寄送に取り組んだり、恵田青年会を組織して、二十人に及ぶ会員と農事・勧業を研究したりして、「現代の各方面に向て奔走周旋」する姿を、三百年前の慶祐が、あるときは一揆の徒となり、あるときは石山で甲冑に身をやつし、あるときは東派分立を目指して草鞋を破った姿と重ねるのである。

『釈慶祐伝』の下書きは、『絵伝考』と題された綴りの中に、順行寺絵伝の下書きなどとともに綴じ込まれている[19]。慶祐と同時期の順行寺住職を主役に据えた「長伝法師」や、同寺門徒の拝郷（はいごう）彦左衛門尉政義・彦介政兼兄弟を称揚する「拝郷彦左衛門尉政義、及彦助政兼伝」は、『釈慶祐伝』を理解する上で参考になるものである。

それらによれば、順行寺も天台宗寺院だったが、親鸞巡錫時に「代々郷士トシテ武門」である拝郷氏が三男を寺に入れ、真宗寺院に改めた。十一世長伝は仏法弘通のかたわら兵法を学び、本願寺が信長に攻められると「門徒ヲ督励シ、拝郷彦左衛門尉政義、同弟彦介政兼、其他数輩ヲ引率シ」て石山に至り、軍師鈴木重幸の麾下に属した。彦左衛門尉は軍師より兼則の短刀を賜ったが、彦助は討死にした。元和八年十月、本願寺で鈴木重幸の年回法会が執行され、ときの住職である祐教が参列し短刀を霊前に供えて、そのまま本山に献上したという。

鈴木重幸は『石山軍鑑』の主人公で、作者の講釈師立耳軒が創作した人物である[20]。本願寺方は長袖（僧侶）が主で武士は雑賀孫市・志摩与四郎・楠正具（与四郎・正具は架空の人物）などわずかしかいないが、紀州から招かれて軍師となった重幸が奇矯な謀計を繰り出しては織田の大軍を撃退し、何度も信長に地団駄を踏ませる。『石山軍鑑』には明和八年（一七七一）の序がある。重幸はそこで創作されたのだから、元和八年（一六二二）に追悼法要が行われたはずもないのだが、『石山軍鑑』の描くところがいかに明治・大正の真宗門徒の常識と化していたか、すでに村上専精で見たとおりである。『石山軍鑑』全六十巻を読み通せる読者は少数でも、これを下敷きにした浄瑠璃・歌舞伎・絵本読本・唱導など、さまざまな視聴覚メディアが、重幸に統率された真宗門徒の戦いを歌い上げ、「常識」を形成していたのである。[21]

明治十三年（一八八〇）初演の歌舞伎「御文章石山軍記」[22]では、門徒を召集する本願寺の早鐘が鳴り響く中で、「大部家(ママ)・女形惣出の人数」が「鍬・鋤・天秤棒・六尺棒・畑打棹等、好みの得物」を持って舞台に上がり、鬨の声を上げて「野田村の者は皆爰へ寄れやい」「下辻村は爰へ来いやい〳〵」と叫び合う。知識人の著作が近世以来の一揆逆賊観をひきずっている中で、庶民向けの視聴覚メディアは、一向一揆への肯定的な視線を隠さなくなっていた。

長嶺がこの歌舞伎を見たとは思われないが、もし見たとすれば、駆けつける老若男女の先頭に、拝郷兄弟を率いる順行寺長伝のような、無名の地方寺院を住持する、無名の僧侶たちの姿を夢想したことだろう。長嶺は非力な百姓の寄り集まりが織田信長に対抗したとは捉えていない。浄教坊慶祐は甲冑を着、順行寺は武門の三男というから、どちらも兵農分離以前の地侍、土豪と呼ばれる階層であって、鋤や鍬しか持たない近世の一揆百姓とは異なるのである。[23]半ば武士として存在する村の寺院の住職が、門徒を督励して本山に結集させ、本山は才ある軍師を招請して全軍の指揮を委ねる。長嶺が見据えていたのは、そういう組織化された真宗のありようであろう。

殖産興業と一揆の精神

三河では明治四年（一八七一）に、大浜騒動と呼ばれる真宗門徒の護法一揆が起きていた。菊間藩の廃合寺政策等に反発して百名近い僧侶が集まり、大勢の農民とともに移動する途中、竹槍や投石による騒動となって、藩吏一名を殺害してしまう。斬罪・絞罪各一名を含めて僧侶三十一名、俗人九名が刑に処された。

長嶺は明治四十四年（一九一一）、この事件を描いた『明治辛未殉教絵史』を刊行した。[24]「殉教」という題詞からは、真宗を擁護して悲憤慷慨する印象を受けるが、実際には藩側の資料をも多く用いた客観的な叙述がなされ、「暴徒」「暴民」「騒擾」といった表現もある。長嶺はここでも僧侶と門徒の集団行動に強い知的関心を示しているのである。

これより前、明治三十六年六月十二日に、長嶺は群馬県碓氷郡役所で講演を行い、次のように語った。[25] 養蚕は大規模経営が難しいという。一人ではできることに限りがあるが、人任せにすると失敗が多いからである。だが、山林の事業は逆に、「秩序」さえ立てれば多人数・大仕掛けで行うことのできる、「団体事業」こそ最適という事業である。

兎角これまでは個人主義で何事も区々たることが多いのですからこの僻臭を一洗しまして私がお世話しまする事業は一致の方針に願うて一団体を以って同一体の付合の元に生産品を精選しまして外国に向って直接販売をしたいと思うのです。（略）殊に治世の戦争は我々共の必死に勉励せざればならぬ訳ですから本年秋季は伝習所を設け数年を経ざる中に事業を完成しまして碓氷の商標ある新産物を海外に送り、大富源を造成せんか、皆さんの富は国家の富ですから国民の忠は是であろうかと思います。

長嶺は椎茸を大量生産して輸出しようと考えていた。内地での売買は、兄の金を弟が取ろうとするようなもので面白くないが、椎茸栽培は養蚕と同じく「外国から取ってくる金」である。全国各地を回ってその地の農業指導者たちに田中式栽培法を教えていたのは、「国家の富」を造成するため、「一致の方針」のもとに「一団体を以って同一体の付合の元に」行う「団体事業」を打ち立てようとしてのことであった。

集団農法の推進に精魂を傾けてきた長嶺の目には、一揆の精神を抱き続ける門徒集団と、彼らの結集の核として献身的努力を重ねる地方小寺院の住持の姿が、新時代を開く鍵として映ったのだろう。近代戦争を象徴する総力戦の先取りともいえる一向一揆を、在野の殖産興業の人は見逃さなかったのである。

注

（1）安藤弥「一向一揆研究の現状と課題」（新行紀一編『戦国期の真宗と一向一揆』二〇一〇、吉川弘文館）。
（2）『新編岡崎市史』第三巻、一九八八年。村岡幹生「永禄三河一揆の展開過程―三河一向一揆を見直す―」（新行紀一編『戦国期の真宗と一向一揆』二〇一〇、吉川弘文館）。
（3）『大系真宗史料』文書記録編11（二〇〇七、法蔵館）。
（4）安藤弥『三河記異考拾遺録』の成立をめぐって―「三河一向一揆」史料の再整理―」（『歴史の広場』五、二〇〇二）。
（5）『真宗史料集成』第二巻（一九七七、同朋舎）。
（6）『真宗史料集成』第八巻（一九七四、同朋舎）。
（7）丙午出版社発行。
（8）中村克哉・安井広・浜口隆著『〈明治殖産業の民間先駆者〉田中長嶺の研究』（一九六七、風間書房）。
（9）西尾市岩瀬文庫企画展『田中長嶺～知られざる明治殖産興業のパイオニア～』（二〇〇九、西尾市岩瀬文庫編集・発行）。
（10）徳川家康は真宗禁制から二十年後の天正十一年十二月晦日に赦免したが、長嶺はこのあたりに混乱があるようである。
（11）原文には「慶長十六年七月廿四日、教如上人自ら御筆を染められたる蓮如上人の真影を賜はる」として、蓮如影像下付の正確な年月日と教如染筆であることとが明記されている。真宗の法物は誰が誰にいつ何を授与したかを記す「裏書」とともに下付されるので、この部分は長嶺が蓮如影像裏書もしくはその写しを見ながら書いたものと思われる。

(12) 注(10)参照。

(13)『大系真宗史料』文書記録編3(二〇一四、法蔵館)。

(14)「上宮寺文書178、179、197」(『新編岡崎市史』史料編6 一九八三)。

(15) 注(3)に同じ。

(16) 一九八八年の火災で焼失した。青木馨「三河本願寺教団の復興と教如の動向—石山合戦終結をめぐって—」北西弘先生還暦記念会編『中世仏教と真宗』(一九八五、吉川弘文館)。

(17) 早島有毅「中世社会における親鸞門流の存在形態—中太郎真仏を祖とする集団を中心として—」(『真宗重宝聚英』第八巻、一九八八、同朋舎)。

(18) 本多正道「慶念の系譜を探る—豊後・日向・三河—」(朝鮮日々記研究会編『朝鮮日々記を読む—真宗僧が見た秀吉の朝鮮侵略』二〇〇〇、法蔵館)によれば、豊臣秀吉の朝鮮出兵に従軍して『朝鮮日々記』を著した豊後国臼杵安養寺慶念は「遠州掛川之城主安藤某之子」とされ、安養寺上寺の正覚寺も安藤姓で、永禄一揆による寺替え以前は上宮寺との関係が強いという。

(19) 岩瀬文庫蔵、整理番号85「法雲山順行寺絵伝考」。なお筆者は順行寺絵伝自体は未見である。

(20) 後小路薫「唱導から芸能へ—石山合戦譚の変遷—」(『国語と国文学』六二—一一、一九八五)。藤沢毅「近世中期成立通俗軍書写本群の相互関係—立耳軒作品と『太閤真顕記』『真田三代記』—」(『鯉城往来』二、一九九九)。

(21) 塩谷菊美「石山合戦譚の変貌」(前田雅之・青山英正・上原麻有子編『幕末明治 移行期の思想と文化』二〇一六、勉誠出版)。

(22) 初演時の台本が残っていないので、勝諺蔵作『御文章石山軍記』(中西貞行発行、一八九五)を参照した。

(23) 藪田貫『国訴と百姓一揆の研究』(校倉書房、一九九二)。

(24) 精華堂刊。鷲尾順敬編『明治維新神仏分離史料』と、『日本庶民生活史料集成』第十三巻に、付録の『殉教絵詞』のみ収録されている。一九八三年に真宗大谷派岡崎教務所から真宗大谷派岡崎教区教化委員会編『殉教絵詞』として複製が発行されている。

(25) 注(8)に同じ。

田中長嶺作『釈慶祐伝　付東円山浄教坊由来』

浄教坊旧蔵、現個人蔵（浄教坊は近年廃寺になった）。一軸、縦二四・六センチメートル、長四七五・二センチメートル。

【　】内は、岩瀬文庫蔵『法雲山順行寺絵伝考』（整理番号85。表紙に「絵伝考／三州額田郡岩津村細川／真宗大谷派／法雲山順行寺／明治四十二年四月十六日着」）に綴じ込まれた下書きにある、長嶺本人による書き入れ。

釈慶祐伝　付東円山浄教坊由来

釈慶祐は三州額田郡岩津村恵田浄教坊の第六世なり。其開祖を繹ぬるに、同国碧海郡西端の農、杉浦四郎右衛門、壮年にして発心出家薙髪して天台僧となり、処々経徊の後、恵田の里に来り、真福寺に入り、更に村積山麓に小庵を結び、不動庵東円坊と称し、専ら出離解脱の道を求む（東円坊を東縁坊となせるもあり。又当時の地は今浄教坊を距る北方約四五丁、奥殿村に踰ゆる路傍山中にして、今に東円坊の地名を存せり。民家もありしならん）。爰に真福寺住僧は雲慶作胎中不動尊を東円坊に授け、本尊仏となさしむ。東円坊深く之を尊崇し、尚幾多の仏像を安置す。斯くて応仁二子年、本願寺蓮如上人三州下向、西端に滞留せらる。東円坊之を聞き、西端は其郷里なるを以て至り謁し、親く一向専念の利益を聴き、随喜の涙禁じ難く、直に天台の教観を捨て、他力易行の真宗に帰依し、夫より上人の御側らに在て仕へ奉りける。上人法名を祐照と賜ひ、六字の名号及自作の木像を賜はる。斯くて祐照老躯に及び、寺を一子教浄に譲り、上京して蓮如上人に仕へ奉る。上人祐照が信心堅固なるを感ぜられ、更に六字名号及文類の偈御染筆を賜はる。祐照春秋八十二、文明九丁酉年四月十日寂す。其子教浄、明応六丑年四月十三日寂す。其子祐正、大永三年十一月十二日寂す。其子祐浄、永禄十二年（月日不詳）寂す。其子祐寂、天正十九年（月日不詳）寂す。其子慶祐となす。慶祐は開基祐照六世に当り、東円坊の住職として、佐々木上宮寺の配下三十六道場の一にして、其頃は今の恵田を江田の里と称し、江田の道場と呼びなせり。去れば慶祐上宮寺配下に在て、専ら布教に余念なきも、如何にせむ、累年の兵乱、加ふるに処々一揆蜂起し、其身も本寺の指揮に従ひ、東西に奔走し、多事極む。剰さへ本寺住職父子は、一揆静定の後、尾州苅谷須正福寺に於て自害し、三河の真宗寺院道場は、一時退転の止むを得ざるに至れり。慶祐亦流浪の身となりぬ。

〔絵〕【蓮如上人自像彫刻之図】

時に元亀元年の秋、織田信長、石山本願寺を攻む。慶祐事の急を聞き、馳せ赴きて籠城数年に亘り、幾多の合戦を経て苦闘辛惨を極む。而して天正八年、一旦和議なるに及び、三河に戻りぬ。然るに慶長七年、東本願寺創建の事発り、同志諸氏と謀り東奔西走、専ら事に従ふ。教如上人本願寺住職となられ、本山には宗祖聖人の尊像を関東より移し奉る。其後慶長十六年七月廿四日、教如上人自ら御筆を染められたる蓮如上人の真影を賜はる。茲に於て乎、慶祐積年の願望足りて国に帰り、道場を復し、開基以来を尊崇し奉る。蓮如上人御木像と共に崇拝し奉れり。斯くて世は泰平に帰し、仏御報謝の営みも思ふ儘に喜ばれ、終に慶長十八年、八十有余歳にして往生の素懐を遂げられける。

〔絵〕【蓮如上人文類の偈御染筆之を賜る】

斯くて慶祐の後、道場暫時無住となりし。然るに寛文の頃、駒立本光寺住職某の男祐恵入りて五世を継ぐ。延宝四年正月八日寂す。祐恵子なし。奥殿西光寺の侍僧玄正入りて六世を継ぐ。而して元禄五年道場を恵田に移す。玄正宝永三年十一月十二日寂す。其子祐貞七世を継ぐ。享保二酉年三月十四日寂す。之より先き、宝永二年四月八日、恵田の弥平弟弥兵衛薙髪僧となり、法名を祐弁と云ふ。後祐貞の養子として八世を継ぐ。而して元禄年間の移転地は低地にして水害の患ひあるを以て、更に高地を択ひ再転す。祐弁元文五年七月十日寂す。年八十一。而して祐弁世代に於て、寺号を浄教坊と改称せしもの、如し。

御印書の写

先年其寺へ坊号浄教坊と被成御免之処、右之御免状紛失之之由、断之趣及言上候。此度無相違被　仰出之間、難有被存、向後可被得其意候、仍之顕　御印者也

享保十七年三月四日

稲波求馬
上田織部

上宮寺下三州額田郡真田村
浄教坊
祐弁へ

〔絵〕【一揆蜂起】

祐弁子なし。又浄教坊暫時空坊となる。寛延二年十二月、三河国渥美郡青津村西応寺々中栄教寺住職祐存、入りて九世を継ぐ。而して宝暦九年八月、本堂を改築し寺法を整理す。同十年十二月十日寂す。祐存子なし。日名村唯念寺住職祐教入りて十世を継ぐ。安永五年四月十八日寂す。祐教子なし。力石如意寺の祐閑入りて十一世を継ぐ。文化三年十二月八日寂す。其子祐全十二世を継ぐ。祐全隠居し、其子祐浮に譲りて十三世となす。祐浮早世、文久二年八月五日寂す。隠居祐全、明治九年十二月十日寂す。年七十七。祐浮の子祐貞十四世を継ぐ。然るに祐貞、明治十四年、幡豆郡東浅井村正光寺へ転住す。茲に於て、額田郡羽根村覚照寺天野義倉の男瑞成、一時居る。幾程もなく尾州海東郡津島町善福寺に移る。其弟杉浦千恵、法名祐恵、明治十八年三月入寺、十五世を継ぐ。当代住職是なり。

〔絵〕【石山籠城】

因に記す。斯くの如くして累代中、或は継承者なく空坊となり、或は入寺他転等、此等の如き真宗寺院として、未だ

他に見ざる処となす。然り而して又頻繁なる主管者の更代せるにも係はらず、法宝物の現存せるは、最も珍とし奇とする処となすなり。実に什宝としては、蓮如上人御作の木像を始め数十点に及ぶ。而して此蓮如上人の木像に付、一事あり。今其年暦を詳にせざるも、伝説の存する処に拠れば、中古慶祐の頃、蓮如上人の木像を御供して、遠州に漫遊せし者あり。然も終に漫遊中死亡し、剰さへ入寂の地も判明せずして過ぎ去りける。其後程経て天保年間に至り、遠州秋田村と云ふより、左の送り状を添へ届け来れりと。

以飛札奉貴意得候。時万柄日近向暑に候処、先以各様方御壮栄にて、珍重之至に奉存候。此御姿は蓮如上人の木像にて、添章に恵田村の寺安置と有之。右者当家四代先安藤善之進と申者、預り置候処、其霊験は、是迄何程大病之者にても、御供物を戴くときは、病気如夢に平癒致し候。諸人信仰日々之処、昨年冬之事、不思議なるかな、家内の者夢に上人仰有けるに、我久敷此処に有といへとも、元恵田村之寺に居候得ば、旧里へ送り呉と、仰ありく〳〵と、夢さめ、真に不思議の事に存候。上人様の仰に随ひ、則一章相添、聊には候得共、仏供料金百疋分付御送り申上候間、宜敷御守り可被下候。先は御告に随ひ、如斯に御坐候也。

四月十四日　　　　　　　　安藤善三郎

御役衆中様

御寺職様

〔絵〕【東本願寺創建に付奔走す】

按スルニ、永禄五年、三州一向一揆ノ事アリ。同六年、真宗寺院破却セラル。依之一時四散ノ止ムナキニ至リ、或ハ宝物ヲ岩屈ニ匿シ、或ハ遠ク送リテ難ヲ避ケタリト伝フ。慶祐亦一時遠州ニ立退キ、時ヲ待チシニハアラザルカ。当時其本寺トスル佐々木上宮寺ハ、事ニ家康公ノ憤リ強キ事トテ、尾州苅谷須ニ落行キ潜ミタルヲ、信長公之ヲ探知シ、父子共ニ切腹セシメタリト云フ。斯クノ如クナレバ、其末寺浄教坊、又推シテ知ルベキナリ。去レバ慶祐法師一時遠州ニ流浪シ、木像ヲ供奉シ、安藤氏ニ托シタルニハアラサルカ。疑ナキニアラズ。其後二十年ノ星霜ヲ経テ、慶長十一年十二月晦日ニ至リ、一般帰寺復旧ヲ免ゼラレシモ、唯一ノ霊宝尚一品ヲ止メタルニハアラザルカ。然ルニ慶祐嗣ナク入寂ノ後、所在不明トナリシニハアラザルカ。又慶祐父祐寂、祖父祐浄、共ニ入寂ノ日不詳ナリ。皆浪々中ニハアラザルカ。暫ク記シテ識者ヲ待ツ。

［絵］【自坊に於て蓮如上人木像並に真影を安置し奉る】

現代千恵氏、法宝物に対し殊に保護の念厚く、又之を世に公にして、以て広く同趣味の人に知らしめんことを力める。寔に温古の好史料として賛賞すべきなり。又今の境内は宝永の頃移転せしものにして、当時地所購入せし証書現存す。一説に云ふ、往古古墳の地なりとも伝ふ。近く明治三十年の頃、大雨の日、俄然本堂の裏手に当り土地陥落し、井の如き穴を生じ、深凡二間余に及。梯子を下して下り見るに、穴の底広く凡一丈程あり。而して本堂の方面に当り一の段あり。段の高二尺程にして、凡二尺計の自然石を立つ。墓表の体なり。一見墳墓なるは疑を入れず。思ふに祐弁当時移転に際し、故に塚前に本堂を建築せしならんか。只憾む、旧記の一も存せざることを。

斯くて千恵氏は明治廿九年、北参福田会を恵田に創立し、貧民救助に供し、会員五百名に及。同廿五年、東濃多治見町に一寺移転建立し、常念寺と称し、廿八年、同地に於て梵鐘を鋳造す。同三十五年、岩津小学校へ金員寄付の廉を以て、愛知県知事より賞状を受く。同年、日露戦役軍隊傷病者慰問の廉により、遼陽病院長より謝状を受く。三十八年秋、戦死者追弔会を執行す。本山法主より特に左の法名を賜はる。

志勇精進

心不退弱

遠征忠死者総儀
為世灯明
最勝福田

同三十九年四月、下総国結城郡江川村大字上山川村仏教々育談話会へ、巌如上人五ヶ条御消息御下付を取計ふ。三十八年、日露戦争出征軍へ新聞寄送の廉を以て、児玉大将より支那製封筒を賜はる。同年恤兵部へ金員寄付の廉により、愛知県知事より木杯一箇を受く。同三十九年、恵田青年会を組織し、農事及勧業を研究せしむ。会員二十名に及ぶ。四十一年十月、本山御遠忌地方準備掛申付らる。同年五月、本山より六等恩賞を賜はる。

［絵］【（境内図。下書きに書き入れなし）】

斯く現代の各方面に向て奔走周旋す。克く努力すと云ふべし。然り而して、既往慶祐法師の当時を追想するに、佐々木上宮寺の下に在て、或時は一揆の徒となり、或時は石山籠城に参加し、十年久しきを甲冑に送り、或時は東本願寺分立に付き、門徒勧誘に草鞋を破り、凡一世の奔労に送りたるものとなさんか。爰に於て乎、古を思ひ、今を思ふ。夫れ此坊の主管たるもの、其任務の情態に於て、今尚類するは、所謂縁因ならずして何ぞや。

『小敦盛』の近代

佐谷 眞木人

はじめに

小敦盛説話の研究は、従来、説話が広く流布した段階で止まり、近世中期以降の当該説話そのものの再生産についてはほぼ無視されてきたといってよい。特定の個人による創作物としての文学作品とは異なり、伝承性の強い説話は、さまざまな「作者」がかかわることによって、社会的に形成されてきた。そのような説話の形成過程に関する研究に対して、社会がいつまで、どのような形で伝承を維持し続けたかもまた、重要な研究課題であろう。説話は、口承や書承、芸能など種々の媒体によって社会に流布するが、やがて再生産されなくなる日が来る。この小稿では中世に成立した「小敦盛」説話を題材として、それが近世を経て近代社会にどのように伝わり、いつごろまでどのように再生産されたかを検討したい。それは、近代社会が歴史的事実とは異なる伝承と如何に向き合ったかという問題とも結びついているのである。

小敦盛説話の成立と展開

まず、小敦盛説話の概要と成立について確認しておきたい。概要は以下である。一の谷合戦で熊谷直実に討たれた平敦盛には、北の方がいた。北の方は懐胎しており、男子を出産するが、平家の遺児は探し出して殺されるために下り松に捨てる。通りかかった法然の一行がその子を拾って養育する。成長した若君は、説法の場で母と再会し、父が敦盛であると知る。若君は賀茂社に参詣してその夢告により、一の谷を訪ねて敦盛の亡霊と出会い、遺骨を拾って帰る。若君は出家して父の菩提を弔い、北の方も出家する。(1)

以下に、中世から近代に至るこの説話に関する主要なテキストを挙げておきたい。

十五世紀末ごろ　能『生田敦盛』(金春禅鳳(一四五四～一五三二?)作)
十六世紀半ばか　幸若舞『敦盛』
天正ごろ(一六世紀末)　御伽草子『小敦盛絵巻』(天理図書館・慶応義塾大学図書館ほか)
同じ頃か　御伽草子『小敦盛絵巻』(御伽文庫系本文、ニューヨーク公立図書館本ほか)
正保二年(一六四五)　古浄瑠璃『こあつもり』刊(草子屋喜右衛門板)
寛文元年(一六六一)　古浄瑠璃『一切記』刊(『こあつもり』の異板)
十七世紀後半　御伽文庫『小敦盛』刊
宝永・正徳ごろ　説経『こあつもり』(五段本、鱗形屋板)刊
正徳元年(一七一一)　『山城名勝志』刊(大島武好編、宝永二年序)

正徳三年（一七一三）　歌舞伎『神力小敦盛』初演
正徳四年（一七一四）　浄瑠璃『小敦盛花靭』初演
享保十五年（一七三〇）　浄瑠璃『須磨都源平躑躅』初演（長谷川千四作）
享保二十一年（一七三六）　古浄瑠璃『こあつもり』再刊（鱗形屋板）
元文二年（一七三七）　歌舞伎『小敦盛血汐袈裟』初演
延享三年（一七四六）　歌舞伎『子敦盛一谷合戦』初演
宝暦元年（一七五一）　浄瑠璃『一谷嫩軍記』初演（並木宗輔ほか作）
宝暦十一年（一七六一）　黒本『新子あつ盛』刊
寛政七年（一七九五）　黄表紙『子敦盛』（丈阿作）刊
文化六年（一八〇九）　読本『奇譚青葉笛』（高井蘭山著）刊
文化七年（一八一〇）　葛原斎仲道『熊谷蓮生一代記』刊（文化八、九、弘化四、安政三年刊あり）
幕末ごろ　説経『祭文こあつもり』刊
明治十九年（一八八六）　『熊谷蓮生一代記』再刊（活字版）
　『敦盛外伝青葉笛（奇譚青葉笛）』再刊（活字版）
明治二十八年（一八九五）　三浦有田子編『連夜説教　熊谷直実』刊
明治四十四年（一九一一）　熊谷無漏編『実説文庫』第一編刊
大正元年（一九一二）　村田天籟著『悲愴史談　小敦盛』刊
大正五年（一九一六）　碓井小三郎編『京都坊目誌』刊

大正十年（一九二一）　京都扇子団扇同業組合編『近代扇史』刊
昭和七年（一九三二）『法然上人小敦盛一代記』写（初代若松若太夫）

この説話がいつごろ成立したかは定かではないが、右に記すように、金春禅鳳（一四五四～一五三二か）作の『生田敦盛』がこの説話を題材としていることから、おおよそ十五世紀末には元になる伝承が成立していたと思しい。中世のテキストとしては、ほかに御伽草子『小敦盛絵巻』があり、現存写本は十六世紀末ごろのものが残る[2]。なお、幸若舞の『敦盛』は、敦盛の北の方を按察使大納言資賢の娘とする一方で、遺児については説話を持たない。

また、この説話は説経や古浄瑠璃においても語られた。近世に入って、六段の古浄瑠璃正本が正保二年（一六四五）に版行されているほか、宝永・正徳頃刊の五段本の説経正本が残る。説経正本は版行が遅れるが、本文は古浄瑠璃正本より古態を留めていると評価されている。

さて、御伽草子と説経・古浄瑠璃正本を比較すると、結末部に大きな違いがあることがわかる。御伽草子『小敦盛絵巻』は後日談として敦盛の遺児が西山の善恵（証空）上人になったとする[3]。一方、説経『こあつもり』は以下のような結末部を有する。

（敦盛の御台所は）都へのぼり、しんきに寺をたて、そのなを、みゑいだう（御影堂）と、がくを打、てつからあふぎ（扇）をおらせ給ひける、（若君は）そのころ、じやうどのほうが、二つにわれ、しんざん、とうさんとて、二つに成、東山のは、ちおんゐん、若君はぢおんじ（知恩寺）と、がくを打、明くれ、ぼだいを、とい給ふ、今の百万べん、是也。

右に見える、知恩院と知恩寺の本山争いは、大永元年（一五一一）頃から激化し、天正三年（一五七五）に知恩院を本山とすることで一応の決着を見る。(4)とするなら、この伝承の成立はそれ以降ということになる。伝承の成立時期の特定は難しいが、説経・古浄瑠璃のような語り物においては、御伽草子とは異なる伝承が語られており、近世初期にまで遡り得るものであろう。ここで注目されるのは、敦盛の北の方が御影堂の開祖となっており、扇を折ったという伝承である。ここに名の見える「御影堂」は、新善光寺御影堂で、かつて京都市下京区御影堂町にあった時宗の寺である。(5)ここに見えるような扇にまつわる伝承は、近世においてさらに拡大していくことになる。

近世における小敦盛

近世において、小敦盛関連テキストは盛んに版行されている。また、浄瑠璃・歌舞伎などの芸能にも取り入れられていることがわかる。

先に紹介した説経『こあつもり』の結末部のうち、敦盛の北の方が新善光寺御影堂で扇を折ったという伝承が、とくに近世期においては広く流布していくことになる。まず、浄瑠璃『須磨都源平躑躅』を見てみたい。長谷川千四作、享保十五年（一七三〇）初演のこの作品は、別名を「扇屋熊谷」という。この作品の二段目において、平敦盛は扇折りの若狭の家に女装して「小萩」と名乗って匿われている。この家の娘桂子が敦盛に恋をし、阿根輪による詮議を受けた敦盛の身代りになって死ぬ。扇谷主人の若狭は、熊谷直実と敦盛にそれぞれ陣扇を与え、二人は戦場での再会を約して別れる。そののち、熊谷は敦盛を討って出家する。という筋である。この作品では、敦盛と扇の強い結びつきがストーリーの前提となっており、両者の関係が既に社会に流布していたと考えられるのである。

次に近世の地誌類を見てみたい。浅井了以の著した『京雀』巻六（寛文五年・一六六五刊）には、以下のように見える。(6)

みえいだう前の町　　此町南側に御影堂あり。此寺は一遍上人の流れを汲て、時宗念仏の教をつたふ。寺中に念仏の堂ひとつあり。其めぐりは軒をならべて立つづき尼ども扇ををりて業とす。末代になりて今はわかき女房共あまたあり。髪うつくしうゆひ、けさうして扇ををりける。さしもかくれなきみえいだう扇也。

ここでは、御影堂において扇が盛んに売られていることがわかるが、その始祖伝承としての平敦盛の北の方という名は見えない。同様に、貞享三年（一六八六）刊の『雍州府志』にも「中世以来、尼を携え、常に扇を製して四方に売る。是を御影堂折と謂ふ(7)」と扇に関する記述は見えるが、敦盛の北の方の名は見えない。貞享二年（一六八五）刊の『京羽二重』も同様である。

地誌類の御影堂に関する記述において、最初に敦盛の北の方の名がみえるのは、正徳元年（一七一一）刊の『山城名勝志』（大島武好編）である。「御影堂」の項には以下のような記事が見える。(8)

平ノ敦盛ノ室（按察使資賢卿女、王阿上人内戚也）祐寛阿闍梨ニ就テ剃髪ス。（生一房如佛ト號ス）蓮華院於堂ノ傍ニ創シテ居ヲトス。王阿幼年ノ時、潮熱ヲ患ルコト有。如佛尼自ラ柏扇ヲ制シテ祐寛ヲ加持セ令テ之ヲ奉ル。徳風扇テ熱ヲ拂テ即愈ユ。皆人奇ト為ス。（原漢文、私に読み下し、句読点を加えた。（　）内は割注である）

ここでは、扇の由来が敦盛の北の方に結び付けられているだけではない。北の方の出自を按察使資賢の娘とすることは幸若舞曲『敦盛』にすでに見えるが、それのみならず王阿上人の内戚とし、その扇が幼少時の王阿を熱病から救ったという奇特として説話化されており、興味深い。敦盛北の方と扇に関わる説話は、ここにおいてさらに扇の功徳が増補されているのである。『山城名勝志』の影響は大きく、これ以降の地誌類や名所案内類も類似の記述があり、明治期に至るまで名所案内には簡略ながら同様の敦盛の北の方の記事が見える。

この内容から、先の浄瑠璃『須磨都源平躑躅』と考え併せても、十八世紀初頭以前には敦盛の北の方を御影堂扇の創始者とする伝承が社会に定着していたことがわかるのである。

このほかに近世後期には新しい敦盛関連のテキストが出版されている。まず、文化六年（一八〇九）には、高井蘭山による読本『奇譚青葉笛』が刊行された。本作品では、敦盛の北の方を、眞盛入道息女桂の内侍とする。桂の内侍は遺児を出産したのちに下がり松に捨て、法然が養育する。成長した若君は出家して是空と名乗る。その後に母と再会し、母も出家、摂津の国生田の森に庵室を構えて隠棲する。蓮生と是空は賀茂社に籠り、夢告によって連れ立って一の谷に下り、敦盛の霊と再会し、遺品の狩衣の片袖を得る。そののち、北の方は六十二歳で生田の森の庵室で往生を遂げ、是空も老年になったために、敦盛の遺品「青葉の笛」を安置する須磨寺に居を移して往生する。本書は敦盛の北の方と扇の関係については記していない。『青葉笛』を表題としていることからも、須磨寺寄りの傾向が強い。小敦盛説話をもとに、わかりやすい読み物として再編成した作品である。従来の小敦盛説話と異なるのは、若君の出家後の名を是空とすること、賀茂社の夢告によって敦盛の亡霊と対面するのを是空と蓮生の二人としているところであろう。青葉の笛が須磨寺に所蔵されていることを明記することや、遺児が晩年に須磨寺に居住することも本書の特色である。

一方、その翌年の文化七年（一八一〇）に刊行された葛原斎仲道による『熊谷蓮生一代記』は、件の扇の伝承を含んでいる。同書は敦盛の北の方を、按察使大納言資賢女玉琴姫、遺児を放童丸とする。「ほうどう丸」の名は、古浄瑠璃『一切記』に見えるので、その影響を受けていると考えられる。法然に拾われた若君と再会した玉琴姫は、熊谷直実と三人で連れだって敦盛の討たれた一の谷に赴く。玉琴母子は夢に敦盛の姿を見て、敦盛から日の丸を描いた陣扇を託される。それこそ、敦盛が熊谷直実との一騎打ちに際して用いた陣扇であった。そののち、玉琴姫は法然のもとで出家し、生一坊如仏と名を改め、五条の南、京極の西にあたる蓮華院の王阿上人を頼り、蓮華院の隣に庵室を営み、敦盛から得た扇を手本に扇を折って生計とする。これが御影堂扇の濫觴となる。放童丸もまた出家して、法信坊盛蓮と名を改める。

この作品は、本文中に『山城名勝志』を引用し、北の方が扇を折ったことを小敦盛説話の重要な要素として扱っている。また、放童丸と北の方、熊谷の三人が一の谷に行くところも独特である。他は従来の小敦盛説話と大差ない。

近世期全体を通してみると、当初は説経・古浄瑠璃『こあつもり』に後日談として付加されていた、敦盛の北の方のその後に関する説話がふくらみ、御影堂扇の濫觴を語る縁起譚として成長していった様子がわかる。そしてこのような傾向は近代へと引き継がれていくことになる。

近代における小敦盛

近代以降も、御影堂の扇に関する伝承は再生産され続け、さまざまな文献に記述がある。まずは、近世以来の名所案内類を見てみたい。

明治期になっても、江戸時代と同じような和装横本の名所案内は発行され続けている。そこには新善光寺御影堂も記載されており、扇の由緒を記すものもある。その下限は、明治三十二年一月刊の『京都名所案内』（片岡賢三著、風月堂刊）であろうか。一方、洋装本の早い例では、明治二十七年刊の『京都案内都百種』（辻本治三郎編、尚徳館刊）がある。明治二十二年には東海道本線が全通し、京都への旅行は鉄道が主な移動手段となった。そのような変化は、旅行の形にも変化を与えていくことになる。和装本から洋装本への変化もこれと時期を同じくしている。さらに、明治時代後半になると、新善光寺を取り上げない名所案内が増えてくる。その理由の一つは、取り上げる「名所」の数を絞り込み、解説を詳しくする傾向が出てくることにある。また、新善光寺では、もと、盛んに扇を製造していたが、明治時代後半には衰えていく。そのことも新善光寺が取り上げられなくなる理由であろう。

さて、名所案内の御影堂扇に関する記述は、簡略なものから詳しいものまでさまざまであるが、扇の功徳に関する説話が従来とは異なっていることが注目される。明治十三年刊の『京都名勝一覧図会』には以下のようにある。(9)

坊中に扇を折て業とする事、昔無官大夫平敦盛の室、蓮華院尼公此寺に閑居し、阿古女扇を製玉ふ。其頃後嵯峨帝御悩まします時、當寺住職祐寛阿闍梨御悩除滅の修法を加持、又扇に兕文を封納して帝に上まつる。即ち天皇の御病気苦悩たちまちに御平癒ましましける。上人の号をおくり玉ふ。扇はこの吉例によりて世々此所の名産となるなり。

右には、『山城名勝志』に近似する扇の由来が記されているが、扇によって病気が平癒した人物が、王阿上人から後嵯峨天皇に変わっており、さらに扇の功徳によって佑寛に上人の号が贈られたとしている。このように、扇を天皇と関連付けることで、より御影堂扇の権威付けを図ったものと思われる。ただし、後嵯峨天皇は仁治三年（一二四二）に即位しているのだが、仮に平敦盛の北の方が、敦盛が死んだ一の谷合戦（寿永三年・一一八四）に十五歳であったとするならば、仁治三年には七十三歳ということになり、やや年齢が不自然である。

碓井小三郎編の『京都坊目誌』（大正五年刊）においては、さらに説話が増補されて以下のように見える。(10)

因云。古来寺中坊舎に於て衵扇（アコメ）を製造して之を販ぐ相傳ふ平敦盛の室（按察使資賢の女。清照と称す）本寺に隠棲し。住持阿闍梨祐寛に帰依し。剃髪して尼僧と為り。蓮華院生一如佛と号す。常に余技として扇子を製作す宝治二年の頃後嵯峨天皇御悩のことあり。祐寛尼の造れる衵扇を加持祈念して宮中に上る。御悩忽ち平癒す。天皇叡感あり勅して加持製扇を以て寺産たらしむ。世人呼んで御影堂扇と又久壽扇と曰ふ。爾来毎年献納し恒例と為る之に於て寺中之を製して汎く販売すと云ふ。其要め強固にして永久に堪え。時宗たるに及ひ妻帯を公認せるを以て寺中の婦女皆之を製す。狂歌師班竹が詠に『扇折る手しなやさしく御影堂涼しき風をはこ入にして』と。明治維新後各坊大に荒廃して僅に六坊を存せしが。今は境外に属して個人営業となり舊号を襲ふて商号と為す。宣阿弥。持阿弥等あるのみ。

右にあるように、扇の功徳によって後嵯峨天皇の病気が平癒したという説話は、天皇の勅命によって御影堂の寺産になったとし、それに因んで毎年宮中に扇を献上することも行われているというのである。ただし、本書が刊行された大正時代には、御影堂扇を製する店は「宣阿弥」「持阿弥」の二軒のみになってしまっているようだ。また、大正十年に発行された、京都扇子団扇同業組合事務所編による『近代扇史』には、宮中で毎年「水無月には御影堂の扇を几帳に掛けらるるを例とす」とし、さらに「御影堂の扇商中清照会を起し尼を顕彰して我国扇業者の開祖とせんと企つるものある亦所以なきにあらざるなり」と記しており、そのような顕彰運動がこの時期にあったことが確認できる。

このように近代において、扇の由緒が天皇と結びつけられ、さらにその説話が増補されていく傾向にあることがわかる。これは、御影堂扇が以前のように盛んに売れなくなっていることと軌を一にしていることも興味深い。

このような御影堂扇の由来に関する記事を確認できる観光案内書のうち、最も出版が遅いものは、京都市庶務部観光課編・発行による『京都遊覧案内』（昭和八年）であろうか。同書では先の「後嵯峨天皇」は「後鳥羽天皇」に変わっている。後鳥羽天皇であれば在位は寿永二年（一一八三）から建久七年（一一九六）なので、敦盛の北の方の年齢とはほぼ合致することになる。

このような扇の由来に関する記述は他にも、熊谷無漏編『実説文庫』第一編に「扇屋熊谷の実説　附玉織姫、青葉笛、平山武者所」[12]とあって記されている。内容は『山城名勝志』と同じである。

小敦盛説話の終焉

それでは、小敦盛説話はいつごろまで「生きて」いたのだろうか。以下に近代における小敦盛説話を載せる文学作品を見てみたい。先に記した江戸時代の文化年間に刊行された『奇譚青葉笛』と『熊谷蓮生一代記』の二書は、いずれも明治十九年に活字版で再刊されている。また、明治二十八年には、三浦有田子の「連夜説教　熊谷直実」が刊行されている。同書の序文には以下のようにある[13]。

一　本書連夜説教「熊谷直實」ハ在来ノ法談本ヲ増補添削セシノミナラス説教書等ヲ多ク参考トシテ著述セシモ

ノナレトモ其素ヨリ歴史ニ據テ事實ヲ精確ニ敷衍スルコトヲ旨趣トセシモノニアラサレハ時代及言語ノ曖昧等間々之ナキニシモアラサル可シ読者之ヲ寛放シテ可ナリ

この書は右に「在来ノ法談本ヲ増補添削セシ」とあるように、『熊谷蓮生一代記』を粉本として、増補したものである。右に歴史的事実を精確に敷衍したものではないという言及があることに特に留意しておきたい。近代以降、「歴史的事実」が強く意識されるようになり、事実に基づかない伝承が排除されていく傾向がある。本書もまたその内容が「史実」ではないことを読者に断っておかないといけない、という意識が作者の側に強くあることを示しており、このような観念がやがて小敦盛説話を活字から消していくことに結びつくのである。

作者、三浦有田子は伝未詳。其中堂主人三浦兼助か。三浦兼助は、名古屋の人。明治十年（一八七七）書肆「其中堂」を興し、仏教書の出版・販売及び、古書販売を手掛けた。其中堂はのちに京都支店を出し、現在も寺町通三条北に仏教書専門店を構えている。

其中堂の「連夜説教」シリーズは、明治二十七年から三十年代にかけて、二十四編が刊行された。そのうちの『安倍保名』について、渡辺守邦氏は「『絵本輪廻物語』の焼き直しであり、十席に分けて口演する点（より正しくは口演の台本を装った読み物）に新しみを盛った」と指摘している[14]。

次に、大正元年（一九一二）刊の村田天籟著『悲壮史談　小敦盛』を取り上げたい。これは、源平合戦に取材した小説で、表題には「小敦盛」とあるものの、内容は熊谷直実と平敦盛に関するものだけではなく、平治の乱から説き起こして頼朝・義経兄弟についても描いている。ただし、頼朝を常盤の子とするなど、潤色が著しい。このような歴史小説は、高山樗牛の『滝口入道』（明治二十七年・一八九四刊）の大ヒット以来、模倣作として数多く作られたものの一つで、本作は熊谷と敦盛については詳述するが、敦盛の遺児については結末部に簡略に記されているだけである。

敦盛の北の方、桂姫は我が子を下り松に捨て、法然上人が拾って養育し、是空法師となる。のちに法然と桂姫、熊谷直実は対面し、直実は出家して蓮生となる。また、桂姫も出家し、生田の森に庵室を構えて敦盛の菩提を弔う。

本書は、敦盛の遺児が出家して是空となったり、北の方が生田の森に庵室を構えたりすることなどの点で、高井蘭山の『奇譚青葉笛』の影響が濃い。北の方の名も「桂姫」（『悲壮史談小敦盛』）「桂の内侍」（『奇譚青葉笛』）と近似している。一方、熊谷直実が、敦盛の北の方や若君と対面して後に出家していることや、敦盛の遺児が父の亡霊と再会する場面は描かれていないことなどは、従来の小敦盛説話とは大きく異なっている。とくに死後に亡霊となった父が子と対面するという設定については、近代社会においては受容され難いという判断が働いたのであろう。先にも記したように、そのような歴史的正確さや科学的根拠に乏しい説話を排除しようとする傾向に、この小敦盛説話が近代において消えて行った原因があるものと思われる。

かくて小敦盛説話はおよそ明治時代末頃をもって再生産が終わり、世間から忘れ去られていくことになった。この説話を最初に題材とした、能『生田敦盛』の成立からおよそ四百年余りにわたり、この説話はさまざまに形を変え、媒体を変え、北の方や敦盛遺児の出家後の名を変えて伝えられ、生き続けてきた。そのような説話の変化の背後には、各時代に主流となった表現形式や、その時代を生きた人々の嗜好が緩やかに反映されているといえよう。

最後に、現代に残る小敦盛説話についても触れておきたい。今日、京都の扇子商「京扇堂」のホームページには、小敦盛説話が簡単に紹介されている。(15) 京扇堂は時宗にちなむ「眞阿弥」の名を持ち、御影堂扇の伝統を受け継いでいる。敦盛の北の方の扇の伝承は、今日においても辛うじて伝えられているのである。

注

（1）以上の梗概については、説話として最もよく整った御伽草子『小敦盛絵巻』をもとにしている。

（2）なお、御伽草子には大きく二系統の本文があり、絵巻系本文が一の谷合戦の場面から起筆するのに対して、御伽文庫系本文が敦盛の北の方が子を捨てる場面から起筆するという違いがあるが、絵巻系が先行するという松本隆信氏の説（「御伽草子本の本文について――小敦盛と横笛草子」『斯道文庫論集』第二、一九六三年三月）を尊重したい。

（3）以下の本文は、横山重校訂『説経正本集』第三（一九六八、角川書店）に拠った。

（4）美濃部重克「「こあつもり」考」（『中世伝承文学の諸相』一九八八、和泉書院）。

（5）第二次大戦中の五条通拡幅によって、滋賀県長浜市に移転した。天長元年（八二四）壇林皇后が嵯峨に創建したが、のち弘安・正応の頃一遍の弟子の王阿が中興し、時宗に改めた。もと時宗御影堂派の本山であった。

（6）以下、『京雀』の本文は『新修京都叢書』第一巻（一九六七、光彩社）に拠った。

（7）『雍州府志』の本文は、『新修京都叢書』第三巻（一九六八、光彩社）に拠った。

（8）『山城名勝志』の本文は、『新修京都叢書』第七巻（一九六七、光彩社）に拠った。

（9）橋本澄月編『京都名勝一覧図会』（一八八〇、風月堂）。

（10）『新修京都叢書』第一六巻（一九六九、光彩社）による。

（11）京都扇子団扇同業組合編、発行『近代扇史』（一九二二）。

（12）熊谷無漏『実説文庫』第一編（一九一一、朝陽社）。

（13）三浦有田子『連夜説教　熊谷直実』（一八九五、其中堂）。

（14）渡辺守邦「〈狐の子別れ〉文芸の系譜」（『国文学研究資料館紀要』一五、一九八九）。

（15）京扇堂ホームページ https://www.kyosendo.co.jp/column/shinise/ 参照（二〇一七年七月一日）なお、このページの文章は西川照子「玉琴姫と御影堂の扇」（淡交ムック『京老舗』一九九八、淡交社）からの転載である。

明治期における西郷隆盛の噂話をめぐって

橋本　章彦

はじめに

維新の英傑・西郷隆盛にかかわる噂話は、今日では多くの人の知るところとなった。それは、西南戦争における彼の敗死前後からささやかれ始め、その十数年後にはいわゆる西郷生存説としてひろく人口に膾炙し、果てはあの著名な大津事件の引き金の一つにまでなった。この噂は、その他にもさまざまな悲喜劇を呼び起こしており、文字通り明治の一時期を揺るがす一大社会現象といっても良い性格を持つものであった。

実は、噂がささやかれたのは、西南戦争最終盤ころから明治二十四年前後ころまでであったが、この間一貫して大きな広がりを持っていたわけではない。実は、二つの時期にピークがあった。一つは、明治十年の西南戦争の終結直前ころから明治十一年ころまでであり、いま一つは、明治二十二年から明治二十四年五月の大津事件発生のころまでである。前者は、言うまでもなく西南戦争の敗戦と彼の死をきっかけとしたものであるが、後者は大日本国憲法発布の大赦によって、西郷に正三位が贈られ名誉が回復したことにその契機が求められるようである。

これら二つの時期の話は、表面上その性格を大きく異にする。第一期の場合は、主として庶民層において西郷が神秘化されて神仏ともおぼしき性格が濃厚に与えられているのに対して、第二期では、その内容が西郷生存説に偏向し、かつその実否を検証するという合理的な態度が強くあらわれている。西郷を第一期のようにいわゆる「見えない世界」との関連で位置付けようとする性格は希薄なのである。もっとも最初期の生存説は、明治十一年八月頃にはすでに噂されており(1)、その後明治十四年秋ごろにも大坂で西郷がインドで生存しているとの説を印刷物にして配った者がいた(2)。しかし、やはり大きな広がりを見たのは明治二十年代初頭であった。

こうした二つの時期に見られる性格の違いの背後には、いわゆる〝開化〟の一般庶民層への進展と浸透があったと見て取ることはたやすい。だが、それで満足してしまっても良いのだろうか。そもそも明治のこの時期の人々は、何故これほどまでにくり返し西郷を呼び出してくるのであろうか。そのことに視点を移すとき、はじめて明治期の西郷話流行の持つ本質的な意味が浮かび上がってくるように思われる。

以下、本稿では、こうした問題意識を基礎に具体的な事例を提示しつつ、明治前半期における人々の心意を探ってみようと思う。

西郷話の諸相

一　西南戦争期前後の西郷の噂話――神仏としての西郷隆盛

この時期の西郷伝説を代表するのは、いわゆる〝西郷星〟である。この噂は、西郷が城山で敗死する以前からささやかれていた。『読売新聞』明治十年（一八七七）八月八日の記事に拠れば、

大坂日報に此節毎ばん辰巳の方に赫色の星が顕はれ、夫(それ)を望遠鏡で見ると西郷隆盛が陸軍大将の官服を着て居る

体に見えるとて、物干で夜をあかす人も有ると出て有ります。（後略）[3]

とあるが、これは西郷が城山で死ぬ一ヶ月以上前のことであった。西郷は、生前から神秘性を帯びて見られるほどの存在だったのである。むろんここで言う〝赫色の星〟は、このとき大接近していた火星であることはよく知られている。しかしこの噂は、このとき相当な熱狂をもって人々に受容されていたようである。『読売新聞』明治十年（一八七七）八月三十一日に、

上州高崎駅の田町で例の物好きの馬鹿に口の字つきが、西郷星を拝むと亭主がいったから、下女や小僧までがわい〳〵と土蔵の板庇へあがって見ているうちに、板庇の腕木がミシ〳〵と折れたので、上がって居たものが七八人ころげ落ちたが、下女は湯のたぎった大釜の中へ真倒さまに落ちて大怪我をする（後略）

といった記事が見える。人々の熱狂ぶりをよく示している事例であろう。

ただ、新聞を見る限り、この〝西郷星〟に関わる記事は、おおむね否定的な論調で報道されるのが一般的であった。次の例はその典型例である。

新聞屋さんが口うるさく言て聞せるが、どうも旧弊と頑固とは抜ないものかして、此頃も私の近所の家の旦那が物干で大声を出し、サァ〳〵番頭も丁稚も下女も飯焚も残らず早く来て見な、西郷様があり〳〵とお出成すったぞ、ソレあの赤い星が西郷様に違ひない、南無西郷大明星〳〵、軍にお勝ち成さる様いのり奉ります、南無大明星と頻りに手を合して拝んで居ると、見世の若い者が何だ又旦那の旧弊が始まった、外聞の悪い話だ極りだぜ、西郷は元より人間だろう、夫が天へ昇って堪るものか馬鹿馬鹿しい、あの星は火星といって西洋ではマレス（ママ）といひ支那字で熒惑星とも書く遊星で、常に極って赤く光るのだが、地球に遠く離れた時は眼につかず、近く成る時は赤い色が目につくのだ、夫を西郷星だ抔と出たらめをいふのは、何も知らない白痴の寝言、それを真に受て賊

の西郷が星に化たと思って手を合して拝む旦つくは余ぽどの鈍つくだせ（後略）

『読売新聞』明治十年（一八七七）八月十七日

庶民の素朴な信仰を〝旧弊〟とそしり言葉を尽くしてこき下ろす記事の論調に注目しておきたい。しかもこうした姿勢は、〝西郷星〟のみならずその他の民俗的信仰や習俗全般に覆われていた傾向であった。これが当時の〝開化〟のもうひとつの側面だったのである。

ところで、西郷敗死のあとには、次のような詐欺事件も発生していた。

（前略）西郷君の墓へは此せつ絶ず参詣があり、其あらたかなこと何の願でも一種ならば七日のうちに叶ひ、二種以上は信心次第で寄附によって早く叶へて下さるとは流石に西郷隆盛公としきりに誉たて、皆さんも大願があらば願をかけ、成就したなら何なりと寄附なさい、諸事の取次は拙者がいたすといって人を惑はせたのは、大坂難波新地三番町辺の岡田とかに同居する駒井といふものにて、近近にまたそのお石碑のお屋根を取建るとて勧化帳を廻し芸妓や俳優にはだいぶ此男に騙されて金を取られた者があったが、元より出たらめゆえ長くは続かず、さんざん金を取って今月四日の晩に何れへか姿をかくし逐電したのを、まだ迷って居る連中は、鹿児島へ参詣にいかれたのだ抔と云て騒ぐが、東京にも此類が無でも有ません。

『読売新聞』明治十一年（一八七八）二月十二日

こうした詐欺が成り立つためには、庶民の西郷への神仏にも似た感覚が有ったことを認めないわけにはいかないであろう。この点においては、次のような例も見られる。

鎮西八郎為朝とか赤紙へ三馬とか書て張ば、疱瘡を除ると思ふ白痴者は旧習頑固で話しに成らないが、飯倉四丁目辺の横町で入口へ「西郷吉之助隆盛」と書て張って有るのは何の呪かと或る人に聞たら、薩摩の大将だから

大かた天行疱瘡除だろう

『読売新聞』明治十一年（一八七八）三月十六日

ここで言われる鎮西八郎為朝は、すでに周知のごとく強弓を使い、戦闘力のきわめて高い強い武将であった。彼の居る島には、疱瘡神も近寄らず、島人に患者が出なかったと言われていたが、西郷もまた同様なイメージで捉えられていたことを右の記事は教えてくれる。さらに疫病に関しては次のような話もあった。

明治十二年（一八七九）八月ころ沖縄地方から上陸したと思われるコレラが鹿児島を襲っていた。

鹿児島の近況とて某氏より寄せられし文中に曰、（中略）市中の愚民は目今の流行病を一昨年戦死者の怨霊が虎列拉の神となり民命を奪ひ国家に祟るなるべしと、甲唱へ乙伝へ、西郷桐野篠原村田池上氷山等の石碑へ参詣して信心さへすれば、此病は免がる、ことを得べしと、市中は元より近在近傍まで五里十里の僻陬より参拝人の絶え間なく、頗る賑はしき景況なり

『朝日新聞』明治十二年（一八七九）八月二十三日(4)

これは、まさに〝御霊〟としての西郷信仰である。さきの疱瘡除けの札といい、これといい、いずれも古代より連綿と受け継がれてきたものとなんら代わりのない、人々の信仰精神の、その近代における表出であったと言えるであろう。

ところで、西南戦争後には、その様子を描いた多くの錦絵が世に出て人気を博した。西郷星なども好んで描かれた題材のひとつであったが、そんな中で「西郷涅槃図」なるものも描かれている。これは、釈迦の涅槃図に構図を借りた図であった。幕末から明治にかけて人気の歌舞伎役者などにはいわゆる「死絵」と称する絵が描かれることがあった。ことに八代目市川団十郎のものは多く残されているが、団十郎にもやはり釈迦に範をとった涅槃図が描かれてい

西郷涅槃像　国立国会図書館デジタルライブラリーより

る。おそらく西郷の涅槃図もその延長線上にあるものと考えて大きく過たないであろう。死の直後の『読売新聞』明治十年（一八七七）十二月には、

先日吾們が浅草橋辺をぶらつき茅町へ来ると絵草紙屋へ灯は昼の様につき大勢が口をあいて西郷様は豪傑だナァ、討死の威勢は織田信長糞を喰だ、其うへ仁徳の高いお方だから涅槃の像まで出て釈迦も株投だエライ〳〵

『読売新聞』明治十年（一八七七）十二月十八日

という記事が見える。西郷の涅槃図が出たその条件の一つに彼の仁徳があったことがわかる。庶民感覚には、西郷は釈迦にもなぞらえられるほどの聖人のイメージも一方で存在したのである。

もっとも記事は、

赤髭の先生が突然と立寄て来たが、頓てアナタ西郷さん着物分りますか、陸軍着物あります、海軍着物有ます

と外国人に陸海軍の制服の混交を指摘され、この記

事の筆者もそれを聞いて「傍に居て冷っこい汗」が出たと続けられている。そしてあらためて様々な絵を見たとき、こうした間違いは西郷の絵のみではなく他にもあったと言い、服飾などはもっと正確であるべきだとこの記事は結ばれている。涅槃図を純朴に信仰的な姿勢から見る庶民とそれを検証しその正確さを問題にする〝開化〟を先導する知識人との対比が顕れていて興味深い。

以上、西南戦争直後において庶民のあいだにささやかれた西郷に関わる噂話を見てきた。この時期の場合、西郷を神仏にも等しいイメージで捉えられていることが、その最大の特色である。しかし一方で知識人からすれば、それらは未だ開けぬ人々の頑迷な〝旧弊〟と位置付けられ、蔑みの視点をもって批判的に見られていた。古くから継承されてきた伝統に〝開化〟が覆い被さってくるその現場をこの時期の西郷の噂話に読み取ることができるだろう。

世上を席捲する西郷生存説

さて、明治二十二年（一八八九）大日本帝国憲法の発布にともなう大赦に際して、西郷隆盛の復権が実現し、あらためて正三位が贈られた。その後、彼の生存が再び世の人々に言われるようになる。その典型的な話は次の通りである。

西郷以下の諸将は城山の没落する二日前の夜、重囲を脱して串木野なる島平浦に到り、同所より和船にて甑島に渡り同島桑の浦にて魯国の軍艦某号に乗組み、同国浦潮港に上陸し、西比里亜の或兵営に潜み魯兵の訓練に従事し居たりしが、明治十七八年頃黒田清隆氏欧洲巡回の際此事を聞込み、窺かに其兵営を訪(と)ふて面会し、大(おおい)に日本将来の事を謀議し約するに、明治廿四年帰朝の事を以てしたり、故に西郷翁以下諸将は其約に背かず本年迄同所にありしに、既に約束の年となりしに依り魯国政府に其事情を告げしかば、同国政府は諸将の去るを惜めども亦諸将の故国を懐(おも)ふの情切なるを察し、軍艦を以て送らんとて名を皇太子の御漫遊に籍(か)り数艘の軍艦にて鹿児島へ送り来れる筈(はず)にて(後略)(5)

この種の話は、鹿児島に端緒があるようだが、ひとたび報知されるや日本全国を席捲し新聞紙上を連日のように賑わせた。ちょうどこのとき、話の中にも出るロシア皇太子・ニコライが、現実においても日本に立ち寄ることになっていた。彼の最終目的は、シベリア鉄道の起工式に臨むことであったが、それを機に甥のジョージと世界漫遊の旅に出ていたのである。

この記事が発表される直前の明治二十四年四月八日には、浮世絵師・勝月によって「ニコライ・西郷上陸図」なる錦絵が発行されたり、ニコライと西郷を並べて描く肖像画などもつくられた。『読売新聞』に、「西郷隆盛上陸の錦絵」と題する次のような記事が載る。

露国皇太子殿下の御上陸と題し、昨今各絵草紙屋にて売り出せし錦絵は、頃日(このごろ)益々評判高まりし西郷隆盛翁が、露国皇太子と倶(とも)に桐野村田辺見等を随へ軍艦より鹿児島に上陸する図、時節柄とて大に通行人の眼に止り売れ行き甚だよろしき趣(おもむき)なり

明治二十四年(一八九一)四月十八日

とあって、上陸の様子を描いた錦絵が評判となってよく売れていたと記されている。西郷生存説が如何に人々に大きく反響を呼んでいたかを知ることができるだろう。

その後、この話はさまざまな異説を生んだが、その中には右に示したものを補完するようなものもあらわれた。

明治廿一年より翌廿二年に渡り、日本中央茶業組合派出委員を以て、紅茶販路拡張並に茶業視察を兼ね、サイベリヤを経(へ)露国に赴かれたる本県の或茶業者が、同行に際して露領サイベリヤクラスクヤルノス近傍の兵営中に露

て、日本人の威風堂々たるが兵士を教練しあるを見しが（時恰も廿一年十二月十二日）、其人品容貌、茶業者が陸軍大尉として近衛に奉職中常に相親しく交際し居たりし、西郷翁と能くも相似たるを見受たり、然れども西郷翁は明治十年城山陥没と共に墓なく薩摩嵐に散り失たるものなりとすれば、今は世に無き人の海外なる此の地に居らん筈も無れば、只体格風采共に能くも似たる人のあるもの哉と思ひしのみにて、帰朝后他に向かって、かつて此の事を話されしことも非ざりし由なるが、今は鹿児島新聞先づ其端を発し、全国諸新聞相伝へて、翁生存の説を為すに至りしより見れば、夫の茶業者がサイベリヤ其兵営に於て見掛けられし日本人こそ、是れなん南洲翁西郷隆盛氏なりしならんと説話せられたり哉、又た奇蹟と云わざるを得ず

『読売新聞』明治二十四年（一八九一）四月十二日

この話は、高知の『土州新聞』に載ったものを読売新聞が転載したものであった。話の主は平尾喜寿という人物である。ただし、これについては次のような反論もあらわれた。

ある人一日花房宮内次官と会し、談忽ち西郷翁存生のことに及ぶ、花房氏曰く平尾喜寿氏が西比利亜に西郷翁を見たりといふは、蓋し同地方の兵営に雇はれ居る韃靼人を見てかく思ひ誤りしものならん、元来同地方には韃靼人多く雇われ何れも容貌魁偉にして（中略）、西郷翁のごとき容貌の男も其の中には之れ無きにあらざるべし

『読売新聞』明治二十四年（一八九一）四月十三日

この時期に言われた西郷生存説は、日本人に大きな広まりを持ったが、新聞紙上ではこの例のごとくその実否を問う姿勢が濃厚であった。かたや生存説をさまざまな根拠をあげて言挙げすれば、一方では非生存を証明する見聞談（たとえば、遺骸の実検説など）をもって応ずるなど、新聞紙上はまさに百家争鳴といっても良い状況下にあった。次に示す記事は、その混乱ぶりをよく示している。すなわち、

西郷が帰るとか帰らぬとか云ふ話がありて、諸新聞（読売新聞も）とも噂の儘を種々に書立るので、読者中にはずいぶん迷ひ居るものある由なるが、茲に或る人が地方の某新聞に投じたる左の水調一曲は誠に御尤ものことです。

西郷が、来ると云ふたり、又来ぬと、云ふて読者を迷はせる、ほんに、記者は憎らしい。

『読売新聞』明治二十四年（一八九一）四月二十八日

とある。当時のありさまをよく顕している記事であった。

この時期の西郷の噂話は、ほぼ生存説に偏向し、かつその生存の実否を検証しようとする傾向を強く持っているが、西南戦争直後の時のごとき神秘性を西郷に付与する話は希薄である。ただし、皆無ではなく次のような話のあることは注意しておかなければならない。

明治十年の頃、西郷星とて一時評判の高かりし惑星も、天文先生の解説にて、愚民の迷ようやく晴れ、時経て星体も評判とともに失せけるが、この両三日西の天に向かって、またまた西郷星現れぬと評判す、右に付き或る人は、贈位御礼のために西郷先生西方幽冥界より繰り出し来たったるなりと申す、呵々

『東京日日新聞』明治二十二年（一八八九）二月二十七日(6)

西郷の贈位の直後、またしても西郷星の噂が流れたわけで、西南戦争直後の場合と同じく神秘的西郷の姿がここに見える。また、生存説の実否の検証にからめた次のような話もあった。

又（鹿児島新聞）西郷翁等が生存し居れりと云ふ事の大評判なる今日に於て、間には之に反対なる意見を有し居る信仰家も之りありと見え、西郷様がお死去相成りたる事は相違なし、其証拠には前の浜に軍艦が入り来れば、何時でも雨が降るやら風が吹くやらするは、是れ西郷様が浄光明寺の岡から睨んでお在でなさるからの事なり

云々との投書ありたり

『読売新聞』明治二十四年（一八九一）四月四日

ここに言う浄光明寺とは、西郷の墓地となったところである。こうした話の存在は、西南戦争直後と明治二十年代初頭頃のこの時期との話柄の違いを開化の進展と浸透のみで説明することの危うさを示している。第一期のころと同様の西郷への感覚が一方で継続していたのである。

ところで、そもそも西郷生存の実否はなぜそれほどまでに問題にされたのであろうか。むろんよく言われるように、歴史的には西郷の首級が一時行方不明となり、それ故に生死が確定できなかったという事実はあった。しかし、それもすぐに発見され西郷の死は確定されたのである。本来ならば、この歴史的事実にもとづいて新聞はこの種の話について、第一期の西郷に関わる噂がそうであったように、一蹴すべきはずのものであった。事実冒頭にも述べた明治十四年の大坂の事例では「これは地球顚覆の虚説を信ずるごとき呆然の強が多きを見て、更にまたこの新案を思いつきしものならん」(7)と、はなから否定的であった。にもかかわらず、この時期においては各紙は、半疑ながらもそれに関わる記事を盛んに掲載しその是非を論じたのである。いったいそれはなぜなのであろうか。

西郷伝説の深層には何があるのか

本節では、これまでの議論をふまえて西郷に関わる噂話の流行の背後に横たわっているであろう人々の時代精神にせまって見ようと思う。状況はきわめて複雑な様相を呈しているようだが、便宜上、ここでは二つの側面から考える。第一は、西郷を「旧」の象徴として捉える視点から、第二は、開化の政治的な象徴たる議会制度がもたらす混乱という点からである。それらの考察を通して西郷がなぜ繰り返し呼び出されるのかを明らかにしてみたい。

一　西郷の噂話と文明開化への反動

西南戦争は、幕藩体制の解体によって生み出された不平士族らの不満を一気に糾合して起こされたことはよく知られている。西郷は、そうした士族たちにとって頼るべき存在であったわけで、それを目の当たりにした人々にとっても、彼をいわば〝旧〟の象徴としてのイメージで捉えていたと言える。

一方で西郷は、庶民感覚においても確かに〝旧〟を象徴するイメージの中にあったらしい。その点においては次の記事が興味深い。すなわちある夜半、とある男の前に西郷の幽霊が現れた。彼は男に向かって、

> 声あらげ、コレ汝喜太八よく聞けよ、我こそは天下に隠なき西郷隆盛なり、汝も知るごとく、我ほど忠勤愛国の士は外(ほか)にあらじ、依て御一新の前より身を捨て力を尽くして王室を保護せしが、近頃は愚昧(ぐまい)のもの追々出でて、武士の魂魄(たましい)たる刀剣を廃させ、外国人の説は何事によらず是として用ひ、官員に虫が好ぬをがまんして、洋食を喰って内実嘔吐(へど)をはく白痴もあり、又婦人に至っては無理に歯を白くして親の意に逆らふもあり、下等社会の汝らごときも、牛を喰わねば開化でなし、石鹸を遣はねば湯屋にて巾がきかぬと心得（中略）、汝喜太八こころあらば我意をつぎ、二代目西郷隆盛と改名してこの世を改革せよ（後略）
>
> 『読売新聞』明治十年（一八七七）十一月十一日

これは、東京神田の「さとりや喜太八」の名前で投書されたものである。彼は、このあと西郷のこの言葉に一々反論していく。その立場は明らかに開化を是とするものであったが、西郷の立つ位置は旧に復すを良しとするものであった。この記事によって西郷は、確かに旧を象徴するイメージをもって見られていたことを伺い知ることができる。

ところで、明治の〝文明開化〟はそれまでの伝統や民俗信仰などを〝旧弊〟だとか〝開けぬ〟などと言って排除す

る傾向を強く持っていた。たとえば、

今日は七日正月と称え、一般に僅の粥を食ふの古例なれば、昨日より吉兆のなづなと百姓が東西に売歩行き、旧習家は何も昨宵古代な上下を着け、俎板に対し恵方に向ひて唐土の鶏が日本の土地へ渡ぬ先にと大声を発し、七艸を囃す音を大分に聞ましたが、矢張旧弊は脱ぬと見えます

『朝日新聞』明治十二（一八七九）一月七日

などの記事は、その典型的な事例の一つである。いま一つ事例をあげるならば、

小児輩（中には壮年輩もあり）多人数列をなし、左手に紅提灯を提さげ右手に色紙を以て作れる塵払ひの如きものを採り、御千度と唱へ妄りに大声を発し街上を横行するを見る、聞く所に依れば、戸長役場より出づる所の命にして、神に悪病の除去を祈るなりと、茲に至つて吾輩は大に未だ旧弊の去らざるを嘆息せり（中略）斯る愚昧なる小児輩多人数をして神に祈らしむる何等の益かあらん、唯に害ある而已

『朝日新聞』明治十二年七月二日

長文のゆえ、前後を略して示したが、この文章は、この年の初夏より九州に端を発した疫病の流行に際して行われた民俗行事を大阪の某が目撃し、憤慨の余り朝日新聞に寄せた記事である。確かに疫病の鎮静化には、こうした祈りよりも科学的方法に依った方が効果を期待できる。しかしながら、有無もなく無意味と断じる姿勢は、この時期の〝開化〟の実態をよく示しているであろう。ただ、一般の人々にとってこうした伝統的な習俗や信仰を簡単に捨て去ることは容易なことではなかったことはすぐに想像できる。次に示す記事は、そのことをよく示している。すなわち、

現時、世の中の有様を旧物を保存し若くは旧式を復する等の事の行はる、を見て、世の或論者は、箇様に何でも新奇の事よりは旧来の事を好む風潮が、開明日進の今日に湧出しては不都合多かるべし、開化の跡戻りは好まし

からぬ事にはあらずや（後略）

『朝日新聞』明治十六年（一八八三）十一月二日

とある。この記事は「開化の跡戻りを杞憂する人に告ぐ」と題された投書で、三回にわたって連載されたものである。論者の主張は、旧来のものを大切にすることは、けっして開化の跡戻りを示さず、むしろ真の開化につながるものである、という点にある。その冒頭部分が右の文章であるが、これにより少なくとも明治十六年になって再び旧物を大切にしようとする機運が社会にわき起こっていたことが知られる。これは、行き過ぎた〝開化〟に対する反動であろう。右に示した記事は、続けて

今日の様に、茶の湯の流行するあり、謡の稽古をはじむるあり、能狂言も随分に観客多く、和尚の説法にも参詣は次第に増し、法印の御祈祷再び護摩の煙をして不動の尊容をくすぼらしめ

と記されていて、開化の跡戻りの事例としていくつかがあげられているが、こうした伝統文化や信仰などに触れることまでもが、開化を妨げるものだとされている点には注意を要する。夏目漱石は

日本の開化はあの時（筆者注・明治維新）から急激に曲折し始めたのであります。また曲折しなければならないほどの衝撃を受けたのであります。これを前の言葉で表現しますと、今まで内発的に展開して来たのが、急に自己本位の能力を失って外から無理押しに押されて否応なしにそのいう通りにしなければ立ち行かないという有様になったのであります(8)

といったが、そうした曲折は確かにあったといえよう。明治期の急激な文明開化は、一方でこうした弊害を伴い、民心にとって決して諸手を挙げて受容できるようなものではなかったのである。ただし、だからといって文明開化の結果のすべてを否定して跡戻りすることは現実的ではないことは人々も知っていた。先の「開化の跡戻りを杞憂する人

に告ぐ」には、「蒸気車廃せられて三十石の乗合船となり蒸気船は結句帆前船のゆるやかなるには若かずと言ふに至ることはあらざる可けれども」とある。そうした分裂状況は、心理的にある種の混乱を生み出し、そこに〝旧〟への一種の郷愁を交えた複雑な心意が生みだされ、それが社会ことに庶民（開化を指導する側の対局の存在として）に胚胎した可能性が高い。〝旧〟を象徴するイメージの中にあった西郷が、噂話としてではあるが何度も呼び出されてくるその理由の背後には、言うに言われぬこうした行き過ぎた〝開化〟への不信と抵抗の心意が隠されているのではないか。そこには西郷がいたならばいまの状況にはならなかったであろうという漠然とした期待も含まれていたかもしれない。

二　議会制度開始期の混乱と西郷の噂話

さて、西郷説話の流行を考える際、西南戦争後から明治二十年代初頭ころの政治的・社会的混乱もその背景として見落としてはならない。

国内問題に限ってみた場合、西南戦争後は、政府への不満は自由民権運動という形をとって発現し、詰まるところその目指されるところは、憲法発布や議会の開催へと収斂していったが、その過程で様々な政治的・社会的混乱が巻き起こっていた。むろんその一々を詳細に述べることが本稿の目的ではないが、たとえば、自由民権運動の中核的存在であった自由党の急進派は、福島事件（明治十六年・一八八二、福島県令三島通庸による自由党員弾圧）、加波山事件（明治十七年・一八八四、自由党員らが三島通庸の暗殺を謀るが失敗）、群馬事件（明治十七年・一八八四、自由党員らが指導した政府転覆をはかった蜂起）など数々の事件に関わって社会的混乱を惹起し、ついには三大事件建白運動（明治二十年・一八八七、条約改正反対、言論の自由の獲得、地租軽減を掲げて東京に集結した反政府運動）

を契機にした保安条例（三大事件建白運動鎮圧のための条例）によって民権派の四五一名が東京から追放されるという事件にまで発展する。

そのような流れのなか、明治二十二年（一八八九）二月の憲法発布につづき、翌年七月に衆議院議員総選挙が実施され、十一月には第一回帝国議会が招集された。総選挙ではおおかたの予想に反し、反政府の立場にある旧自由党を中心として新たに結成された新自由党が多くの議席を占め、議会開設初期の段階では貴族院とのねじれが大きく、少々極端な言い方をするならば、何も決められない状況下におちいっていた。

こうした混乱期には、英雄・豪傑の出現が嘱望されるのは歴史の常である。次に示すのは『朝日新聞』明治二十五年（一八九二）四月二十二日の「議会の前途に感ずる所あり」と題する社説の一部である。

> 区々相乖離して国家一定の方針に進まざるの状あるを見るは実に歎ずべきの至りならずや、人は畢竟豪傑政治家の果断決行を施すものなきのみ、一の大久保甲東あらば何ぞ今日の紛々あらんと

とあって、実際に豪傑政治家のいないことが混乱の原因であるとの声のあったことが知られる。むろん社説は、「今日に在りて他の豪傑政治を期図するものは真の代議制の妙用を知らざるのみ」と言って、その考えを否定するわけであるが、実は西郷生存説はそうした豪傑待望の社会環境の中で人々の口の端に上った可能性が高い。事実、右の社説は続けて「豪傑夢想」という小見出しを設けて次のように述べる。

> 南洲去り甲・東逝き、岩倉公亦薨じて、而して後世事紛々、人互に其強を競ひ互に劣らず、互に優らず、兄たり難く弟たり難く争ふて、而して往く所を知らず、世途の益々困難なるを見るや、一偉人の出現して之を統率するあらんを祈る者あり、嗚呼帝国一人の偉丈夫なきか、①嗚呼豪傑の出て、之を齊ふに非ずんば此前途を奈何せん、とて遂に一たび②西郷来を夢むの痴を極むるに至りき、其情愛すべしと雖も豈痴の極ならずや（傍線、番号・筆

者）

傍線部②は、この記事の書かれた前年にピークを迎えた西郷生存説の流行を指しているとみてよい。しかもその流行の要因が、政治的・社会的混乱期における豪傑待望論にあったらしいことを傍線部①が端的に教えてくれているであろう。

こうした豪傑待望論に裏打ちされた西郷への期待は、彼の死後継続的に人々に存在したと考えてほぼ誤りはないであろうが、流行の第一期では、旧を象徴する英雄としてかつ神のごときイメージをともなって人々ことにすくなくとも庶民層に期待されたのに対して、第二期の生存説の場合は、そこに政治的混乱とそれと連動する社会的な混沌状況が背景のひとつとして加わり、それが故に開化を先導してきたはずの新聞各紙も半疑ながらもその生存説を一蹴せずに盛んに取り上げることになったのである。

つまるところ、西郷に関わる噂話は、文明開化の歪みに加えて、議会制度の産みの苦しみに起こった政治的・社会的混乱を背景にして、人々の口の端にのぼったもの、とりあえずはそんな風に考えてもよさそうに思える。

（引用文中、今日では不適切な表現と思われるものが存在するが、学術上の目的を達成しようとした引用であり、一切差別を助長する意図をもったものではない）。

注

（1） 尾崎秀樹「西郷伝説のルーツ」（『現代視点　西郷隆盛』一九八三、旺文社）。
（2） 鈴木孝一『ニュースで追う明治日本発掘』２（一九九四、河出書房新社）。
（3） 本稿における『読売新聞』の引用は、すべて「ヨミダス歴史館」（読売新聞）による。なお、新聞記事の引用に際しては旧字体を新字体になおし、また私に句点を付した。

（4）本稿における『朝日新聞』の引用は、すべて「聞蔵2ビジュアル」（朝日新聞）による。
（5）『関西日報』明治二十四年（一八九一）四月一日。
（6）『明治ニュース事典』Ⅳ（一九八四、毎日コミュニケーションズ）。
（7）前掲（2）。
（8）夏目漱石「現代日本の開化」（三好行雄編『漱石文明論集』一九八六、岩波書店）。

II

仏教説話・寺社伝承の明治時代

「牛人間」のはなし
――仏教説話のなかの畜身変成譚と「件」伝承

北城　伸子

はじめに

人の顔をした牛、というものが存在する。不思議な話がお好きな諸兄にこう切り出すと、即座に「ああ、件ですね」という反応が返ってくる。明治・大正期から平成の世に至るまで、予言獣として知られた「件（くだん）」。その多くは牛の体に人間の顔を持ち、世に異変が起こるときにどこからともなく現れ、やがて起きる未曾有の出来事を予言するのだという。

「件」については近年さまざまな議論がなされている。例えばその成立について、「件」という文字が「人偏」に「牛」というつくりから成り立つことから文字文化の産物と考えられること[1]、さらにその伝承過程については近世に瓦版、近代以降は見世物を通じて流布したであろうことなどが挙げられる[2]。また、すでに近世から「件」の見世物が存在したのではないかという可能性も指摘されているが、残念ながら残されている資料は少ないともいわれている[3]。

ところで次に挙げるのは戦前に刷られたポスターである（図1）。明治以降見世物の題材にされた「件」は戦前に

図１　『見世物大博覧会』（国立民族学博物館、2016年）より転載

至るまで、珍奇な出し物として小屋掛けされたのだろう。ここでは「牛人間」とあり、「件」の名称は見えないものの、人のような顔をもつ牛の姿が大きく描かれている。「松倉御家騒動」「牛から生れた仙吉地蔵の由来」などについては、残念ながら今日まで詳しい伝承が残っていない(4)。しかし興味を引くのは、主催が「教化伝導普及会」、後援元として「日本神秘霊感研究会」「家畜愛護協会」とともに、「日本仏教連合会」なる団体が挙げられている点である。「仙吉地蔵」の由来を語るにはいかにもそれらしい後援元である。しかし実在の団体だったのかははなはだ疑わしいし、この団体が実際に後援者となったのかという史実を明らかにすることもあまり意味のあることだとは言い難い。だが少なくとも、この話が「日本仏教連合会」後援の興行として、〈いかにもありそうな〉と思わせるような、当時の観客からしてもある程度の妥当性がなければ、こうした宣伝文句は成り立たなかっただろう。一方で、現代の我々がこのポスターを目にしたときに違和感を感じることも否定できない。なぜ「牛人間」の話が、仏教的な素材として扱われているのだろうか。そもそもこの怪しげなはなしが、仏教とどのように関係するのだろうか。本稿では、この素朴な疑問を手掛かりに、説話を素材として、牛に姿を変えた人の話と仏教との関わりを追ってみたいと思う。結論から言えば、筆者

は今日多くの人たちが抱くであろう違和感が、現在までも語り継がれる「件」伝承に生命力を与えているのではないかと考えている。そもそもなぜ人が牛になるのか。そして人々はその姿に何をかさね見たのだろうか。

なぜ牛に化けるのか——牛にまつわる仏教説話

日本最古の説話集『日本霊異記』には、多くの牛にまつわる説話が収録されている。まずはそのうちの一話を取り上げてみよう。(5)

> 大伴赤麻呂は、武蔵国多磨郡の大領なり。天平勝宝元年己丑の冬十二月の十九日に死ぬ。二年庚寅の夏五月の七日に黒斑なる犢(こうし)生る。自づから碑文を負ふ。斑の文を探るに、謂はく「赤麻呂は、己れが造る所の寺を擅(ほしきまま)にして、恣なる心に随ひて寺の物を借用て報い納めずして死亡ぬ。此の物を償はむが為の故に牛の身を受くるなり」といふ。(後略)
>
> (中巻第九「己れ寺を作り其の寺の物を用て牛と作り役はるる縁」)

大伴赤麻呂という人物が、寺の物を借りたまま返さなかった罪によって体に斑文を持った牛に転生したという一話である。『日本霊異記』にはこの他にも、寺の酒を借りたまま返さず死後牛になった話(中巻第三十二「寺の息利の酒を貸用て償はずして死にて牛と作り役はれ債を償ふ縁」)、生前に犯した悪業の報いで牛になった女の話(下巻第二十六「強ひて理にあらずして債を微りて多く倍して取りて現に悪しき死の報を得る縁」)など、何等かの罪を犯した人間が牛に生まれ変わるという話がいくつか収録され、古くからわが国の仏教説話のなかにこの話題が伝わっていたと確認できる。

平安末期以降、悪報によって牛などの畜身に変化するという説話に思想的な正当性を与えたのは、源信の『往生要集』の一文だった。源信は生前の行いによって生死を繰り返す六種の世界・六道を説き、そのうちのひとつ、畜生道に堕ちたものについては次のように説いている(6)。

もしは象・馬・牛・驢・駱駝・騾等の如きは、或は鉄の鉤にてその脳を斲(き)られ、或は鼻の中を穿たれ、或は轡を首に繋ぎ、身に常に重きを負ひて、もろもろの杖捶を加へらる。ただ水・草を念ひて、余は知る所なし。(中略)かくの如きもろもろの畜生、或は一中劫を経て無量の苦を受く。或はもろもろの違縁に遇ひて、しばしば残害せらる。これ等のもろもろの苦、勝げて計ふべからず。愚痴・無慚にして、徒らに信施を受けて、他の物もて償はざりし者、この報を受く。

畜生道には、愚かなもの、戒律を破りながら恥じないもの、あるいは「信者からの布施を得ながら償わないもの」が堕ちるとされ、鳥や獣、虫の姿となって計り知れないほどの苦しみを味わう。時に象や馬、牛・驢馬・駱駝・騾馬のような畜類に変化したものは、その身を鉤に裂かれ、鼻を穿たれ、鎖につながれ、重荷を背負わされ、鞭打たれる身になるのだという。

時代は下り、鎌倉期に成立した『沙石集』巻九―十八「愚痴の僧の牛に成りたる事」という一話からは、こうした教説を背景に読み取ることができる(7)。

郷、近江国の僧なりけるが、三河のある山寺に通ふありけり。道学共に稽古せず、ただ徒らに信施をのみ受けける故にや、三河の師がもとへ行きて、坊へ入らんとすれば、下女、棹をもて打たんとす。さて逃げ去りぬ。また入らんとすれば、打たんとする間、「こはいかに」と云はんとするに、音も立たず。さてまた逃げぬ。遥々思ひ立ちて来れば、これより返るにも及ばずして、また行きたる時、この下女、「この牛は用のあればこそ、ただ来るらめ」と云ひて、馬舎に入れてつなぎぬ。またその時、我が身を見れば牛なり。心憂く、悲しなむども云ふばかりなし。「此は日比の信施の積もりにこそ」と思ひて、「尊勝陀羅尼こそ、信施の罪をば、滅すなれ」と、さすがに聞き置きたれども、それも覚えねば誦せず。「せめては名字ばかりをも唱へん」と思へども、うるはしくも云はれず。ただ「そつそつ」とぞ云ひけるこそ。

「牛は病のあるにや、水も草も食はで、そそめく」とぞ人云ひけれども、心憂さに、食物も忘れて、三日三夜そそめきける。さて三日と云ふに、尊勝陀羅尼といはれたりける時、本の法師に成りぬ。さて、縄解きて、師のもとへ行きたれば、「いかにぞ」と云ふ。「しかしかの子細」と申しければ、「あさましき事なり」とて、初めて尊勝陀羅尼打ち習ひ、経なんど読みけるとこそ。

近江の国の僧侶は修行を怠り、ただ布施を貪る愚かな性質であった。ある時師の坊へ入ろうとすると、下女が自分を棹で打とうとする。不思議に思った僧が自らの姿を見ると、牛の姿に変化していた。三日三晩寝食を忘れ嘆いたが、尊勝陀羅尼の功徳によってようやく人間の姿に戻った。僧はこの出来事をきっかけに、仏道修行に励んだという。

布施を受ける身でありながら修行を怠った「愚痴」の僧侶が、信施を償うために牛になるという説話は、徳川期に至っても片仮名本『因果物語』下の三、『善悪因果集』（正徳元年・一七一一刊）『諸仏感応見好書』（享保十一年・一七二六刊）、『新撰発心伝』（元文二年・一七三七刊）といった仏教説話類にも頻出していることから[8]、堕落を戒める話題として、僧侶のなかでも長きにわたり語り継がれた話題だったのだろう[9]。

逆に人間に転生した牛の例もある。『今昔物語集』巻第十四第十八「僧明蓮、法花を持ちて前生を知れる語」、巻第十四第二十「僧安勝、法花を持ちて前生の報いを知れる語」、巻第十四第二十三「近江の国の僧頼真、法花を誦して前生を知れる語」には、法華経の功徳によって牛身を脱し、人間の身に生まれ変わったという僧侶の話が収録される。悪業によって死後牛に生まれ変わる、あるいは経文の功徳によって牛が人間に転生するという話題は、のちに触れる

『廸吉録』などの中国種の説話にも見られることから、アジア全体を視野にいれたうえで広く説話の流れを検討する必要があるのかもしれない。しかしここではまず、牛に姿を変える人間の話がわが国の仏教説話のなかにしばしば登場すること、こうした説話が語られた背景には『往生要集』の説く畜生道の概念が大きく影響を与え、中世以降は特に、僧侶の堕落を戒める文脈において語られていたことをおさえておきたい。

親不孝も牛になる？

時代は下り、元禄年間（一六八八〜一七〇三）に刊行された怪異小説『善悪報はなし』には、次のような一話が見える。(10)

慶安年中秋の比、西国みまさかの久米といふ所の山里に、兄弟三人して母一人をまはり〳〵にはごくみけるが、此三人のものどもあくまで母に不孝にして、養ふ事をむやくしくおもひ、或時三人一所にうちよりて、母にどくをあたへころすべき内談をぞしける。上二人してどくをあたへけるに、母うんつよくして死せざりしが、末子が手にて終に殺しけり。

三人のもの「今はおもひのねんはれたり、けふよりしてはくに成なるもの一人もなし」とよろこびけり。其後十日ばかりして、白昼俄にそらかきくもり、ひとつがみなりとゞろきて、いなづまひかり、むらさめおびたゞしくして、まなこもくらむばかりなりけるが、三人のもの共かうべはもとのごとくにて、かたより下は、一人はうしと成、一人は犬となり、今一人は馬と成ぬ。此事かくれなければ、見物ぐんじゅする事其家にみてり。かくはぢをさらす事月をかさねて、終に命たへにけり。

かく親に不孝なるをさへあるに、あまさへころす程の五ぎやくのもの、誠に今生にてちくしやうのかたちをうくる事こそ理也。まして未来の事は申に及ず。しかるに此三人ちくしやうの心得たくましきによつて、上帝雷公にみことのりして、かわをはぎ取、ちくしやうの本体をあらはし、人のかわをはりたるちくしやうどもをこらしめ給ふ物也。それ不孝のともがらは、今生にて畜生のかたちを変ぜずとも、当来ちくしやう道におつべき事、よく心得べき物也。おそるべし〳〵。

（巻一の四「親の報子共三人畜生の形をうくる事」図2）

図2　『近世怪異小説』（古典文庫、1955年）より転載

挿絵に注目すると、上半身は人面、下半身はそれぞれ牛、犬、馬となった兄弟の姿が描かれる。[11] 三兄弟がこのような姿に変化したのは、母に対する親不孝に加え、親殺しという大罪を犯した報いであった。同様の行いをなす者は、必ず畜生道に堕ちるというのである。もともとこの話は中国由来の『廸吉録』女鑑門・孝逆報「杜婦逆変異類」に依拠し、『鑑草』（正保四年・一六四七刊）巻一や、『堪忍記』巻六（万治二年・一六五九刊）にも同話が見えることから、[12] 近世初期の仮名草子を通じて多くの読者の目を引いた話題だったのだろう。

この話題はしかし、文芸の世界から読み手へと直線的な流れのなかだけで人々に享受されたのではないようだ。『諸仏感応見好書』（享保十一年・

一七二六刊）に収められた一編、「不孝ノ娵牛ト成」を見てみよう(13)。

昔シ大和国ニ小民有リ。父ハ盲人也。常ニ肉ヲ嗜ム。妻不孝ニシテ、蚯(ミミズ)ヲ煮テ之ヲ与フ。食シテ悪シ、ト曰フ。孫ノ云ク「夫ハ蚯也」。父立腹シ口論スル所ニ、少民外ヨリ来リ、聞テ之ヲ打ツコト百度ス。扣キ了ルト同ク牛ト成ル。是舅トニ不孝ニシテ之罰也。妻ガ父山ニ送テ之ヲ殺ス。無念ノ次第也。

先ほどの『善悪報はなし』同様、この一話も不孝の応報によって女が牛に変化したという話題である。この話を書き留めた猷山は、壱岐で活躍した曹洞宗の僧侶だった。『諸仏感応見好書』の本文中には、「余又法徳ヲ談ジテ、男女ヲ利ス」（上巻）、「予享保ノ比ロ、薬師本経ヲ講ズ」（上巻）などと記されていることから、猷山自身が布教の一環として、経典の講釈や法談などの唱導活動に勤めていたことがわかる。右の一話などはこうした場において、因果応報の理を伝える比喩因縁譚として用いられたのだろう。猷山は現世の行いによって死後に生じる世界を「屋敷」に例え、次のようにも説いている(14)。

予常ニ示シテ云ク、屋敷ニ善悪ノ二品有リ。善ノ屋敷ヲ求ニハ、悪ヲ止メ善ヲ求メ、三学ヲ修シ、物ヲ助ケ、多ノ人ニ孝行ヲ教ヘ、仏神ヲ敬ヒ、貧者ヲ救ヒ、国制ニ背カズ、常ニ心正キ者アリ。（中略）次ニ善ニ背テ悪ニ近クトキハ、則二親ノ重恩ヲ忘レ、仏神ヲ軽ンズ。此ノ類ハ地獄ノ寒暑共ニ甚キ重苦ノ屋敷ヲ領ス。昼夜苦ヲ受ルコト間無(ヒマ)シ。中悪ハ餓鬼畜生修羅ノ四悪趣ヲ領ス。夜白飢渇ノ責ニ遇フ。下悪ハ虫類等ノ身ヲ受ケ、善悪ヲ弁ヘズ、食無レバ唯苦ヲ受ルノミ。此レモ下屋敷也。皆人日日ニ悪キ屋敷ノミヲ拵立テ、一ツモ善ノ屋敷ヲ作リ立テズ。今見ヨ地獄ニ移サレン。（後略）

注目したいのは「善ノ屋敷」、すなわち往生への要因のひとつとして、「多ノ人ニ孝行ヲ教ヘ」とあるように「孝行」をあげる点である。逆に「悪」に近づくことは「二親ノ重恩ヲ忘レ、仏神ヲ軽ンズ」とあり、仏神を軽んじること同列に、二親への不孝が堕地獄への因になると説明する。先に挙げた「不孝ノ娵牛ト成」という一編も、不孝という行為を堕地獄の因として説明し、そうした悪因を改め、往生へと導こうとする獣山の教化活動のなかにおいて語られた話題だったといえる。この話を聴聞した在俗の人々も、不孝を堕地獄の因として捉えることで身を修め、両親を労り孝行を勤めることで仏果を得、極楽に往生することを願ったのだろう。

心のなかに住む獣

獣山に限らず、この時代の仏教者たちは多様な悪因で牛に変化した人間の話を伝える。蓮盛編『善悪因果集』には、前述の『沙石集』の類型ともいうべき修行を怠った僧侶が牛に化ける話（巻三「念仏ノ功徳信施ノ罪ヲ滅スル現証ノ事」）、妄執によって牛になった僧侶の話（巻一「愛著ニテ牛ト成僧ノ事」）などとともに、次のような一話が見える。

元禄二年の春頃、京の東山清水坂近辺に丹波屋何某という者があった。往来の人々に茶や酒を売り、時には遊女に売色をさせて世を渡っていた。この丹波屋には妹がいたが、夫に先立たれたのちは兄のもとに身を寄せていた。その妹がある時病の床につく。(15)

……サル者ノ習ナレバ、心モイト浅々シフ、淫乱無道ニシテ慚愧ナク、放逸我慢ニシテ、物ノ理ヲモシラズナンアリケル。或時フト煩付テ、日ヲ経ルマヽ、ニ物グルハシクナリシカバ、霊ナドノツキタルカ、狐ナドノシワザカトテ、サマ〴〵祈禱ドモシケレド甲斐ナク、終ニハ自ラ肌ヲアラハシ、「コレ〳〵見玉へ、我ハ牛ニナリタルナリ。ア、カナシ、牛ノ食物ヲヤ喰ケン、口ノ中ザウヅクサクナリタリ」トテ、手足ヲ地ニ付テ、牛ノゴトクウナリツヽ、カケ廻リテ終ニ死ケリ。

（巻五「罪フカキ女生ナガラ牛ニナル事」）

女の病は日々重くなり、ある時牛のように地を這い、うめき声をあげながら命終する。こうした臨終の悪相は「淫乱無道」「放逸我慢」、すなわち欲にふけり道理にはずれ、自らの行為を振り返ることがなかったからかと筆者の蓮盛は推察している。またはっきりとは描かれないものの、「物ノ理ヲモシラズナンアリケル」という一文は、兄と妹が道理にはずれた関係にあったことを想像させる。(16) これらの例からは、堕落した僧侶だけでなく、「不孝」「淫欲」といった日常生活の連続のなかで起こりうる悪果として、牛へと変化する説話が語りつがれていたさまを読み取ることができる。

悪業によって畜身に変化するという話題は、その後も布教の場において命脈を保ちつづける。享和三年(一八〇三)刊、浄土僧・隆円による『地獄実有説』には、次のような一文が見える。(17)

次に愚痴とはおもひわきまへなき心なり。此心は、遠くは因果の道をあきらめず、ちかくは孝悌忠信の道をもしらす、たま〱うけがたき人身を得ながら、人の道だも尽す(マヽ)ことなく、不忠・不孝・放逸・邪見にして、地獄・餓鬼・畜生のむくひある説をきけども、虚なり、誕(だまし)なりとおもひ、または何ともおもはず、色欲におぼれて、煩悩胸中にみち、飲食におごりて、あまたの生類を殺し、衣類首の飾に、そこばくの金銀を費し、ただ五欲の楽を、またなきものにして、日々にちゞまりゆく、命のほどをしらず、千年万年も活通しにするがごとくおもひ、あけぬ暮ぬと、死するまでおどろかざるを、人面獣心といふ。此心がたねとなりて、畜生の形をうけ、なのめに毛をき、角をいたゞきたる類となるなり。(後略)

文中では「不忠」、「不孝」、「放逸」、「邪見」などが後世の行末を左右すると知りながらも、「誕なり」と疑いを持ち、自らの行いを改めようとしない精神態度こそが「人面獣心」だとし、その「心」が原因となって畜生の類になるという説が展開される。中世以降伝承されてきた愚痴の僧侶が牛に変化するという説話は、近世以降「不孝」や「淫欲」といった悪因の結果としても語られ、十九世紀に至るとこうした説に疑いをもつ心こそが畜身に変化する因となる、という説が登場するに至る。踏み込んだ解釈をすると、不忠や不孝、放逸、邪見などの罪を犯したとしても、畜身に変化することなど本当に有りえるのか、というような疑念が、この時期の聴き手側にも芽生えていたのかもしれない。ここから堕地獄への恐怖を喚起し仏道へと導こうとする僧侶側と、それを聴聞する側の間に微妙な温度差が生じていたとも想像できる。

ともあれ、こうした説話変容の流れのなかに、堕地獄へのおそれが徐々に個人の心のなかにまでも内在化されていった過程を辿ることができるだろう。畜身への変化という説話は仏教者の手によって長きに渡り語りつがれ、因果応報の理とともに、心のなかに刻まれていった。それと同時に牛の姿をした人間の形象は、死後の世界に対する不安を呼びおこすひとつのイメージとして、人々の記憶の深奥へと沈み込んでいったのである。

高僧伝と畜身変成譚

それでは、こうした説話は実際どのような場において発信・享受されたのだろうか。一例として、開帳の場での実態を見ておきたい。『真似牛済度円光大師御自作寿像略縁起』は、宮城県加美郡色麻町往城寺にある寺院の由緒来歴を記す略縁起である。その本尊は次のような由来を持つという(18)。

……人皇八十三代土御門院御宇正治建仁年中の頃、奥州遠田郡に信心の檀那あり。数年の間不徳の沙門を供養しけるが、或夜檀那の夢に、我信施を受ながら誦経念仏もせず、素餐の罪業によりて現在に畜生に落。あわれ今より檀那のために宿債を償べしといふ。夢覚てあやしみ見れは即大牛と変ず。農業等の助をなして其家日々に富栄ける。今に其郷を牛牧村（うしかい）といふ。〈元は匕村（さじ）といふ。〉

その里近き栗原郡に慳貪業欲の農夫あり。是をきひてうらやみ、我もまた沙門の来らは養て牛となし、是をつかひて富貴にならんと毎日旅行の僧をまつ処に、正治年中大師上人六十余州へ御弟子をわけて念仏弘通に遣はされし時、金光上人は奥州下向の教化にぞあたりたまふ。はからずも彼農夫が家にいたりたまふ。農夫是を幸として申やうには、修行の法師我が屋に留り給へ。柴の庵を結て深切に供養申さんと、いと殊勝に申留め奉る。こゝにおゐて金光上人は念仏弘通済度利益の為なれは、賤か伏屋も貴き道場のおもひにて、農夫が言葉頼母敷とて止りたまふ。夫より農夫さま〳〵の食物を送り金光房の住居を訪こと慇懃なり。其心ざし後世のため菩提の種とは露ほどもおもはず、此僧は今日や牛となるか明日や畜生となれと、いのる心のあしき報にや、金光上人は牛とはならであるじの農夫還て牛の姿と変ぜり。大慈大悲の方便にや現身みな牛に似れども、面相ばかりは元の人にて其くるしみ切なりけるとなん。今に其里を真似牛村とよぶ。〈元は菱沼村といふ。〉

内容を簡単に整理しておくと、愚痴の僧侶が牛となり檀家の生業である農業を助けたという部分（遠田郡牛飼村＝現小牛田町の地名由来）、強欲な農夫が旅の修行僧・金光房を招き、牛になるよう祈ったが自分が牛に変化してしまう部分、と大きく二つの部分によって成り立つ。本文はその後、金光房が都の法然上人のもとへ助けを求め、師から託された像を前に祈ったところ、農夫は元の姿に戻り、その跡を往生寺と号するに至るという縁起由来譚が続き、

……わきて女人は難産の苦をまぬがれ、御影水を頂戴するものは難病たゝちに癒るもの多し。村民喜のあまり口号して往生寺の医者大師とて祈り詣侍る。誠に弥陀一教利物偏増のしるし、その上大師尊像の御利益なり。しかれは一度此尊像を礼拝結縁の輩は、二世の諸願速に成就せんことうたかひなし。（後略）

と、金光房が真似牛済度の際に眼前に祈った法然像を拝礼することで、さまざまな功徳がもたらされることを喧伝、多くの諸人に参詣を勧める内容となっている。(19)

図3　大谷大学所蔵『真似牛済度円光大師略縁起』

金光房とは法然上人の高弟にあたる人物。この金光房と往生寺に関する来歴・由緒ついては、元禄期に刊行された『円光大師行状画図翼讃』（元禄十六年・一七〇三序）のなかで詳しい考証がなされて以降、徐々に知られるようになる。十八世紀に刊行された法然の霊跡案内記『円光大師遺跡二十五ケ所案内』（明和三年・一七六六刊）には法然ゆかりの遺跡寺院のなかでも往生寺は「番外」として位置付けられるが、その五十年後に刊行された『円光大師御遺跡四十八所口称一行巡拝記』（文化十三年・一八一六刊）の段階で、ようやく正式な法然ゆかりの遺跡として数えられるに至る。[20]法然伝を形成する数ある逸話のなかでは、どらかといえばあまり知られることのない、外伝的な部分に位置する逸話だったようだ。

しかし略縁起自体は享和三年（一八〇

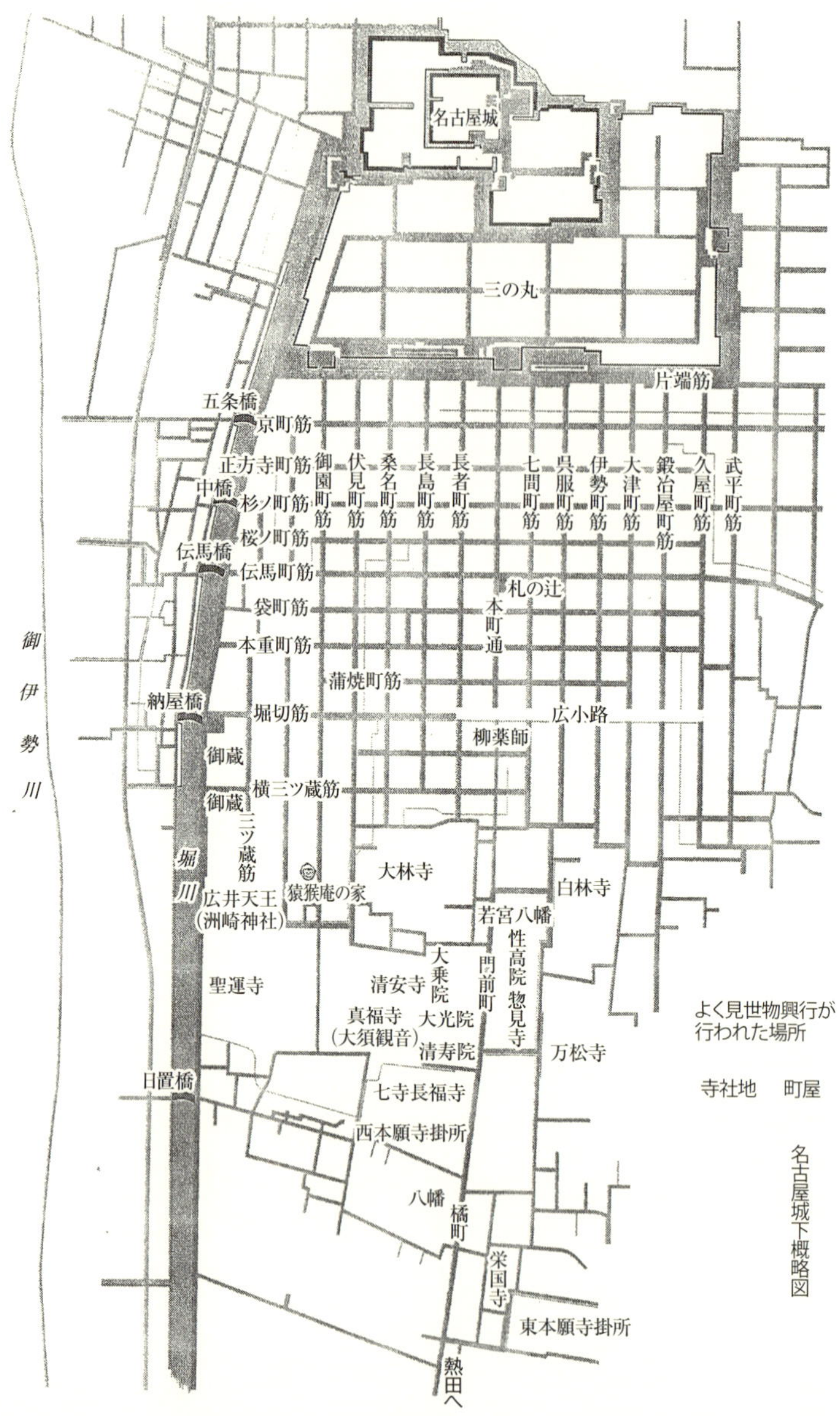

図４　『新卑姑射文庫』初編（名古屋市博物館資料叢書三「猿猴庵の本」名古屋市博物館、2002年）より転載

三）刊本、文政五年（一八二二）刊本、無刊記本四種の計六種が存在し、近世を通じてかなりの版を重ねている。『武江年表』によると、少なくとも延享四年（一七四七）四月、安永三年（一七七四）四月にそれぞれ江戸三田寺町林泉寺、二本榎広岳院で開帳を行っている。また大谷大学楠丘文庫所蔵本の無刊記本には本文見返しに「安政五歳午八月六日ゟ十一日迄松明院ニテ開帳」と書き入れがある（図3）。旧蔵者・日下無倫氏が愛知出身であったことからすると、「松明院」は現岡崎市・松明院であった可能性が高い。これらから、往生寺は少なくとも江戸や尾張・三河において度々開帳を行っていたことがわかる。略縁起はこうした折に頒布されたのだろう。そのうち『円光大師御遺跡四十八所口称一行巡拝記』の刊行に合わせるように、名古屋で行われた開帳はかなりの賑わいを見せていた。尾張藩士・高力猿猴庵（えんこうあん）による『猿猴庵日記』は文化十三年二月のこととして次のように伝えている。(21)

　廿日より橘町裏栄国寺にて奥州仙台往生禅寺真似牛済度の國（マヽ）大師尊像〈座像木像〉並霊宝開帳、此尊（像脱カ）は十八日に熱田正覚寺より当寺へ着節、行列にて大に賑合し（中略）くわしくは略縁起にあれは、もらしぬ。

この時開帳が行われた栄国寺という寺院は、名古屋城下に位置する浄土宗の寺院をさす。文化・文政期、名古屋城下の広小路から門前町、そして栄国寺がある橘町へと続く一帯は、寺社開帳とともに、芝居や見世物の興行がさかんに行われた場所でもあった（図4）。往生寺の開帳が行われた文化十三年においては少なくとも四月、八月、十一月に見世物が興行され、さらに前後五年に視野を広げると、約六十件にものぼる興行が行われている。(22)猿猴庵によると、このときの開帳に並べられていたのは「絵伝のかけ三幅」と「牛の角」等の宝物だったという。(23)すでにこの時期、芝居や見世物が興行される地と開帳が行われる地は、文字通り地続きに存在していた。その場において人が牛に化けたという話は、それが事実であったと裏付ける「牛の角」という寺宝とともに、多くの城下の人々の耳目をひいたのだった。

「牛人間」のはなし　明治期の新聞から

これまで「件」伝承との関わりから、仏教説話の世界で語られた畜身変成譚の展開を追尾してきた。もちろん、筆者はここから一直線に「件」の伝承へとつながったというつもりはない。何故なら「件」伝承はその後、瓦版・新聞といったメディアと口承の世界のなかで複雑に往き来しながら、時に応じていくつかの要素が付け加わったり、または逆に削除されたりしながら今日まで語り継がれてきたからである。例えば本稿においては、「件」伝承のなかでも特に重要な意味をもつ「予言」の要素や、その形象に大きく関係するといわれる中国由来の白澤像との関連などにも触れられなかったが、こうした問題も含め、口承の場でも増え続ける事例等を精査し、いくつもの議論を積み重ねることが今後不可欠な作業となるだろう。本稿はあくまで「件」伝承に影響を与えたであろう周辺文化にまつわる試論である。

現在に至っても、ネット上の怪談サイトでは「件」を見たとの報告例が度々寄せられている。これらを共有しようとする人々の背後には、牛の姿をした人間という不気味な存在に対する感情的緊張と、話を共有することでそうした緊張を緩和しようとする働き、あるいはそこに解釈を与えようとする知的な欲求とが見え隠れしている。[24] 現代に生きる我々は、いかなる悪業を犯そうとも人間が牛になることなどないとすでに知っている。それではどこからともなく伝わってきたこの話とは、一体何なのだろうか。本当に人間の顔をした牛など存在するのだろうか。何のために我々の前に姿を表すのだろうか。こうした「牛人間」の正体や話の出所を明らかにしようとする欲求が、ある意味において「件」伝承を支えてきたといってもよいだろう。しかし逆に言えば、人間が牛になるという話が本来持っていた宗教的背景、人間が畜身に変化することに対する因果語りがいまだ機能する状況下において、果たしてこの話がここまでの生命力を保ち得ただろうか。不思議な出来事がその因果を求めて動き出すとき、怪異にまつわる伝承は発生する。明治以降に新聞をにぎわした「件」の話は、背景としての因果話が失われ、話としての根拠がゆらぎ始める時期に前後して再び息を吹き返し、いっとき流行を見せるのである。

最後に「人牛に化す」と題された明治期の記事を紹介しておこう。明治二十年二月四日『奥羽日日新聞』には、次のような記事が掲載される(25)。

○人牛に化す　是は捜神記か五雑俎の抜書の様な話しなるが、遠田郡小牛田村に、字牛飼と云ふ処あり。此の地名に付き村民の口碑に残りたるチト不可思議なる咄と云ふは、旧此地にて人の生ながら牛に化せしことありしを、奇妙なることとて或る人が飼ひ居きしに、遂に死去せしかば、其屍を石の櫃に入れて埋めたり。其れより此処に牛飼の地名を下せしなりと。されば其埋めし処に今猶石櫃あり。其角一尺程も土中より顕れ居れり。其石櫃を以て考ふれば幾百年前の事なるか、余程古きものにて古来より村内の若者共は其中を見んとして、度び〳〵堀り出し方に着手せしも、其度毎に大風雨の起り来るか、又は負傷者抔出で、遂に未だ其裏を検査(あらため)て確証を見るを得ざる由、同地よりの通信に見ゆ。

右の記事は、宮城県遠田郡小牛田村牛飼という地に伝わる口碑として、人が生きながら牛になったという話を紹介している。ここでいう「牛飼」というのは、前述の『真似牛済度円光大師御自作寿像略縁起』に伝えられた「牛牧村」を指すのだろう。だがここではなぜ人が生きながら牛になったのか、その理由については明らかにされていない。当然ながらその後に続く往生寺の由来も、法然像にまつわる利益譚も伝えられてはいない。記者は『捜神記』『五雑俎』の抜書きのような話として、ただ人が牛になったという出来事を不可思議な話として伝えるのみである。

この記事の二年後にあたる明治二十二年五月、大阪の出版元から『円光大師真実伝』と題される法然の伝記が刊行される。[26] そこには往生寺の由来や真似牛済度の話は収録されない。また法然ゆかりの遺跡として、知恩院、金戒光明寺、知恩寺といった洛中の有名寺院のほか、誕生寺などの寺院が七十以上挙げられるものの、「右大概を書記するものにて、此他内国に上人の遺跡すくなからずと雖も枚挙遑あらず、依て略し畢ぬ」として、往生寺は取り上げられない。法然の弟子のなかでも知名度が高いとは言えない金光房の事跡や、在地伝承などのような話は、すっかり影をひそめてしまっている。それに反するように、各地からは「件」の存在が新聞記事を通じて少しずつ伝えられるようになる。この時「件」はかつてのように、死後の世界への畏怖といった個人的な不安を担ってはいない。やがて訪れる日露戦争や疫病の流行など、より広範な社会不安を体現する存在として、「件」は生まれ変わっている。彼らが紙面を賑わす様相はまるで、古い因果の鎖から解き放たれた「牛人間」が、新たなる伝承を育む地を求めてさ迷いはじめたかのようだ。

注

（1）佐藤健二「クダンの誕生」（『流言蜚語』一九九五、有信堂高文社）

（2）及川祥平「近世絵画史料の分析を通して見る「くだん」——「託宣型かわら版」とのかかわりを視座に」（『常民文化』三十一号、二〇〇八、成城大学大学院）、「くだん考—近代「くだん」イメージの再検討」（『世間話研究』十七号、二〇〇七）

（3）笹方政紀「「クダン」と見世物」（『怪異を媒介するもの』アジア遊学一八七、二〇一五、東アジア怪異学会）なお木村功「「件」の系譜学—その誕生・伝播・消滅をめぐる考察」（『日本文学』五十四巻一一号、二〇〇五、日本文学協会）には、民間伝承から近代文学にまで素材として取り上げられた「件」について、詳細な論稿が備わる。

（4）木原浩勝氏によると、見世物の興行師が創作した絵物語が存在し、実際に見世物に使われた「牛人間」と呼ばれる剥製が現存するという（木原浩勝・中山市郎『新耳袋』第十夜、二〇〇五、メディアファクトリー。後に角川書店より文庫化、二〇〇八)。

(5)『岩波古典文学大系』三十(一九九六、岩波書店)より引用。適宜振り仮名は省略した。

(6)『日本思想体系』六「源信」(一九七〇、岩波書店)より引用。傍線筆者。振り仮名は省略した。

(7)『新編日本古典文学全集』五十二(二〇〇一、小学館)より引用。傍線筆者。振り仮名は省略した。

(8)片仮名本『因果物語』下の三「生きながら牛と成る僧の事　付　馬の真似する僧の事」、『善悪因果集』巻五「愚痴不信ノ者死シテ畜生トナル事」、『諸仏感応見好書』巻下「僧牛ニ逢」、『新撰発心伝』巻之下「濫行之僧現畜生身感発菩提心」には、ともに信施を償うため僧侶が牛に変化した説話が見える。

(9)こうした説話が広がる背景に、中世末期から近世初期にかけて牛＝堕落した僧侶とみなすイメージの継承とともに、このような怪異に遭遇した際、何らかの呪的作法が寺院主導で行なわれたのかも知れない。この問題に関しては稿を改めて論じる必要がある。

(10)『近世怪異小説』(一九五五、古典文庫)により引用。傍線筆者。現行の字体とし、適宜句読点、改行を施した。

(11)田村正彦氏によると、一六〇〇年代を前後する時期にこうした人面獣身の絵が流行したとの指摘がある(「「地獄の馬」の表現史―人面獣心と人面獣身―」『典籍と史料』龍谷大学仏教文化研究叢書二十八、二〇一一、思文閣出版)。ここからするとこの挿絵も、当時の流行を取り入れたものだったのだろう。

(12)高橋文博「「鑑草」再考」(『近世の死生観』二〇〇六、ぺりかん社)。文言の比較から、おそらく『善悪報はなし』と『鑑草』は書承関係にあった。したがって『善悪報はなし』も、中江藤樹の意図をそのまま継承するかたちで、「不孝」という儒教的徳目に反する行為の報いを描いたことになる。とすると、『鑑草』のなかで親不孝という行為の末、仏教で説く「畜生道」に堕すというのは一見して矛盾するように思えるが、高橋氏によると藤樹自身は儒教の立場に合致する限り、仏教的な教義に対しても相対的な許容を見せていると指摘される。

(13)西田耕三『仏教説話集成』一(一九九〇、国書刊行会刊)により引用。原漢文。尚、振り仮名は適宜省略し、読み下すにあたり一部表記を改めた。

(14)(13)に同じ。傍線筆者。

(15)(13)に同じ。

(16)前掲(11)において、田村氏は「地獄の馬」と表現される人面獣身のモチーフは、人倫に反する男女関係が畜生道に堕ちる悪因となることを象徴的に描いたものであったとされる。牛身への変化もまた同様の文脈において解釈された可能性がある。例えば後年、宮武外骨は天保十三年の瓦版をもとに破倫の兄妹が高野山で牛になったという話を伝えている(「人化して牛となる」、興味雑誌『奇』第二号、大正三年六月十日発行、『宮武外骨此中にあり』十九、一九九四、ゆまに書房所収)。「件」に関して言えば、明治期に獣姦の末に生まれたとの解釈がなされる例がある(『扶桑新聞』明治四十一年十月一日、『神戸新聞』明治四十一年十月二日、『大阪滑稽新聞』明治四十二年七月十五日、ともに湯本豪一編『明治期怪異妖怪記事資料集成』二〇〇九、国書刊行会所収)。「件」の伝承が発生する以前に、畜身への変化がこうした因果律に基づいて語られてきた流れからすると、獣姦という人倫に反する行為の末に「件」が生まれたと解釈することは自然なことのように思える。

(17)酒田市立光丘文庫蔵本による。現行の字体に改め句読点を補い、振り仮名は適宜省略した(国文学研究資料館電子資料館により画像公開)。

(18)中野猛編『略縁起集成』一(一九九五、勉誠社)により引用。現行の字体に改め、改行を施し、振り仮名は適宜省略した〈 〉内割注。傍線筆者。

(19)(18)に同じ。

また佐藤氏は前掲(1)論文において、「件」の話の誕生に、見世物文化・開帳文化のなかで定型化され口上として流布した「見る効用(眼福)」の意識が作用し、その流行を裏打ちした可能性が高いと指摘される。ここでも「見る」ことでもたらされる利益を謳った一文が添えられていることから、この話題が語られていた場と「件」の話が形成された場とが近接していたことを予測させる。

(20) 拙稿「法然伝と出版文化」(『大谷大学大学院研究紀要』第一七号、二〇〇〇、大谷大学大学院)、「近世の宗祖伝」(『佛教文学』第二五号、二〇〇一、仏教文学会)

(21) 『庶民生活史料集成』第九巻「風俗」(一九六九、三一書房)による。〈 〉内割注。現行の字体に改めた。

(22) 「文化文政見世物年表」(『新卑姑射文庫』初編、名古屋市博物館資料叢書三「猿猴庵の本」名古屋市博物館、二〇〇二)による。

(23) (21)に同じ。

(24) 「件」の話はその伝承期間の長さ、話の広がる範囲、あるいは災害や戦争といった社会的な危機に関わって語られることから、噂話というよりは流言に位置づけることができる。こうした流言の発生・伝播の心理的メカニズムについては、廣井脩『流言とデマの社会学』(文春新書一八九、二〇〇一、文藝春秋)参照。

(25) 湯本豪一編『明治期怪異妖怪記事資料集成』(二〇〇九、国書刊行会)により翻刻。振り仮名は適宜省略し、句読点を付した。

(26) 此村庄助発行、柳沢武運三著。国立国会図書館デジタルコレクションによる。

怪火の究明――人魂・火の化物

門脇　大

はじめに

幽霊や妖しきモノたちが出現する時には、多くの場合に火や光を伴う。それら自体が光を放つ場合もあるし、鬼火のように、それらの周囲に浮かぶ火もある。また、そのような火や光とは別に、正体不明の奇妙な火や光の目撃例も数多い。これらは、前近代と近代以降との別を問わず、怪異文芸や怪異現象に目を向けると、あまりにも当たり前の事象として受け止められている。ここでは、このような怪談の定番ともいえる怪火や怪光を検討してみよう。特に、江戸時代中・後期から明治時代初期にかけて、妖しき火や光の解釈が変容してゆく様相を検証してみたい。そうすることで、前近代と近代にかけての怪異観の変遷の一端を見つめてみることとしたい。

怪火や怪光に関する怪異譚は数多いけれども、ここでは特に、人魂・火中の化物の解釈に焦点を絞って検討してみたい。これらはともに語られることも多く、その解釈を見てゆくことで、怪火や怪光に対する認識の変遷をより鮮明にすることができると考えられるからである。

さて、怪火や怪光に関しては、昭和のはじめに画期的な書物が出版されている。神田左京『不知火・人魂・狐火』である[1]。本書は、古今の怪火や怪光の記事や事例を幅広く収集して、科学的な分析を行っている。怪火や怪光といった怪異現象は、化学や物理学といった近代科学、あるいは実地検分を行うことによって説明されて、江戸や明治といった過去の時代、さらには当時の文献や伝承は否定されている。このような合理的な立場からの分析は、一つのありようとしては正しい姿勢であろう。しかし、異なる立場からそれらを検証してゆけば、また異なる見方もできるだろう。近代科学による分析だけが、物事のすべてを捉え得るわけではないからである。本稿では、過ぎ去った時代の言説を現代的な見地から否定するという立場はとらない。当時の文献を読み解くことによって、その時代の思考法や、説話の背後に仄見える人々の想像力の一端を読み解いてゆくこととしたい。

なお、本稿で取り上げた文献には、「燐（りん）」という語が頻出する。この語は、同じ漢字であっても、資料によって意味が異なるために注意が必要である。『不知火・人魂・狐火』にも述べられているように、「燐」という漢字は、「火の燃えるような現象、火の出る様子」という意味と、「元素のリン」をともに意味する。基本的に、江戸時代の文献では前者の意味で、明治期の文献では後者の意味で用いている。それでは、怪しき火と光の世界を覗いてみよう。

怪火の諸相――火の化物

はじめに、江戸時代中・後期の文献に認められる怪火や怪光を検証したい。とはいえ、怪火や怪光に関する話や言説は枚挙にいとまがない。そこで、当時の一般的な認識を確認するためにも、ここでは江戸時代中期に刊行された百科事典の記述を参照しておこう。寺島良安『和漢三才図会（わかんさんさいずえ）』（正徳五年・一七一五刊）巻五十八は、「火類」として火に関する様々な事象を列挙して、それらに関する説明を行っている。その項目は多岐にわたっており、現代の目から

見ると不可思議な火も取り上げられている。「火類」の冒頭から数項を引いてみよう。(2)

火／陽火陰火／寒火／粦／霊魂火／庭燎／炬／篝火／灯／蠟燭／秉燭／蚊遣火……

この項目を一瞥するだけでも、現代とは相当に異なる認識であったことがうかがえる。留意しておきたいのは、不可思議な火と日常的に目にする火とが同列に扱われているということである。「陽火陰火／寒火／粦／霊魂火」などが先に立項されて、「庭燎／炬／篝火」などといった火が続いている。『和漢三才図会』には、これらの各項目に関係する和漢の文献を挙げて、筆者の見解が記されている。

当時の認識を知るためには恰好の資料といえるだろう。そもそも、「火」自体の説明は陰陽の原理を用いて説明されており、近代科学に基づいた認識方法とは根本的に異なっている。ここでは、「粦（鬼火）」と「霊魂火（人魂の火）」の項目を見ておこう。「粦」は次のように説明されている。

> 本綱に云く、田野の燐火、人及び牛馬の兵死する者の血、土に入りて年久しくして化す所、皆、精霊の極なり。其の色は青くして、状は炬の如く、或は聚まり、或は散じ、来り逼りて人の精気を奪ふ。但し、馬鐙を以て相戛つて声を作すときは、即ち滅ゆる、と。故に張華が云く、

『和漢三才図会』「粦」
（国立国会図書館蔵本）

『和漢三才図会』「霊魂火」
（国立国会図書館蔵本）

金葉一たび振て、遊光色を斂む、と。

「本綱」とは『本草綱目』を指している。鬼火とは、人や牛馬の血が土に入り、年を経て変化したものという。色は青く、形状は松明のようで、集まったり散ったりして、人の精気を奪うと記されている。この次に、筆者の見解が述べられている。

按ずるに、蛍火は常なり。狐火、亦希ならず。鼬、鵁鶄、蜘蛛、皆、火を出すこと有り。凡そ霡霂ふり、闇夜、人声無きときは、則ち燐出づ。皆、青色にして焰芒無きなり。

まず、蛍火は普通のものであって、狐火も珍しいものではないと述べている。そして、イタチやゴイサギやクモは火を出すことがあって、小雨が降る闇夜に、青く焰のない「燐」を出すというのである。動物や昆虫の発光現象として「粦」を説明していることが確認できる。そして、右の引用文に続いて、次のような奇妙な火に関する記述が認められる。

比叡山西の麓、毎夏月、闇夜粦火多く南北に飛ぶ。人、以て愛執の火と為す。疑ふらくは、此れ鵁鶄の火ならん。七条朱雀の道元が火、河州平岡の媼火等、古今、人口に有り、相伝ふ。是も亦、鳥なり、と。然れども、未だ何鳥と云ふことを知らざるなり。

比叡山の西の麓の火、「道元が火」、「媼火」に関して述べられている。留意しておきたいのは、これらの説明には具体的な地名や名称が記されており、在地で伝承されてきた怪火であるということである。特に、後の二つは固有名詞を持つ怪火である。そして、これらの怪火は鳥であろうと、その正体にも言及している。なお、巻七十五「河内」では、「姥火」に言及しており、表記は異なるけれども、この怪火が河内の著名な怪火であったことがうかがえる。

次に、「霊魂火」に関する記述を見てみよう。

按ずるに、霊魂火は、頭、団く匾たく、其の尾、杓子様の如くにして、長く、色、青白くして、微赤を帯ぶ。徐に飛行して地を去ること、高さ三、四丈、遠近定まらず。堕ちて破れ、光を失ひつ。煮爛たる麩餅の如し。（中略）凡て死する者は皆、魂出るに非ず。畿内、繁花の地、一歳の中に病死する人、幾万人と云ふことを知らざるなり。然るに、人魂の火、飛ぶ者、十箇年の中、唯、一、両度を見るのみ。［近年、大坂三、四箇の墓、葬る所、年中の高を聞くに、大概二万人許りなり。他処、亦、以て推量すべし。］

玉は見つ主は誰ともしらね共結とゝめつ下かへのつま

拾芥抄に云く、人鬼を見る時、此の歌を吟じて、著る所の衣の裾を結ぶべし。男は左、女は右。

まず、「霊魂火」の形状や色、動きなどが簡略に記されている。目を引くのは、「霊魂火」に関して冷静な眼差しで分析を行っていることである。まず、すべての死者から魂が出るのではないという。実際に、多くの人々が亡くなるにも関わらず、人魂の火が飛ぶことは非常に少なく、十年に一、二度目にする程度であると述べている。そして、『拾芥抄』の「玉は見つ……」の和歌を引用して、死者を見た時に唱えて、着衣している衣の裾を結ぶように、と記されている。これは、さまよう幽魂を鎮めるまじないである。この『和漢三才図会』の記述は、一見すると、合理的な人魂の説明のように受け止められる。そして、じつはこのような解釈や和歌の引用は、次節以降で検証してゆく江戸時代における人魂の解釈と密接に関係しているのである。

次に、江戸時代中期以降に出版された随筆や怪談集の中から、怪火や怪光に関する記事を見てみよう。ここでは特に、『和漢三才図会』「燐（鬼火）」に述べられていたような、伝承を背景に持つ火の化物を見てゆこう。江戸時代の人々が、怪火の背景に幻視していたモノたちを探ってみたい。

まず、菊岡沾涼『諸国里人談』（寛政十二年・一八〇〇刊）を繙いてみよう。本書は、諸国に伝わる様々な伝承などを収載した書物である。火に関しても、各地の様々な伝承を教えてくれる。巻之三には「光火部」が設けられており、「火弁」と題された火に関する説明は、陰陽の原理を用いたものである。その中に、次のような記述が見出せる。(3)

又、狐、鼬、鵁鶄、蛍、蛛等の火は、火に似て火にあらず。連俳にて似せもの、火といふなり。色青く焔なし。寒火、陽焔、鬼燐、金銀の精気の火は、陰火にて物を焚かず。又、石灰、桐油、麦糠、馬糞、鳥糞より出る火は、陽火にてものをやくなり。雷火は天の陰火なれども物を焚く。これ陰中の陽火なり。浅間、阿蘇、雲仙、焼山の火は砂石を焼く。是また陰中の陽火なり。（後略）

火には、物を焼かない火と、焼く火とがあるといい、それぞれ具体的に名称をあげている。まず最初にあげられている狐や鼬などの火は、そもそも火ではないと記されている。この点は、前に検討した『和漢三才図会』とは、やや異なる説明となっている。そして、陰陽の原理を用いて火を細分化している。この記述からは、火には様々な種類があって、その性質が多様なものであると考えていたことがうかがえる。

右の説明に続いて、各地の様々な怪火が在地伝承とともに筆録されている。どれも興味深い記事であるけれども、本稿で検討している種類の怪火としては、不知火（豊後国宮古郡甲浦）、分部火・塩屋の火（伊勢国安濃津塔世）、二恨坊火（摂津国高槻庄二階堂村）、姥火（河内国平岡）、油盗火（近江国大津）などがある。これらは、単なる火ではなくて、もはや化物といえる怪火である。ここでは、油を盗んだために怪火となった話を見てみよう。『和漢三才図会』にも言及のあった姥火と油盗人、叡山の西の麓の火に関する話である。

○姥火

河内国平岡に、雨夜に一尺ばかりの火の玉、近郷に飛行す。相伝ふ、昔一人の姥あり。平岡社の神灯の油を夜毎に盗む。死て後、燐火となると云々。さいつころ姥火に逢ふ者あり。かの火、飛来て面前に落る。俯て倒て潜に見れば、鵄のごとくの鳥あり。觜を叩く音なり。忽に去る。遠く見れば円なる火なり。これ、まったく鵁鶄なりと云。

「姥火」とは、平岡（枚岡）神社の神灯の油を盗んでいた姥が、死後に燐火となったものと伝えられているという。そして、この怪火と遭遇した者によると、その正体は「鵁鶄（ゴイサギ）」であると記されており、『和漢三才図会』と同様である。

○油盗火

近江国大津の八町に、玉のごとくの火、竪横に飛行す。雨中にはかならずあり。土人の云、むかし志賀の里に油を売ものあり。夜毎に大津辻の地蔵の油をぬすみけるが、その者死て魂魄、炎となりて迷ひの火、今に消ずとなり。

○又、叡山の西の麓に、夏の夜燐火飛ぶ。これを油坊といふ。因縁右に同じ。七条朱雀の道元が火、みな此類ひなり。これ諸国に多くあり。

「油盗火」とは、大津辻の地蔵の油を盗んでいた者の魂魄が、死後に炎となったものという。また、「油坊」は比叡山の西麓に夏の夜に飛ぶ燐火であって、「油盗火」と同じく、油を盗んだことに由来するという。そして、京都七条朱雀の「道元が火」も同じであって、このような怪火は諸国に多くあると結んでいる。なお、この「油盗人」の話は、『古今百物語評判』（貞享三年・一六八六刊）巻之三の七に比叡山の話として載っており、古くから筆録された話であることを付言しておく。

これらの怪火は、油を盗んだために化物となった化物である。神聖な油を盗んだ罰を蒙って火の化物となるという連想は、イメージの連鎖としては自然なものだろう。このような伝承を持つ妖しき火は、怪談集の中にも数多く見出

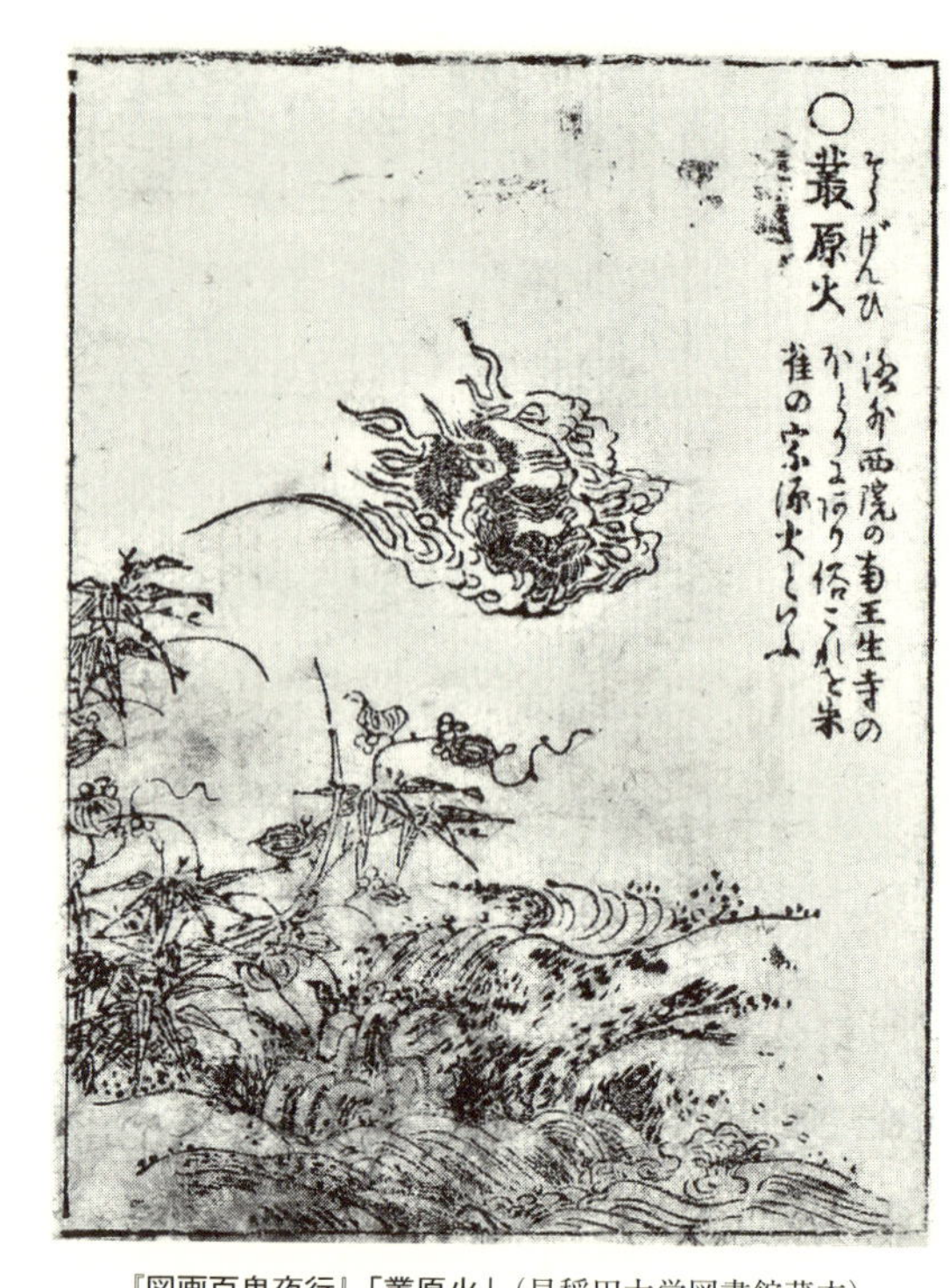

『図画百鬼夜行』「叢原火」（早稲田大学図書館蔵本）

せる。そして、その怪火に対して解釈を施したものも認められる。次に見てゆくこととしたい。

　江戸時代の怪談集や随筆類を繙くと、油を盗んだ者が化物となったという話は、いくつか認められる。その中でも、特定の地域に根差した化物として、「宗玄火（叢原火）」の話がある。この話は、例えば、西村本浮世草子『新御伽婢子』（天和三年・一六八三刊）に認められる。巻三の八「野叢火」は、京都西院の南、壬生寺周辺に出現する宗玄火の話である。宗玄という僧侶が灯明の油を盗んだために、死後に怪火となったという由来が記されている。詳細は省くけれども、神沢杜口『翁草』（安永五年・一七七六序）巻一九五「雑話」、鳥山石燕『図画百鬼夜行』（安永五年・一七七六刊）前編陽「叢原火」、『周遊奇談』（文化三年・一八〇六刊）巻四「堅田里化の火の事」にも宗玄火の話が載っている。よく知られた化物話であったといえよう。

　ここで特に着目しておきたいのは、如環子『怪談見聞実記』（安永九年・一七八〇刊）の一話である。巻之一の二「洛西壬生寺の西辺宗玄火の事」は、宗玄火を見物した話である。本話は、近在の老婆が、宗玄火の由来を語るという構成になっている。その由来とは、壬生寺の油を盗んで処罰された宗玄という僧侶の執心が残ったものという。本書で目を引くのは、筆者の見解が次のように記されていることである。(4)

按ずるに、古戦場、或は屠所、刑戮の場所などには、人畜の膏血つもりて燐火など出る事、世間におほくある物なり。これみな人の膏血の土中に化して燐と成、雨夜、深夜の折からは火のもへ出る事あれども、たゞ陰気に感じつゝ、現るゝばかりにて、さのみ害もなさゞれど、心臆せし人などは忽ち正気を取うしなひ、病の種を引出せば、寄つかざるにはしかざるへし。今見る所の宗玄火も必燐火の類ひにて、心なき物なるべし。

宗玄火とは、人や畜類の膏血が土の中で燐となって燃えたものだという。怪談集の中の一話でありながらも、このような解釈が施されていることは目を引く。十八世紀後半における怪談の性質の一端が表れていると考えられるからである。このように、在地伝承を無批判に筆録するだけではなくて、そこにある種の合理的な眼差しを向ける姿勢は、当時の怪異認識の表出の一端と考えることができる。

江戸時代の資料を繙くと、様々な怪火・怪光に関する記述が認められる。ここでは、ほんの一部を検証してみたけれども、その一端をうかがい知ることができたであろう。そして、怪しき火や光に対して、虫や血をその正体として説明するという、ある種の理知的な解釈も認められた。

それでは次に、ここまで見てきた怪火の正体を解き明かす書物をさらに検討してゆくこととしよう。江戸と明治と、それぞれの時代における説明方法を見てゆくことによって、怪火の行方を追究してみたい。

怪火の解釈──十八世紀、江戸

江戸時代には、様々な怪異現象や怪異譚に対して、その解明を試みた書物がある。江戸時代中期に出版された弁惑物と称される一群の書物である。(5) これらを繙くことによって、十八世紀中・後期における怪火、および妖しき事象の認識方法の一端を知ることができる。また、それらの中には、前近代の自然や世界の見方が表れている。以下に検証してゆくこととしよう。

前節で触れた「姥が火」に関しては、弁惑物の一つ『三才因縁弁疑後編』（享保二十一年・一七三六刊）上巻に記載がある。「迷ひの火並姥が火」である。章題にある「迷ひの火」とは、墓所周辺の草むらに出現する人魂のような火のことである。これに関しては、人の魂魄とは、僅かな時間も荒原に留まるものではないとして、否定している。「姥が火」に関する記述を見てみよう。(6)

河内国に姥が火といふは、四、五十年も出しといへり。貧成老女、平岡明神の灯明の油を盗んで、毎夜うみつむぎのわざを成したり。其科に依て、如レ此といひ伝へたり。是は、成程虫也。其子細は、夏の間斗出て、冬は穴ごもつて、いてず。蛍など、同前也。もし、はやく出る年は、春の末より見へて、久しくある年は、秋の初めまでも見ゆ。是を間近くみれば、光りの中老女のかうべ、あり〱とみゆる、といへり。是、人にだんはら密の行をおこなはせんための方便也。ぐちの人、必す信すべからず。

これまでに見てきた資料と同じように、灯明を盗んだために「姥が火」という怪火となったと記されている。そして、その正体は「虫」としている。夏期にしか出てこないからだと理由を述べている。また、末尾に記されているように、光の中に老女の頭が見えるのは、密教の勤行を行わせるための僧侶の方便だ、と記している。これが、本書における「姥が火」という怪火の説明である。これまでに検証してきた資料とは異なり、化物を僧侶の方便としている点が目を引く。化物を僧侶の弁舌が生んだ迷信として退けており、化物の存在を完全に否定しているのである。

このように「姥が火」を説明しているけれども、他の怪火に関してはどうであろうか。次に、「人魂」や「狐火」

といった怪火の解釈を見てゆこう。『三才因縁弁疑後編』上巻には、「迷ひの火」の前段に、「人魂」の一篇がある。この一篇を見てみよう。次のように書き出されている。

五月より七月迄の宵闇の空に、蛍火の如く青く光て大きなる物、飛渡る事あり。俗に是は人の魂の脱け行也とて、人玉といふ。人のたましいには、青くも赤くも、形はなき筈也。既にたましいとは。形なきの名なり。

五月から七月にかけて出現する人魂の解説である。人の魂が抜け出たものというけれども、魂には色や形はないはず、と述べている。そして、次のように解説されている。

是は蛍の如く細かなる虫の、多く集りて堅まり、飛と見へたり。我、荘年の時、都の町はづれにて、夜ふけて間近く見し事あり。傍にてきけば、飛行中にばちく〵となる。堅き羽のすれあふて鳴音の如し。古き屋根の木竹くちて、虫となり一かたまりにとび行形と見へたり。若、人の魂なれは、春夏秋冬断絶なく飛筈なり。然共、此人玉は、夏ならではいでず。是、むしのせうこなり。

前に検討した「姥が火」と同様に、正体は虫だと説明しており、自身の実見談も記している。また、夏期にしか出現しないということも論拠の一つとしており、これも「姥が火」と同様の説明方法といえるだろう。留意しておきたいのは、右の引用に続く次の記述である。

其上、多くもいてず。たまさかならでは、見る事なし。大坂にては、千日寺の墓所斗にも、毎年土葬火さうの、死人の数一万人に近し。然るに、人玉の年中に、五十か七十ならであらはれぬは、いぶかし（後略）

ここでは、言葉は異なるけれども、前節で確認した『和漢三才図会』と同じく、埋葬者の数と人魂の出現数との差に言及している。参照したかどうかは不明であるけれども、同様の説明方法といえるだろう。そして、両書ともに、火の正体は虫や鳥といった生物によるものだとしている。ここでは、虫や鳥が本当に発光するかどうかということは問題ではない。人魂という怪火に、ある種の合理的な解釈を施していることを確認して、次の資料に移ろう。

次に、鷹見爽鳩『秉燭或問珍』（宝永七年・一七一〇刊）を繙いてみよう。これも弁惑物の一つであって、様々な事象に説明を試みている。巻之二「光物之説」の中には、「人魂火」の説明がある。検証してみよう。(7)

又、人魂といふ事、先、怪敷事也。然れ共、無理になしとはいふへからず。予も一時、世俗の謂人魂火を見侍りき。抑〳〵、魂魄は心の精爽〈イサキヨキ〉にして、天地の気を得る所の物なり。人始て形をなし、化し出る所の物を魂といひ、既に生して己か性あるを魄といふ。故に、人死せんとする時、人魂、形をはなれて抜出ると云伝たり。

人魂とは奇怪なことではあるけれども、むやみに否定すべきではないという。筆者自身も実見したことがあるというのである。そして、人間に備わっている魂魄のうち、魂は死に際して抜け出るという言い伝えがあるという。続く文章を見てみよう。

其上、陰陽道に招魂続魄法とて、抜出たる魂を呼返す法あり。或は歌を誦して魂を止むる事あり［拾芥抄ニ人魂ノ飛時唱歌アリ○魂ハミツ主ハ誰トモシラネトモ結トメツ、下襲ノツマ］。夫、魂は天に帰し、魄は地に帰して形を見る事あり。是、丙丁の君火［心小腸離火也］。命門の相火［坎中ノ火ナリ］。其生気の散して尽時、飛事あり。是を人魂の火といふなり。又、火の飛と飛ざるとあり。是は、其死する人の気質の強弱に依也。

（後略）

ここに記されている、魂を留めるという『拾芥抄』の和歌は『和漢三才図会』にも記されていたことを確認しておこう。そして、前の引用文に記されていた言い伝えを解説している。ここでは、人魂の火とは、人間に備わっている魂と魄とが、死に際して飛んだものだと説明している。また、火が飛ぶかどうかは、死者の気質の強弱によるとも述べている。これまでに検討してきた怪火の解釈とは、異なる原理で説明している。虫や鳥、あるいは血液といった目に見える具体的なものではなくて、魂魄といった目には見えないモノを用いた説明を行っているのである。

『秉燭或問珍』には、怪火に関して別の箇所にも言及がある。巻之四「狐火之説」である。ここでは、次のような問いが発せられる。

> 或問曰、世に狐火とて夜中狐の火を燃事有。又、雨降、闇夜抔に墓所おのづから燃事あり。是、いか成理そや。

狐火と、墓所が自然と燃えるという現象に対する問いである。この問いに対しては、狐火も墓所の火も、光があるだけで物を焼かない陰火である、と説明する。そして、次のような記述が見出せる。

> 博物志、本草綱目等に載ることく、人血、又は牛馬の血、地に落て有時、湿気なとにあへば、必火出る、とあり。是、燐火といふ物なり。故に、剣戟抔にかゝりて死たる者の塚は、時として燃る事あり。（後略）

『博物志』や『本草綱目』といった漢籍を援用しつつ、燐火の説明をしている。人や牛馬の血液が燐火となって燃えるというのである。前節の『怪談見聞実記』の解釈と同様の説明と考えてよいだろう。この後には、同じように血を流して死んだ者の塚でも、火が出たり出なかったりすることに関する問答が続く。そして、次のようにはっきりと怪火を否定する。

> 全く死人の精霊のなす業にはあらず。理を究ざる人、さやうの塚を見ては焦熱の苦を顕す抔といふ。曽て其義にあらず。

墓所に出る怪火は、死者の精霊の仕業ではない、と明確に述べている。このように、本書では、墓所の怪火を生物の血液が燐火となって燃焼したもの、と説明している。

ここまで見てきた『秉燭或問珍』を引用している著作に、西村遠里『居行子後篇』（安永八年・一七七九刊）巻の四「妖怪之説」がある。基本的に同じ説明が施されているけれども、筆者の主張が記されている。この箇所を見てみよう。[8]

> 惣じて、馴たる事は怪ともせず。蛍火、蜘蛛の眼、蛇の眼等、皆光あれとも、これを怪とせす。龍灯のるいは怪なりとす。これ水中の陰火にして、年経て陰火を得たる魚などの遊にても有べし。（中略）あやしき事も、なれてはあやしまず。あやしからざる事も、なれぬ事はあやしむ。俗人のならはしなり。

ここでは、人の馴れ、不馴れの別が、「怪」か否かを決定することが述べられている。つまり、事象そのものではなくて、人の側に「怪」が発生する原因があるという認識である。なお、このような「怪」の認識方法は、前節にあげた『怪談見聞実記』や、張朱鱗『龍宮船』（宝暦四年・一七五四刊）といった同時代資料にも見出すことができる。[9]十八世紀における合理的思考の一端を示しているといえよう。

さらに、ここで詳しく検討はしないけれども、怪火に関する同時代の資料は他にもある。例えば、高井蘭山『訓蒙天地弁』（寛政三年・一七九一刊）である。本書は、天・地・人に関する様々な事象をわかりやすく解説した資料である。中巻には、「野燐」という一節がある。章題名には、「野燐」に「きつねび」と訓が付されており、狐火を燐の作用によって説明している。『秉燭或問珍』に近似した説明方法であって、狐火の多くは、野にある血液が燐となったものだと述べている。そして、古墳や荒れた墓などに出る怪火も同様に燐が原因だと説明している。十八世紀後半において、人畜の血液が燐となって怪火となる、という説明方法が通俗的に行われていたことをうかがわせる。

ここまで、弁惑物という怪異現象を解明してゆく資料群を中心に、怪火の説明や解釈の方法を検討してきた。怪火の正体を虫とするような、卑近な解釈も認められたけれども、多くは血液が「燐」となって燃え出すというものであった。そして、そのように理解することができれば、もはや怪火は妖しき火などではなくて、理解可能な現象として捉えられる。特に留意しておきたいのは、十八世紀において、「怪」とは人が「怪」と捉えることによって「怪」となる、という認識がたしかに認められるということである。このような認識方法は、幕末・明治期を迎えてどうなってゆくのであろうか。次に、明治初期の資料を検証してゆくこととしたい。

怪火の解釈――十九世紀、明治

明治時代のはじめには、様々な啓蒙教訓書が出版されている。ここでは、それらの中から、怪火に関して記されている資料をいくつか検討してみよう。そうすることで、明治初期における怪火の理解と、江戸時代の思考法との懸隔を探ってみたい。

明治期の怪異現象や妖怪譚を検証しようとする際、「妖怪博士」の異名を持つ井上円了（一八五八〜一九一九）の研究は貴重な資料である。迷妄打破を目的として、和漢古今の様々な資料を駆使した分析を行っている。古くから伝わる怪火も、その例に漏れない。『妖怪学講義』第二「理学部門」第六講「怪火編」では、多数の漢籍や同時代の書物に記された怪火の記事を列挙している。[10] ここでは、井上円了の収集した明治期の資料のうち、刊行された啓蒙教訓書を検討してみよう。そうすることで、明治時代初期の怪火の認識を鮮明にすることができるだろう。

まず、最も早い時期に刊行された啓蒙教訓書に、小幡篤次郎『天変地異』（明治元年・一八六八刊）がある。著者は慶應義塾塾長も務めた人物である。本書は、凡例によれば、「此書、元来、夫人小児の惑を解き、事物の道理を究めしむるを主意」としたものという。[11] また、「千八百六十五年より七年迄の書中より抄訳」したと記されているけれども、具体的にどの著作の抄訳であるのかは不明である。内容は、地震、彗星、虹といった、いくつかの自然現象などについて解説を試みたものである。本書は、前節までに検証してきた江戸時代の説明体系とは大きく異なる説明を行っている。両時代の懸隔を探るためにも、やや詳しく見てみたい。

まず、本文を検討する前に、序文の一節を確認しておきたい。序文には、これまでに検討してきた江戸時代の書物と共通する姿勢をうかがうことができる。

> 抑も、さにいふ所の天変地異は、此その理あることにて、固より不思議とするに足らす。その見慣れ、聞しりて、異変とはおもわさるものに、却て驚くへきあり、怖るへきあり。火の燃え、水の流れ、日朝に昇り夕に没するも、見慣たれはこそ、怖れも驚きもせされとも、遇然に斯る事あらは如何とこれを評すへき。

世間で取り沙汰される天変地異には、道理があり、もとより不思議とするものではないという。そして、見馴れたり、聞き知っていることは異変とは思わないけれども、そのような事象の中にこそ、かえって驚いたり、怖れたりすべきことがあるというのである。ここには、「怪」とすべきかどうかを決めるのは、事象そのものではなくて、人の側に原因があるという認識が認められる。このような認識は、これまでに検証してきた江戸時代の資料にも認められるものであった。このような認識の元に本書は著されているのである。

それでは、「陰火の事」を見てゆこう。陰火の説明は、次のようになされている。

> 光りあれば熱く、熱ければ光あるは一般の法なれども、熱くして光なく、光ありて熱からざるものあり。湯の如きは何程熱くとも光なく、蛍火、朽木、生の海魚、海水、不知火、陰火抔の類は、光あれども熱からす。此種の火は、皆「ぽすぽる」と云ふもの、水素と調合し、燐化水素となり、自然の理合を以て光を放つものなり。

まず、光と熱との関係が説かれている。光は熱を伴うのが普通であるけれども、ここで問題とされているのは、熱を伴わない光である。「蛍火、朽木、生の海魚、海水、不知火、陰火」があげられている。これらは、「ぽすぽる」が水素と結合して燐化水素となって、発光するという。「ぽすぽる」とは、元素の「燐（リン）」のことである。前節までに検討してきた怪火の説明でも「燐」は出ていたけれども、本稿冒頭で述べたように、江戸時代の資料においては、もちろん元素の燐のことではない。同じ文字を用いているけれども、指し示す内容がまったく異なるために留意しておく必要がある。

前述の文章に続いて、例示された光と火に関する説明が記される。まず、「蛍火、朽木、生の海魚」は、次のように述べられている。

　同じ種類の中にても、蛍火は、王公貴人より婦人小児に至るまて、誰も愛請せざるはなし。殊に、宇治川の蛍狩は、京洛間の諸人見物のため市をなす程なりと聞へしが、嘗て此を恐れし人あるを聞かず。又、朽木より光を放つことあり。柊抔の朽ち腐れたるものに最も多く、怪しげなるものに見ゆれども、元と朽木なれば、児童の輩、暗所に持行き朋友に奇を誇るの具とするのみ。

身近な「蛍火、朽木」の光の説明である。蛍火は一般に好まれるものであって、恐れる人などはいない。また、朽木が光ったとしても、珍しいだけであるという。この二つの光は、世間の人々が特に恐れるものではなくて、説明も簡略である。これらに続く「生の海魚、海水、不知火」といった、海の光に関する記述を見てみよう。

　又、生の海魚、殊に海老抔を暗所に持行きなば、白き光を放つべし。又、夜中、海水を攪動らば、水に光あるを見るべし。是、全く水の光にあらず。極めて細小なる魚ありて、水の動くに従ひ、鰭鬣を振ひ揺動するより起るものなり。肥後、肥前の海に不知火あり。周防洋に平家の怨霊火と唱ふる火あるは、両ながら斯る小さき魚の莫大に群集し、波の浮沈を追ひ、或は現はれ、或は滅へ、或は集り、或は離れて、奇怪の状を

『天変地異』挿絵（架蔵本）

為しぬれど、皆「ぽすぽる（ママ）の光にて、蛍火も同様のものなれば、見物の諸人酒を酌で之を楽むも、幽趣を得たるものと云ふべし。

生の海魚が暗所で光るのは、当然のこととされている。また、海水が光るのは、微少な魚がヒレを振るわせて海面が揺れ動くためだという。そして、不知火と平家の怨霊火とがあげられている。ここで詳しく検証はしないけれども、この両者は、様々な伝承を伴った怪火であって、他の光とは性質が大きく異なるものである。しかし、群集した小魚の動きとして説明されており、これもまた「ぽすぽる」の光だというのである。そして、これらの光も蛍火と同様のものだと述べられている。このように、本書では「ぽすぽる」の働きによって、身近な光も怪火・怪光も、すべて同じ原理で説明されている。続く文章を見てみよう。最後の「陰火」の説明である。

狐火、人魂抔と唱ふる陰火の類も亦同じく「ぽすぽる」の火なれども、沼、或は墓所抔の間に現はす。如何にも物凄く見ゆるゆへ、人々畏きもの、様に取沙汰し、或は怨霊の火抔と唱へ、婦人、小児は斯る火に行逢ふとき、震ひ恐れ、甚しきは気絶するものありと。実に気の毒なることなり。

狐火や人魂という陰火も「ぽすぽる」の火として説明されている。ただし、これらの怪火は、出現する場所によって、様々な憶説を呼ぶというのである。そして、以上のような怪火に関する説明がなされたあとに、次のような体験談が記されている。

> 或る人、夜深く、沼を渡り、物凄く思ひし折柄、忽ち青き火の近く輝くを見たるに、漸く我方へ寄り来れば、悪き妖怪の所為なりや、と独り囁やき行く程に、之を捕へんと思ひ立ち、急に歩を進めければ、追ふものありて遁るゝが如く急に遁け去り、我止まれば彼止り、我行けば彼行きて、わが動静を伺ふ様子あり。愈怒り、力を極め追駈け行きしに、忽ち滅へて痕を失へり。暫くありて、遙に葦茅を隔て、鮮かに現はれしゆへ、此度は息を呑み身を潜め、間近く寄りて、急に之を襲はんと決意し、徐に進み寄りしに、火、現然として少しも動く様子なし。

ある人が、深夜に沼を通りかかった折に「青き火」と遭遇したという話である。その怪火は、人の動きに合わせるように逃れて、なかなか捕えることができない。静かに近寄ると、その火は動かなくなったという。そして、文章は次のように続いている。

> 益々沈黙し、火の傍に歩み寄り、急に手を挙げて打ち落し、見れば、一片の燐化水素にて、何も怪げなるものなし。畢竟、前に遁げ隠れしは、自己の動きより空気を動かし、火も之がため動きしものなるに、後の度は静に近寄りしゆへ、空気を動かさず。火も之がために、その居所を動かさず。（後略）

怪火を打ち落としてみると、「一片の燐化水素」であったという。そして、怪火が逃げ隠れしたのは、自分の動きが

『珍奇物語』挿絵（国立国会図書館蔵本）

『珍奇物語』表見返し
（国立国会図書館蔵本）

空気を動かして、それと連動して火も動いたからだと説明している。本文は省略したけれども、この後には、怪火の原因である「ぽすぽる」と水素とが結合して燐化水素となることが説かれている。そして、「怨霊の火」などと呼ばれてきた火も蛍火や朽木と同じであって、恐れるようなものではない、と結ばれる。

現代の常識から考えてみれば、天然の燐化水素が長時間発光したり、ましてや視認できるものであることなど、あり得ないことである。しかし、『天変地異』の筆者は大真面目である。明治初年度において、このような説明体系が存在したということは興味深い。正しいかどうか、ということは問題ではない。自然現象の理解の方法が、前時代と一線を画した、新しい科学知識を用いたものであることが注目される。このような新時代の怪火の解釈をめぐる状況を探るためにも、明治初期の啓蒙教訓書をさらに繙いてみよう。

近い時期の資料として、東江楼主人『珍奇物語』（明治五年・一八七二刊）がある。初編上「人魂の事」には、

『天変地異』と多く重複する記述が認められる。また、怪火に対しては、「ぽすぽる」を用いた説明を施しており、説明体系は同じである。おそらく、『天変地異』か、その元となった書物を参照したものと考えられる。ただし、『珍奇物語』は問答体で記されており、「越後の火井」に関する記述など、異なる内容も含まれている。また、「ぽすぽる」を掴んだという体験談は記されていない。ここでは、「人魂の事」の末尾の一節を見ておこう。(12)

　また、池あるひは井戸などにて人の死したるのち、夜々、火の燃ることあり。人、これを亡魂の出る抔といふて恐るゝなれども、其実は人の体の腐敗たる所より、炭水気か、或は前にいふ燐化水素を発し、空中の酸素と合ふて燃ゆるものなり。

池や井戸などに出る怪火を亡魂などといって恐れることがあるけれども、それも炭水気か燐化水素が酸素と結合して燃えるものと説明している。ここに認められるのは、怪異現象として捉えられる怪火であっても、化学物質の働きによって説明しようとする合理的思考である。さらに怪火の暴露は続いている。

　又、古池、深山などには、風雨の夜、折々火のもゆることあり。何も知らざる愚民等は、之を狐火抔といひ、また妖怪の仕業などゝ思ふなれとも、実は幾年となく禽獣草木などの積腐れたる処より、炭水気の発するものなり。(後略)

狐火などと呼ばれる怪火、あるいは妖怪の仕業と思われるものも、炭水気が発したものとして説明している。そして、この一節は次のように締めくくられている。

　凡、世に冤鬼、妖怪と称するも、皆此等の類なれとも、図らず見馴ざる物に出遇へば、唯驚て鬼となし妖となし、其源因を探究もののなきによる。却て今日見馴たる物の内に、不思議の事多しといへども、人敢て之を怪しむ者なし。よく究理の学に通ぜば、此等の細事は勿論、天地の間、千万の事物一ッも明亮ならざることなし。

ここには、江戸時代から引き続き、『天変地異』にも認められた、「怪」の認識方法が明確に表れている。見馴れないものを「怪」として捉えて、見馴れているものの中に潜む不思議を不思議と捉えない、という認識である。そして、究理の学に通じることができれば、すべての事象を明らかにすることができるという。このような言説に、明治初期の啓蒙教訓書の筆勢や、開化期の時代思潮がよく表れているといえよう。

最後に、『生徒必読窮理はなし』（明治二十二年・一八八九刊）を見てみよう。第四章「鬼火の事」には、「ぽすぽる」に関するおかしな記述が見出せる。(13)

俗間に鬼火と云は、燐と云ものにて、腐尸、霉葉の日輪の熱にむされて、化して気となるものなり。其色は青く惨く、一顆散して千百顆となるものあり。又、こゑありて松風の如き者あり。日間もありといへども、人、見る能はざるなり。（後略）

ここでも、鬼火とは「ぽすぽる」であると述べている。しかし、この説明も、現代の目から見ると現実的ではない。一粒の燐が数千粒となったり、音が聞こえる、ということは考え難いからである。この著作でも、元素の燐であるはずの「ぽすぽる」は、正確に理解されているわけではない。

このあとには、ある実験結果が記されている。「燐」が出る所に物を挟んで印としておいたところ、翌日には気泡が出てきて、暮れ方には発光したという。その光は、人の動きにつれて移動して、捕らえることが困難であったというのである。さらに、その火の中に紙を入れると燃えることなく、ニカワに浸したように油染みたとも記されている。このような「ぽすぽる」の説明も、おかしなものである。明らかに正確な理解がなされてはいない。しかし、明治初期において、新しい知識としての化学が、一部でこのように受容されていたことは興味深い。怪火を理解する際に、新知識の「ぽすぽる」を用いて、もっともらしい説明を試みているのである。新時代を迎えて間もない時期の、近代科学の俗なる受容の一例といえよう。そして、本話は「燐（ぽすぽる）の内（うち）に鬼（おに）の面（かお）や鬼（おに）の声（こゑ）あるわけは、断（たへ）てなきことなり。」と締めくくられており、鬼の顔や声などは存在しないと、怪火をはっきりと否定する。

本節では、明治初期に刊行された数種の啓蒙教訓書に認められる怪火の解釈を検討してきた。多くは「ぽすぽる」という、元素の燐を用いて説明している。繰り返しになるけれども、現代の目から見ると、これらは正確な理解ではなくて、近代西洋科学の誤った受容である。しかし、ことの正否は問題ではない。傾注すべきは、怪異現象として捉えられている事象に対する認識方法や、それらを究明しようとする時代思潮である。特に、不可思議な事象とは、人の認識のありようによっているという思考法が認められることは注目される。説明体系は異なるけれども、怪異現象に対する時代を超えた認識方法が認められるからである。

おわりに

本稿では、江戸時代中・後期から明治時代初期に限定して、様々な怪火の中からいくつかを取り上げて検証してきた。怪火に関する様々な解釈や説明を読み解くことによって、その背後にある時代思潮の一端を垣間見ることができたのではないだろうか。

とはいえ、本稿で検討してきた怪火は、わずかなものに過ぎない。江戸時代初期へと遡ると、怪談解釈の古層も見えてくる。例えば、山岡元隣『古今百物語評判』（貞享三年・一六八六刊）所載の数篇には、本稿で取り上げた怪火や、その説明方法との通路が認められる。また逆に、明治時代を見渡してみても、様々な伝承や解釈が見えてくる。井上円了の著作を検証するだけでも、怪火の原因を人の錯誤に求めるなど、笑い話ともとれるような事例もある。そして、大正・昭和以降にも注目すべき事例は数多い。例えば、物理学者の寺田寅彦の考察も行われるようになり、新たな展開を見せる(14)。また、現代においても怪火の話は後を絶たない(15)。もちろん、怪談や小説などには、怪火・怪光の話は数え尽くすことができないほどある。まだまだ、怪火・怪光の謎は多く残されているのである。

江戸から明治へと時代が移ることによって、人々の意識や知識の背景も変化してゆく。それは、本稿で見てきたように、怪火・怪光の説明方法の変遷からもうかがえる。しかし、移りゆくものもあれば、変わらないものもある。どのような時代や地域でも、人は理解できないもの、説明することができないものを恐れる。逆にいえば、何かしらの原理で説明がなされて、理解することができれば、恐怖の対象ではなくなるのである。怪火にまつわる言説を検討して見えてきたのは、このような時代を超えた人々の理知的な眼差しと、知的探究心とでも呼ぶべき心性であった。

注

(1) 神田左京『不知火・人魂・狐火』(初出は、一九三一、春陽堂。後に、『不知火・人魂・狐火』一九九二、中央公論社)。引用は後者による。
(2) 国立国会図書館蔵本による。書き下し文で示した。句読点を付し、現在通行の字体で翻字した。また、割書は〔 〕で示した。翻字は以下も同じ。
(3) 『日本随筆大成』第二期二十四巻(一九七五、吉川弘文館)による。引用に際して、句読点と表記を改めた箇所がある。以下も同じ。
(4) 国立国会図書館蔵本による。
(5) 拙稿「弁惑物の位相」(『国文学研究ノート』四十九号、二〇一二・三)を参照。
(6) 架蔵本による。
(7) 架蔵本による。左訓は〈 〉内に記した。

（8）国立国会図書館蔵本による。なお、『秉燭或問珍』との関係を含めて、拙稿「『居行子後篇』巻之四「妖怪之説」―近世怪談の一脈―」（『日本文藝研究』六十七巻二号・六十八巻一号合併号、二〇一六・八）において検討した。

（9）注（5）（8）の拙稿、および、拙稿「前近代における怪異譚の思想変節をめぐって」（緒形康編『アジア・ディアスポラと植民地近代』二〇一三、勉誠出版）において検討した。

（10）井上円了『妖怪学講義』（初出は、一八九三、哲学館。増補改訂、一八九六）。東洋大学井上円了記念学術センター編『井上円了　妖怪学全集　第一巻』（一九九九、柏書房）を参照した。

（11）架蔵本による。なお、弁惑物と『天変地異』との関係について、佐藤太二「弁惑物怪談の視覚」（野村純一編『伝承文学研究の方法』二〇〇五、岩田書院、所収）に言及がある。

（12）国立国会図書館蔵本による。

（13）国立国会図書館蔵本による。

（14）寺田寅彦「人魂の一つの場合」（初出は、「帝国大学新聞」一九三三・十一・六）。千葉俊二・細川光洋編『怪異考／化物の進化』（二〇一二、中央公論新社）を参照した。

（15）現代の怪火に関しては、大槻義彦氏の一連の研究がある。物理学の立場から、火の玉を大気中の電気、プラズマの働きとして説明している。

付記

貴重な資料の閲覧、引用、画像掲載を許可していただいた各所蔵機関にあつく御礼申しあげます。

本稿の一部は、怪談文芸研究会（京都精華大学堤邦彦研究室）での発表をふまえたものである。堤邦彦氏、北城伸子氏をはじめとして、研究会の方々にご指摘、ご教授いただいた。あつく御礼申し上げます。

本稿は、科学研究費補助金「十八・十九世紀を中心とした怪異文芸と学問・思想・宗教との総合的研究」（若手(B)研究課題番号１７Ｋ１３３８６）による成果の一部である。

描かれる霊験譚――「牛に引かれて善光寺詣り」

鬼頭　尚義

はじめに

我々は五感を総動員して様々な情報を得る。その中でも最も印象に残るのは、視覚によって得た情報ではないだろうか。特に幼少時に見た物は、我々の記憶に強く残る。五来重氏は自身の幼少期の体験を、次のように記す(1)。

大正年代の関東農村漁村の物見遊山と言えば、日光か善光寺と決まったようなものであった。その善光寺土産と言えば『善光寺縁起』の一枚ものの錦絵で、隣近所へこれが配られた。したがってどこの家でも壁や屏風の上張りに貼ってあったものである。子供たちは朝、瞼が開くと、戸板の隙間から差し込む朝日が障子にあたる微光のなかで、まずこの錦絵が視野に入り、それに焦点をあわせながら目が醒めてくるという順序であった。ことにもっとも印象にのこっているのは、本田善光が難波の堀江で善光寺如来に呼び止められた場面で、水面にうかびあがった金色の三尊仏から御光が放射状に燦然と射していた。おそらく大人たちは縁起の絵解きをきいて、この土産を買いもとめたのであろうから、『善光寺縁起』の大体の内容は庶民の常識だったのである。

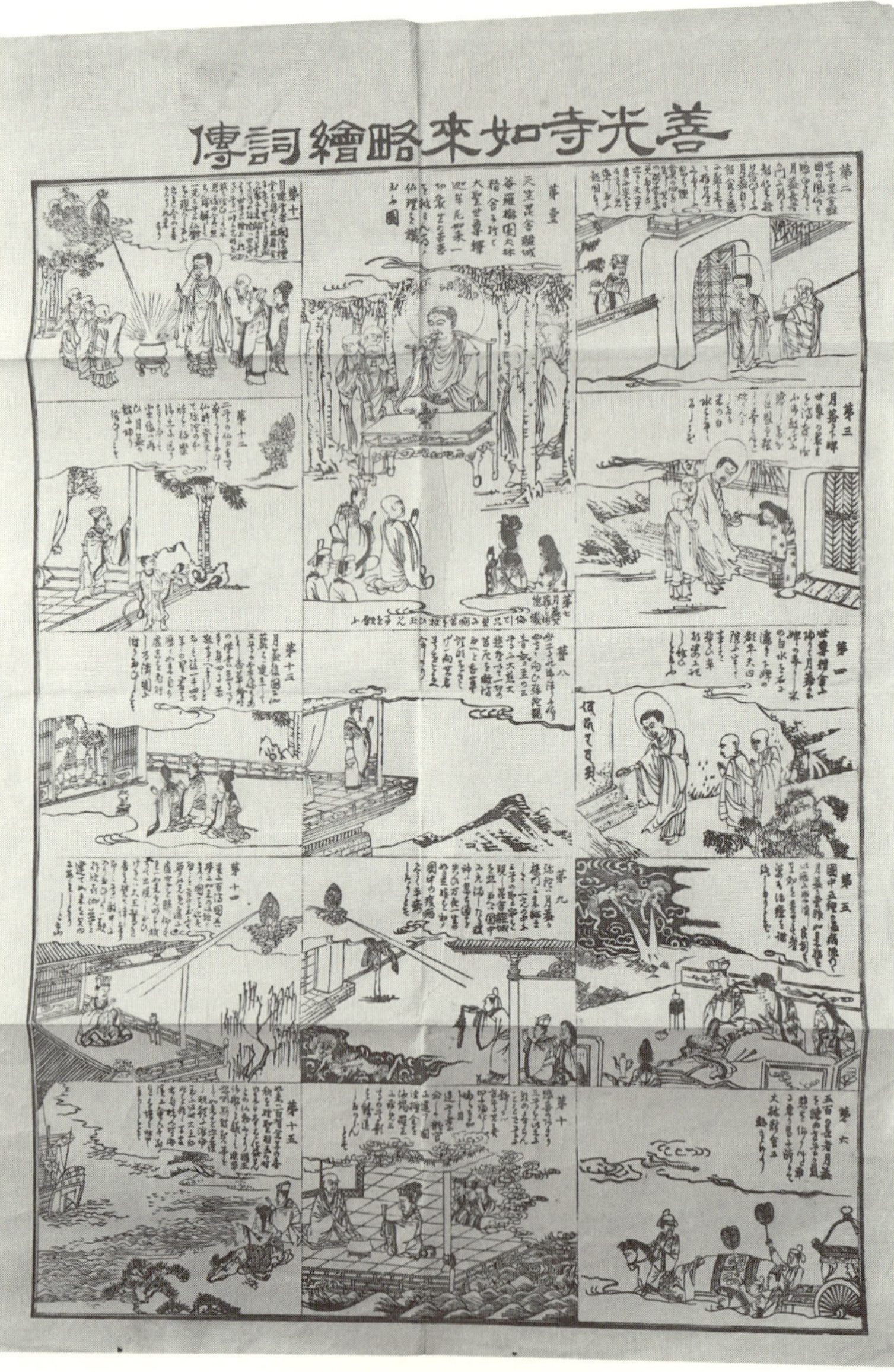

図１　『善光寺如来略繪詞傳』第一～第十五

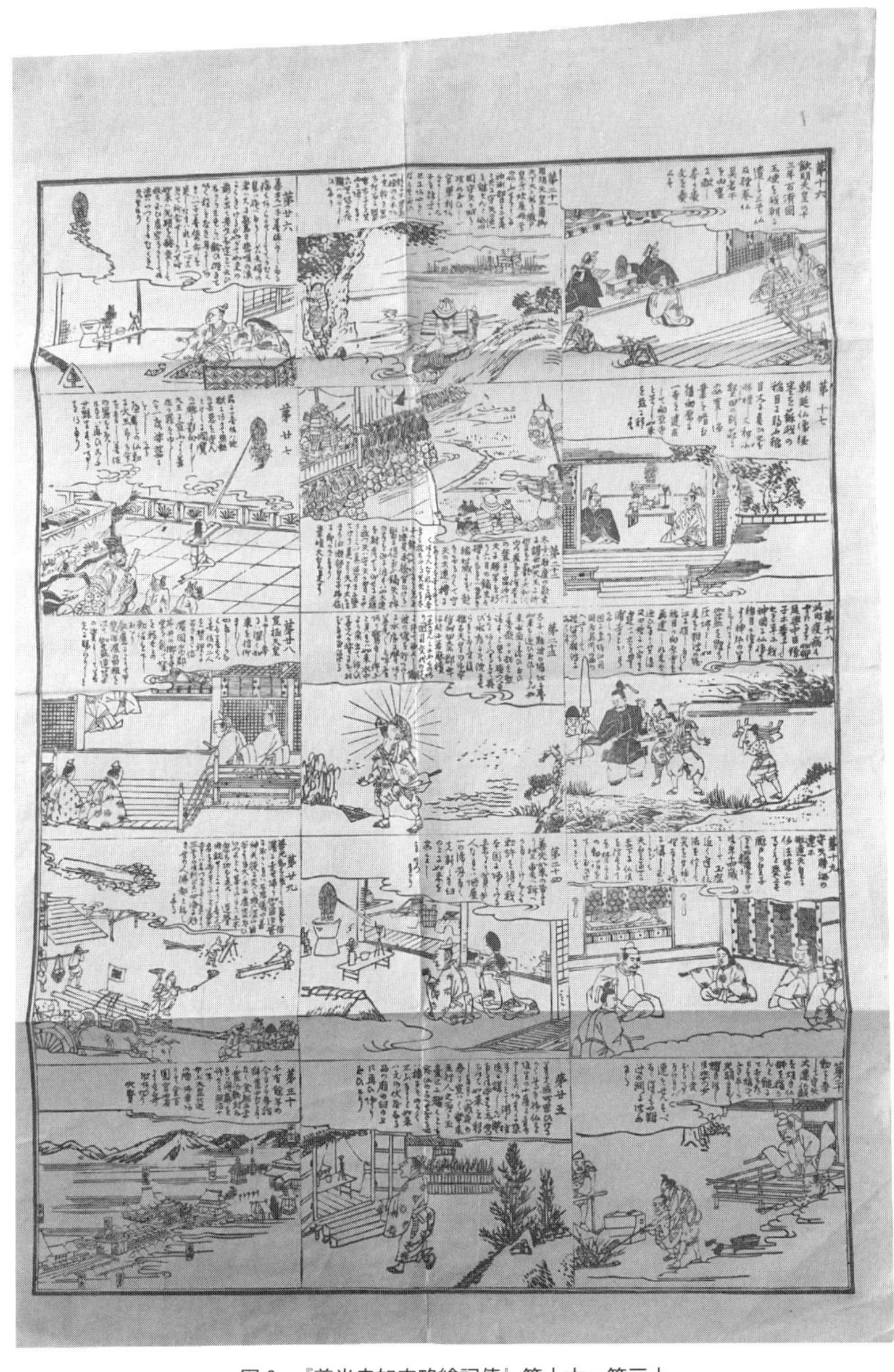

図2　『善光寺如来略繪詞傳』第十六～第三十

善光寺縁起が絵解きの対象であったことは、徳田和夫氏も指摘しているところである。[2]それでは、五来氏が見た錦絵とはどのようなものだったのか。さすがに、絵解きに使用した掛け絵を土産物として売るわけはない。しかし、その「複製品」なら売っていた可能性がある。前頁に挙げた図1・2は『善光寺如来略繪詞傳』と題された絵である。[3]三二八〇×二四五〇（タテ×ヨコ。単位はミリメートル。以下同じ。）モノクロの木版刷りである。五来氏が見たという「『善光寺縁起』の一枚ものの錦絵」とは、このようなものだったのであろう。

さて善光寺では、別系統の絵も土産物として売られていたようだ。五来氏の幼少時の体験談を引き続き引用する。[4]もう一つの善光寺土産の錦絵は一人のお婆さんが黒い大きな牛を追いかける図柄で、牛の角から長い白布がのびていた。言わずと知れた「牛に引かれて善光寺詣り」の図であるが、日常使っている地口の由来が描かれているのに興味をそそられて、これも土産に買ってきたものらしい。

この「牛に引かれて善光寺詣り」の錦絵は、善光寺土産の中でも人気商品であったようで、様々なバージョンが売り出されていた。それでは「牛に引かれて善光寺詣り」の錦絵とはどのようなものであったのか。また善光寺では他にどのような錦絵を土産物として売っていたのか。本稿では、明治時代の善光寺錦絵を中心に詳しく見ていく。

寺社縁起の中の「牛に引かれて善光寺詣り」

「牛に引かれて善光寺詣り」とは、思いがけない偶然により良い方向へ導かれるという意味の諺である。この諺の古い用例は、元禄二年（一六八九）刊行の『婦人養草』に見られる。[5]

信濃の善光寺の旧記にいはく、昔その国によはひ七十にあまる姥ありけり。此年にをよぶまで後世に心ざす事なし。さるによりて、心けんどんにして、無道もの也。ある時、織あげたる布をさらしけるに、いづくともなく大きなる牛のはなれきて、この布を角にひきかけて、一もんじにかけゆくほどに、姥は大に驚て後をしたふてゆければ、善光寺の御堂の内へ入にけり。姥、この御堂をつく〴〵見て、こはいかに、我此年によぶまで、かゝるいかめしき御寺の有けるをしらざる事よとおもひて、さて僧都にあひて事のやうをたづねければ、有がたき事かぎりなし。姥、それより後世にもとづきて有り。如来、此うばをすくはむ方便にて、牛と現じ給ひて、導引おはします也。世俗にいふ、牛につられて善光寺へまいる、といふ是よりはじまれり。（私に句読点および傍点を施した。以下同じ。）

「引かれて」ではなく「つられて」となってはいるものの、これが「牛に引かれて善光寺詣り」の早い用例である。(6)『婦人養草』では牛は如来の化現となっているが、この如来とはもちろん善光寺の本尊である阿弥陀如来を指している。即ち、この諺は善光寺の本尊霊験譚ともなっている。

「牛に引かれて善光寺詣り」が善光寺の本尊霊験譚であること、また善光寺という寺名が使われている事から、古くから善光寺縁起の中で利用されてきたと思われがちである。しかし、善光寺縁起においてこの諺が見られるのは、安政五年（一八五三）の『善光寺如来絵詞伝』まで待たねばならない。しかもそれは善光寺の話ではなく、布引山釈尊寺という別の寺院の縁起として語られる。

さて釈尊寺の縁起は、『善光寺如来絵詞伝』を待たずとも、嘉永二年（一八四九）刊の『善光寺名所図会』に見られる。(7)

布引山釈尊寺

里談にむかし姥捨山の辺りに老人夫婦布をさらしけるが、一陣の風吹来て布を吹あげ、此山に止る。夫婦の者牛に乗り、慕ひ来り、桙にまもり居けるが、布半落来るを牛角にかけて深田の中に入て跡をかくす是よりして布引の山といふ。

老婆が牛を追いかけるのではなく、牛に乗って布を探し求めると言う話になってはいるが、「牛に引かれて善光寺詣り」を意識した縁起であることに間違いはない。

ところで釈尊寺では、『善光寺名所図会』とは異なる別系統の縁起を有していた。それが『信州北佐久郡布引山釈尊寺』という一枚ものの略縁起である（図3）。

角に白い布を引っ掛けた牛を老婆が追いかける構図は、まさに『婦人養草』などに引かれる「牛に引かれて善光寺詣り」の説話を基にしたものである。

釈尊寺は、縁起に「牛に引かれて善光寺詣り」を利用する上で、様々な工夫を施している。まず冒頭の「牛に引かれて布引の。山に布引く釈尊寺。」はもちろん「牛に引かれて善光寺詣り」を意識した表現であることは言うまでもない。冒頭をこのように始めることで、「牛に引かれて善光寺詣り」が善光寺ではなく釈尊寺の話であることを印象づけようとしている。

また牛の扱いにも釈尊寺側の工夫が見られる。先述の通り『婦人養草』では、牛＝阿弥陀如来（善光寺の本尊）であった。一方で、釈尊寺の本尊は観世音菩薩である。寺社縁起が本尊などの霊験譚を語るものであるならば、『婦人養草』の説話をそのまま引用してしまうと、本尊である観音の霊験譚とはなりえない。即ち、釈尊寺の喧伝効果は薄くなってしまう。そこで『信州北佐久郡布引山釈尊寺』では、「牛と化せしもありがたや。聖徳太子の観世音。霊験日々に新たにて」として、牛＝観音へと変えている。すなわち牛を観音の化現へと改変を施すことで、「牛に引かれて善光寺詣り」そのものを釈尊寺の本尊霊験譚へと変えようとする意図が垣間見えるのである。

人口に膾炙した諺を巧みに利用しつつ、適宜改変を加えることで自寺院の喧伝を行っている点に、釈尊寺側の巧妙な縁起作りが見て取れよう。

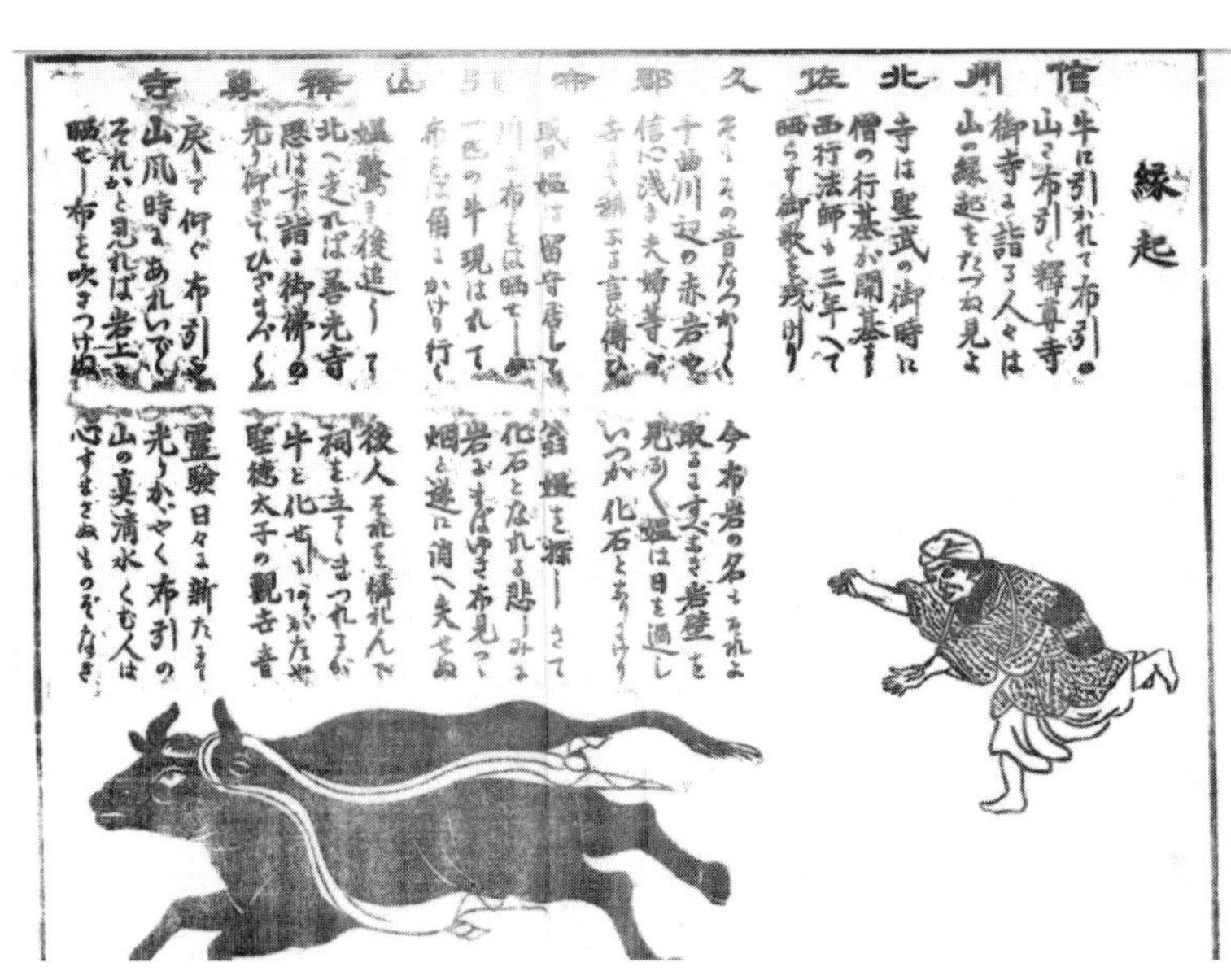

図3　架蔵本『信州北佐久郡布引山釈尊寺』

牛に引かれて布引の。山に布引く釈尊寺。御寺に詣る人々は。山の縁起をたづね見よ。寺は聖武の御時に。僧の行基が開基なり。西行法師も三年へて。晒らす御歌を残しけり。そもその昔なつかしく。千曲川辺の赤岩や。信心浅き夫婦等が。世にも稀なる言ひ傳ひ。或日媼は留守居して。川に布をば晒せしが。一匹の牛現はれて。布をば角にかけり行く。媼驚き後追して。北へ走れば善光寺。思はず詣る御佛の。光り仰ぎてひざまづく。戻りて仰ぐ布引や。山風時にあれいでゝ。それかと見れば岩上に。晒せし布を吹きつけぬ。今布岩の名もそれよ。取るにすべなき岩壁を。見る〳〵媼は日を過し。いつか化石となりにけり。翁媼を探しさて。化石となれる悲しみに。岩にまばゆき布見つゝ。烟と消へ失せぬ。後人それを憐れんで。祠を立てゝまつれるが。牛と化せしもありがたや。聖徳太子の観世音。霊験日々に新たにて。光りかゞやく布引の。山の真清水くむ人は。心すまさぬものぞなき。

布引山蔵版

錦絵の中の「牛に引かれて善光寺詣り」

釈尊寺では縁起の中で「牛に引かれて善光寺詣り」が見られた。一方で善光寺では、縁起とは異なる領域においてこの諺が見られる。それが土産物として売りだされていた錦絵である。この錦絵には二系統ある。「牛に引かれて善光寺詣り」のみが描かれた錦絵（図４）と、「牛に引かれて善光寺詣り」の他、複数の絵が描かれている錦絵（図５・６）である。どちらの系統も、複数の書肆が発売していた。ここでは一つ一つを紹介するとともに、構図および本文の異同について見ていく。なお図７〜９は「牛に引かれて善光寺詣り」のみが描かれた錦絵、図10〜12は「牛に引かれて善光寺詣り」の他三つの絵が描かれている錦絵、そして図13〜15は「牛に引かれて善光寺詣り」の他七つの絵が描かれている錦絵である。

図４　一コマ版

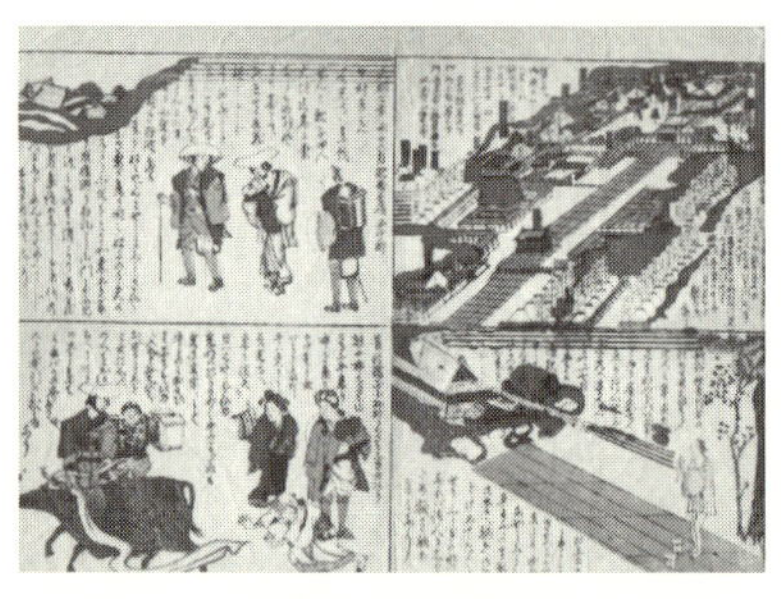

図５　四コマ版

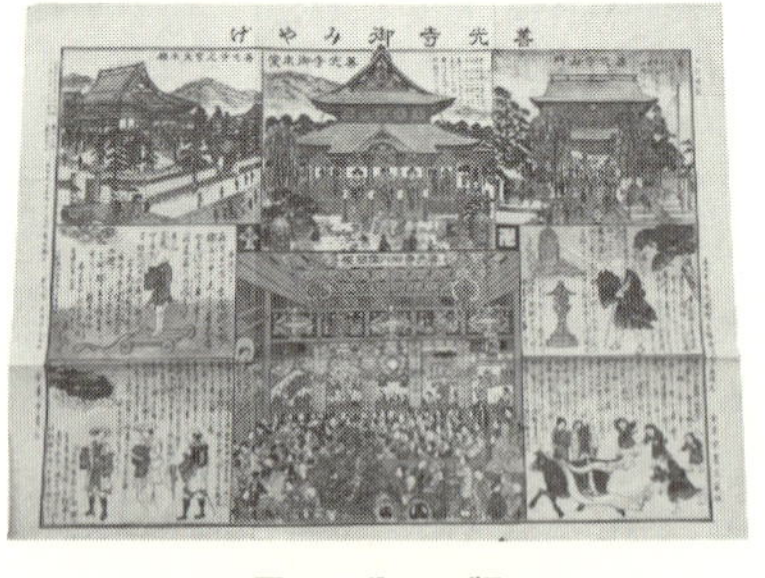

図６　八コマ版

図７　水沢九十郎版「牛に引かれて善光寺詣り（8）」

刊年　一八七八（明治十一）年
寸法　一九三〇×三〇〇〇
作者　水沢九十郎
版元　古水堂
翻刻　昔この信濃の国小懸郡に心さかしき老婆ありて、あるひ軒に布をさらし居たるに、牛来りそのぬのを角にかけて奔りけるゆへ、老婆いかり牛を追行にうしはとく奔り、遂にこの善光寺の堂に来りきへうせり。時に日はくれて如来の光明かくやくとして黄の如し。牛のよだれもともに光り文字にあらわれ

うしとのみおもひなわびそぼだひなる
道に入れべきおのこゝろを

と有ければたちまちあしき心をひるがへし、菩提心をおこしぬ。わが家へかへり、わたりの観音堂へ詣でて見れば、彼の布あり。これ今の布引観世音なり。

図8　原山常太郎版「牛に引かれて善光寺詣り（9）」

刊年　一九〇四（明治三十七）年九月十日
寸法　二四五〇×三二八〇
作者　原山常太郎
版元　原山常太郎
翻刻　むかし此しなの、国小懸郡に心ひがめる老婆あり。一日軒に布をさらしおけるに、牛来りて角にかけて走りぬ。老婆追かけて此善光寺の本堂にいたりけるに牛はきえうせ日はくれたり。然るに如来の光明赫々としてうしのよだれにかゞやき文あらはれぬ

　うしとのみおもひはなちそこのみちに
　入れとみちびくをのがこゝろを

とありければ、老婆たちまち菩提心を起家にかへりて近き観音堂へまふでけるに、かの布ありけるとぞ。すなはち今の布引の観音これなり。

図 9　北野宇之助版「牛に引かれて善光寺詣り（10）」

刊年　一九〇六（明治三十九）年
寸法　二四七〇×三三八〇
作者　北野宇之助
版元　北野宇之助
翻刻　むかしこの信濃国小懸郡に心さがなきをんなありけり。ある日のきに布をさらしけるに、いづこよりか牛ひとついできてその角に布を引かけてゆきけり。をんないかりてその牛をおひかけてゆくに、牛もとくあゆみてつひにこの善光寺の金堂にまゐりければ、日は入はてゝ牛はかきけすやうにみえずなりぬ。されど佛の光明はさながら昼のごとくにて、かの牛のよごりやがて文字のやうにぞみえける。その文字をよみければ

　うしとのみおもひはなちそこの道に
　なれをみちびくおのが心を

となん有ける。をんなたちまち菩提の心をおこしてその夜は夜ひとよ佛のみまへに御名をとなへてあかして家にかへりてそのあたりの観音の堂にもまゐりけるに、かの布はゆくりなうそのぼさちのみもとにぞありける。かゝれば牛と見えしは観音の化現にておはしけるなりけりとて、いよく善光寺の佛を信じてめでたき往生をとげしとなん。そのぼさちは今の布引の観音とておはすなり。これをよに牛に引かれて善光寺まゐりとはかたりつたへしにこそ。

図10　古泉堂版『信濃國善光寺畧繪圖』の「牛に引かれて善光寺詣り（11）」

刊年　一八七九（明治十二）年
寸法　二四七〇×三三八〇
作者　水沢氏
版元　古泉堂
翻刻　むかしこのしなのくににちいさかたこほりにこゝろさがなきをんなありけり。ある日のきにぬのをさらしけるにいづこよりうし一ツきたりて、その布をつのにかけてはしりける。おんないかりてそのうしをおひゆくにうしもとくあゆみてつひにこのぜんくわうじのこんだうまできたりうしはかきけすやうにみえずなり。とくにひはくれはてしがほとけのくわうめうはさながらひるのごとくにてうしのよだりやがて文字のやうにて見へける。よみて見れば、うしとのみおもひはなちそ此道になれをみちびくおのがこゝろを、となんありける。おんなたちまちぼだいの心をおこしてやがてかへり、わたりのくわんおんだうにもまゐりにけるに、かの布はゆくりなうそのぼさつのみもとにぞありける。かゝれば牛と見しはくわんおんの化現にておはしける。これいまに布引観音とてます也。是をよにうしにひかれて善光寺参りとはかたりつたへしとぞ。

図11　田中弥右衛門版『信濃國善光寺畧繪圖』の「牛に引かれて善光寺詣り（12）」

刊年　一八八八（明治二十一）年
寸法　二三七〇×三二六〇
作者　田中弥右衛門
版元　田中弥右衛門
翻刻　昔信濃國小懸郡にさがなき女あり。朝に布をさらしけるに、牛来り布を角にかけ走り、女いかり追行く。牛は走りて善光寺へ来り消失り。日はくれしが仏の光明はひるの如く、牛のよだれも光り文字にみえ

　牛とのみおもひはなちそ此道に
　入れとみちびくおのがこゝろを

と女はぼだいの心をおこしかへり、辺りの堂に参て見ればかの布あり。今の布引観音なり。

図12　大野梅太郎版『信濃國善光寺畧繪圖』の「牛に引かれて善光寺詣り（13）」

刊年　一九〇一（明治三十四）年

寸法　二四三〇×三三九〇

作者　大野梅太郎

版元　大野梅太郎

翻刻　昔信濃國小懸郡にさがなき女あり。朝に布をさらしけるに、牛来り布を角にかけ走り、女いかり追行く。牛は走りて善光寺へ来り消失り。日はくれしが仏の光明はひるの如く、牛のよだれも光り文字にみえ

　牛とのみおもひはなちそ此道に
　入れとみちびくおのがこゝろを

と女はぼだいの心をおこしかへり、辺りの堂に参て見ればかの布あり。今の布引観音なり。

図13　『善光寺御みやげ』の中の「牛に引かれて善光寺詣り（14）」

刊年　一九〇七（明治四十）年
寸法　三九六〇×五四四〇
作者　前田駒吉
版元　金華堂
翻刻　昔往小縣郡ニ心悪き老婆あり。ある日軒に布を晒し居しに牛一頭走り布を角に掛て走る故、老婆大に怒り、追行しに牛は疾く走て善光寺の本堂ニ来り姿消失り。時に日はくれたれども佛の光明赫奕としひるの如にて、牛の涎一首の歌に見へたり。

　牛とのみ思ひ放そ此道に
　入をみちびく己が心を

と有しニ、老婆忽ち善心を起し、我家に帰り近傍の観音堂に参詣せしニ、彼布本尊の首に掛り居り。老婆之を見て信心肝に銘じ髪を下し生涯観音堂の堂守となれり。今の布引の観音是也。

図14 『特製信州善光寺御本堂御詠歌繪圖』の中の「牛に引かれて善光寺詣り（15）」

刊年　一九一〇（明治四十三）年
寸法　三九五〇×五四〇〇
作者　記述なし
版元　西澤俊司
翻刻　むかし此信濃国小縣郡といへる所に心さかしきをふなありけり。ある日軒端に布をさらし居けるにいづこより牛一つ出来にけり。その角に布を引かけ行けるにうばいたくはらだちにくきものかな。その布をぬすみてなにかするぞといかりておいかけ行程に、牛もとくあゆみて遂に此善光寺の金堂に参りければ、日は入りはて牛はかきけすやうに見えずなりぬ。されども光明かくやくとし牛のゆだれ文字のよふにぞ見えにける。これをよみ見れば、うしとのみ思ひなわびそ菩提てふみちに入れべきおのがこころを、とおんありけるを、女口すさみに菩提の心をおこして、其夜は夜と共に如来の御前に御名をとなひつゝあらして、かの布の行衛もたづぬる心ともなく、みちすがらあたりの観音の堂にまいりけるに、かの布はゆくりなふ菩さつの御元にぞありける。かゝれば牛と見しはかの観音の化現にてぞおはしけると、いよいよ善光寺の御佛を信じてめでたく往生とげしとなん。そのぼさつは今に布引観音とておはすなり。是を世に牛に引かれて善光寺まいりとなんかたりつたへ。

図15　『特製信州善光寺御本堂御詠歌繪圖』の中の「牛に引かれて善光寺詣り（16）」

刊年　一九一一（明治四十四）年
寸法　三八八〇×五四〇〇
作者　記述なし
版元　西澤俊司
翻刻　むかし此信濃国小縣郡といへる所に心さかしきをふなありけり。ある日軒端に布をさらし居けるにいづこより牛一つ出来にけり。その角に布を引かけ行けるにうばいたくはらだちにくきものかな。その布をぬすみてなにかするぞといかりておいかけ行程に、牛もとくあゆみて遂に此善光寺の金堂に参りければ、日は入りはて牛はかきけすやうに見えずなりぬ。されども光明かくやくとし牛のゆだれ文字のよふにぞ見えにける。これをよみ見れば、うしとのみ思ひなわびそ菩提てふみちに入れべきおのがこころを、とおんありけるを、女口すさみに菩提の心をおこして、其夜は夜と共に如来の御前に御名をとなひつゝあらして、かの布の行衛もたづぬる心ともなく、みちすがらあたりの観音の堂にまいりけるに、かの布はゆくりなふ菩さつの御元にぞありける。かゝれば牛と見しはかの観音の化現にてぞおはしけると、いよいよ善光寺の御佛を信じてめでたく往生とげしとなん。そのぼさつは今に布引観音とておはすなり。是を世に牛に引かれて善光寺まいりとなんかたりつたへ。

左の表1で図7〜15の差異をまとめた。

表1 「牛に引かれて善光寺詣り」異同表

	牛	老婆の服の色	見物人の数	牛の正体	和歌	布引観音	牛に引かれて善光寺詣り
図7	黒 口を開いている	黄・赤・青 白・黒	六人	記述なし	うしとのみおもひなわびそほだひなる 道に入れべきおのがこゝろを	あり	なし
図8	黒 口を閉じている	赤・白・黒	六人	記述なし	うしとのみおもひはなちそこのみちに 入れとみちびくをのがこゝろを	あり	なし
図9	白黒斑 口を開いている	黄・青・白 黒	五人	観音	うしとのみおもひはなちそこの道に なれをみちびくおのがこゝろを	あり	あり
図10	黒 口を閉じている	黄・赤・青 白・黒	五人	観音	うしとのみおもひはなちそ此道に なれをみちびくおのがこゝろを	あり	あり
図11	黒 口を閉じている	黄・赤・青 白・黒	五人	記述なし	牛とのみおもひはなちそ此道に 入れとみちびくおのがこゝろを	あり	なし
図12	黒 口を閉じている	白・黒	五人	記述なし	牛とのみおもひはなちそ此道に 入れとみちびくおのがこゝろを	あり	なし
図13	黒 口を閉じている	黄・赤・青 白・黒	六人	記述なし	牛との巳思ひ放そ此道に 入れをみちびく己が心を	あり	なし
図14	黒 口を閉じている	青・白・黒	二人	観音	うしとのみ思ひなわびそ菩提てふ みちに入れべきおのがこゝろを	あり	あり

図15	黒 口を閉じている	青・白・黒	二人	観音	うしとのみ思ひなわびそ善提てふ みちに入れべきおのがこゝろを	あり	あり

ここで注目すべきは、すべての錦絵において牛の正体が善光寺の本尊である阿弥陀如来となっていない点、そして決め台詞ともいうべき「牛に引かれて善光寺詣り」を挙げていない錦絵が複数存在している点である。なぜ善光寺を最大限にアピールしていないのか。

それは善光寺の話であることが一目瞭然だったからではないだろうか。図7～9の錦絵に関しては、注で示した通り、それぞれの版元では善光寺の略縁起の製作・販売も手掛けていた。錦絵が善光寺の略縁起と共に販売されていたのであれば、これらの錦絵は自然と善光寺の話を描いたものと人々に理解されたのではないだろうか。また図10～図15に関しては、錦絵のタイトルにはっきりと「善光寺」と記されている点、そして他の絵が善光寺の霊験譚を語るものとなっている。従って、「牛に引かれて善光寺詣り」の絵も、自然と善光寺の霊験譚として認識されるように構成されているのである。

それでは、図10～15には、他にどのような絵が描かれているのか。次節で見ていこう。

四　描かれる奇瑞──土産物と奉納額の関係

まず図16を見てほしい。「牛に引かれて善光寺詣り」以外に三つの絵が描かれている。この三つは図10～15すべてに共通する絵である。

ここで図16の右下の絵を見てほしい。善光寺を参詣したことで、下肢が治ったという話を絵画化したものである。

同じ構図の絵は『善光寺御みやげ』や『特製信州善光寺御本堂御詠歌繪圖』（図17）などにも見られることから、当時の善光寺霊験譚・記事譚としては広く知られていたものであったといえる[17]。

着目したいのは、末尾の「額を納め奉るなり。」の一文である。この文の内容が正しければ、図17と同じ構図の額が善光寺に納められていたことになる。

同様の一文は左上の絵にも見られる（図18）。善光寺参詣の途次に亡くなった妻が幽霊となって善光寺参詣を果たしたという話である[18]。末尾に「がくめんにしをさめあるなり。」と記されており、やはりこの奇瑞譚を額にして善光寺に奉納した旨が記されている。

それでは、このような霊験譚を描いた額は実際に奉納されていたのか。180頁の図19を見てほしい。『信州善光寺御堂額之写』[19]と題されたこの資料には、当時善光寺に奉納された額の模写が描かれている。その中の一つが図19である。絵の構図、本文、長崎西中町という地名や中村吉蔵という名前まで完全に一致している。即ち図18は、実際に善光寺に奉納されていた額を基にして描かれたものであるといえよう。また図17に関しては同一の絵柄は確認できなかったものの、病気が平癒したという内容の額は多数確認できる[20]。したがって、図17の額もかつては額として奉納されていた可能性は十分にあると言えよう。

『信濃國善光寺畧繪圖』に代表される錦絵は、善光寺に奉納されていた奇瑞譚の額を錦絵に取り込むことで、参詣者には旅の思い出を喚起するものとして、また土産物として貰った人には善光寺の霊験を喧伝することとなる。まさに参詣土産としてうってつけの商品であったと言えよう。

図16　『信濃國善光寺畧繪圖』

右上　善光寺の全景図。
右下　善光寺参詣により足が治った男の話。
左上　幽霊が善光寺詣りをした話。
左下　牛に引かれて善光寺詣り。

図17　『信濃國善光寺畧繪圖』の右下の絵

摂州住吉郡平の村の善蔵なる人、文久三年亥の八月、足をわづらいいざりとなり、善光寺へ参り信心せしが、国元へ立かへらんとて一七日御堂に通夜せしに、まんずるかつき如来をはいし翌日立いでんとせしに、ふしぎなるかな足立たり。ゆめかとあやしみよろこび是までの足駄を御堂へ納め御礼をとげ、めでたく帰国せり。不思議のれいげんなれば、諸人にしらせんため額を納め奉るなり。

図18　『信濃國善光寺畧繪圖』の左上の絵

天明七年未の六月肥前国長崎西中町中村吉蔵、善光寺へ参詣せんと親子四人大坂迄来る。妻なるもの引風にて宿にて死去せり。吉蔵かなしみしが是非なしと、善光寺へまいりぼだい弔わんと二才なる小児を抱き、丹波島に来り船に乗らんとせしに、ふしぎやなき妻が参り同じ船にのり夫の元より小児をとり如来堂へ参り戒壇廻り拝礼し山門にて小児を渡し、そのまゝ消えけり。吉蔵亡者参詣の志ざしを末代の人にしらしめんとがくめんにしをさめあるなり。

図19 『信州善光寺御堂額之写』

ひぜんのくに長さきより善光寺へまいる道中にて女房病死す。夫吉蔵二才になる子をふところにいれて善光寺へいそぎけるに、たんばしまより女房のすがたうすく見えけり。両人ふしぎにおもひける所に山門の内にて女房すがたをあらわし、夫より子をうけとり如来前へさんけいしふしおがみ、下向のせつ夫へ子をわたし、そのまゝきえうせにけり。ふしぎにもありがたく現当二世のためにとてゑまを納申す。

まとめと課題

以上、明治時代に出された善光寺の錦絵について見てきた。明治時代の善光寺土産としては、「牛に引かれて善光寺詣り」の錦絵や、善光寺の霊験譚を描いた錦絵などが売り出されていた。そして錦絵には、人口に膾炙した諺や、善光寺の霊験譚などを巧みに取り込まれていた。これらの錦絵は、善光寺を参詣した者にとっては旅の記憶をより鮮明にさせるものとして、また参詣していないものにとっては善光寺の喧伝となるものとして、まさに旅土産としてうってつけの商品だったといえる。

さて旅土産が多数売られているということは、それだけ旅をする人々が増えたからに他ならない。旅の大衆化および旅文化の成熟について、原淳一朗氏は次のように指摘する(21)。

人間は定住化すると、旅を一つの文化として見出すことが可能になる。漂泊者にとっては旅は日常である。定住化は旅を非日常にかえる。そして定住化する者にとって旅人は怪しい者となる。この構図が旅の大衆化をもたらした淵源である。

明治時代にはここに交通機関の発達が加わる。交通機関の発達は旅をさらなる大衆化を促すこととなり、その結果、旅土産も多様化していったのであろう。

旅土産を研究することは、旅文化は言うに及ばず、寺社参詣史や寺社縁起研究の一つの手段として非常に有効である。今後は、善光寺以外の土産物も精査し、寺社参詣史や縁起研究の一助としていきたい。

注

(1) 五来重『善光寺まいり』(一九八八、平凡社)。

(2) 徳田和夫「「牛にひかれて善光寺詣り」譚の形成」(『絵解き研究』第六号、一九八八・三)。

(3) 架蔵本。以下、特段の記述が無い場合は同じ。

(4) 五来氏前掲書。

(5) 『江戸時代女性文庫50　やしない草』(一九九六、大空社)。

(6) 徳田氏は前掲論文において、この説話の源流は中国宋代の仏教説話集である『三宝感応要略録』巻中第四八話、および『今昔物語集』巻七第三話にあると指摘している。またこの諺の形成背景について五来氏は前掲書において、善光寺の先達も「御師」と呼ばれていたのではないかと考えて、「御師に引かれて」が訛って「牛に引かれて」になった可能性を指摘している。

(7) 『版本地誌大系15　善光寺名所図会』(一九九八、臨川書店)。

(8) 水沢九十郎は、一八八〇(明治十三)年に刊行された『善光寺如来畧縁起』に著者としてその名前が見られる。『善光寺如来畧』の表紙には「古水堂梓」とあることから、古水堂は水沢九十郎が経営する書店であったと推測できる。なお古水堂では、一八八三(明治十六)年にも『善光寺如来縁起略』を出版した。善光寺の縁起や錦絵を多く使った書店であったことが窺える。

(9) 作者の原山常太郎は、一八九一(明治二十四)年に『善光寺如来畧縁起』を出した。表紙には「雲水堂」の名前と、「原山」の印がある。この雲水堂は原山が運営する書店であったと推測できる。

(10) 作者北野宇之助は一八九二(明治二十五)年に三都堂から『善光寺如来略縁起』を刊行している。刊記には著作者、印刷および発行者の名前として北野宇之助の名前が確認できることから、三都堂は北野宇之助が経営する書店であったと推測できる。

(11) 版元である古泉堂については、左端に「水沢」の名前があることと、古水堂と同一の住所「上水内郡高田村」が記されている。以上の事から古泉堂とは、水沢氏が経営する別の書店であるか、古水堂の旧店名である可能性が考えられる。

(12) 作者である田中弥右衛門は、一八九四年(明治二十七)に『善光寺如来畧縁起』を出した。表紙に「文英堂」の名前と、「田中」の印がある。このことから、文英堂は田中が経営する書店であったと推測できる。

(13) 作者である大野梅太郎は、明治時代に『信濃善光寺御本堂之圖』や『信州善光寺御開帳之圖』なども描いていた。なお版元は異なるが、図11と図12は文字の配列および絵の構図は完全に一致している。従って図11と図12は同じ版木を用いて摺られたものといえる。なお版木が移った経緯については現段階では不明である。

(14) 版元である金華堂は、一九二三年(大正十二)に『善光寺案内』を、一九二六年(大正十五)には『善光寺案内便覧』などを出版した書店であった。

(15) 版元である西澤俊司は、一九一二年(明治四十五)に『信州善光寺如来縁起和讃繪圖』を出していた。

(16) 色使いこそ異なるものの、文字の配列および絵の構図が完全に一致しているので、図15は図14の改訂版であるといえる。

(17) 『善光寺御みやげ』には「石見國かのう郡しめつ村　利七子　吉蔵」という名前になっている。また時代も「天保一一年三月」となっている。また『特製信州善光寺御本堂御詠歌繪圖』では名前が「藤吉」となっている。

(18) 『特製信州善光寺御本堂御詠歌繪圖』では時代が「天明六年」となっている。

(19) 明治十年刊。図19では明治十五年版(国立国会図書館デジタルアーカイブ)を用いた。

(20) 目が治った話が三話、発話障害が治った話が一話確認できる。

(21) 原淳一郎『江戸の旅と出版文化　寺社参詣史の新視角』(二〇一三、三弥井書店)。

韓国清平寺の相思蛇説話——言説からみる時代性と地域性

朴　美暻

はじめに

本稿は、韓国の清平寺に伝えられている相思蛇説話について紹介するとともに、説話を語る地域の人々の言説のなかに現れる時代性と地域性を考察するものである。

はじめに、清平寺の地理・歴史について簡単に紹介しておく。清平寺は、韓国東北部の江原道春川市に所在する寺である。古くは高麗時代の九七三年に白岩禅院が創建され、一〇六八年に春州道の監倉使として赴任した李頭が同じ場所に普賢院を建てた。以後、一一二五年に李頭の息子である李資玄が寺の名前を文殊院に改めて重建し、山の名前もそれまでの慶雲山から清平山に改めた。朝鮮王朝時代の一五五五年に僧侶普雨によって清平寺と名付けられたとされているが、最近の研究で洪性益は高麗時代には既に清平寺と呼ばれていた可能性も指摘している(1)。その後、普雨は二年以上かけて一五五七年に極楽殿や廻轉門などを新たに建設した。

清平寺のなかでも極楽殿は優れた建築技術で建てられたもので、その文化的価値は植民地時代の日本政府からも高

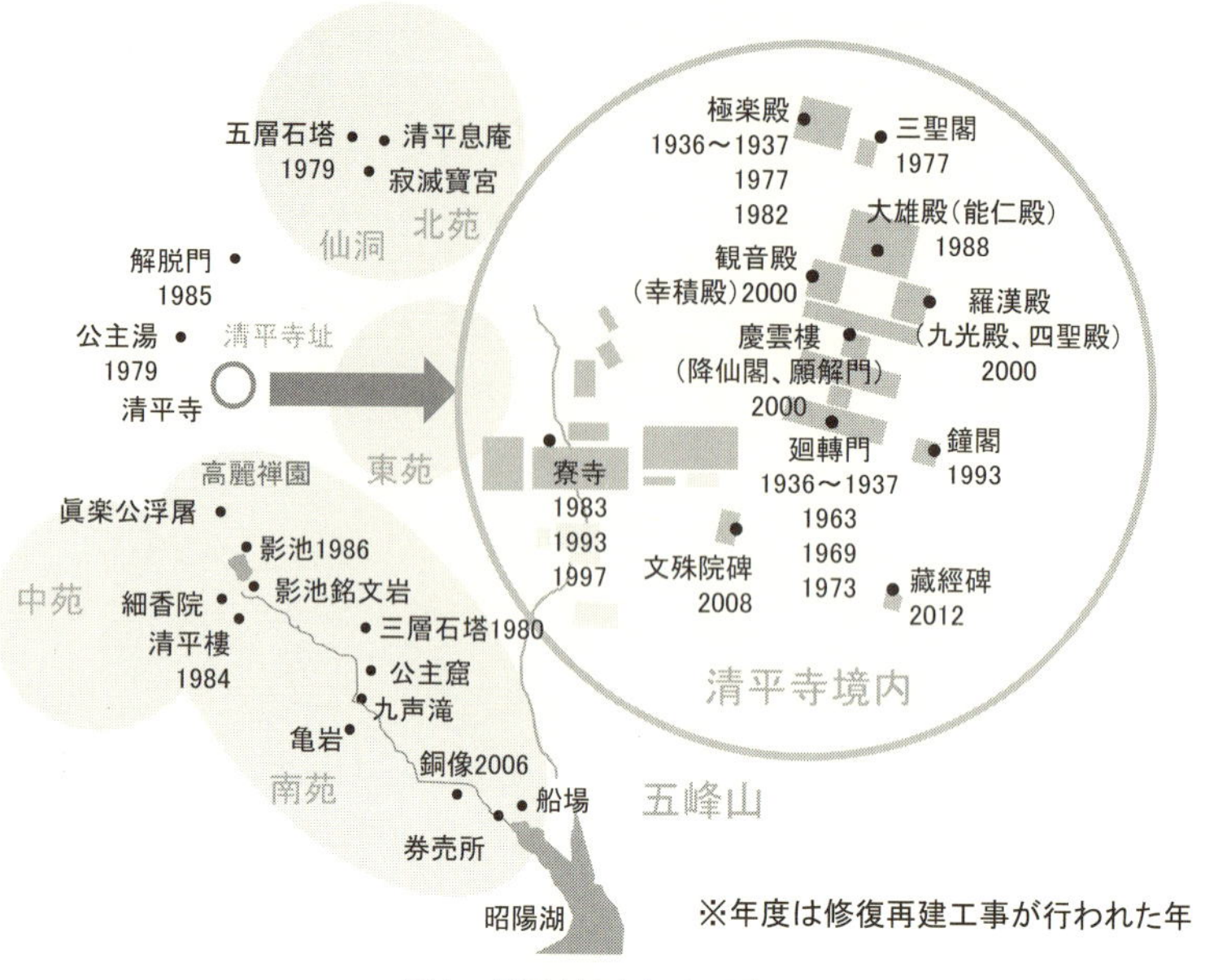

図１　清平寺境内とその周辺

く評価されていた。朝鮮総督府は一九三三年に宝物古蹟名勝天然記念物保存令を布いて朝鮮半島の文化財の修理を開始したが、その対象として黄海道黄州部の成仏寺極楽殿・応心殿に続いて選定されたのが清平寺極楽殿であった。極楽殿の解体修理工事は一九三六年から一九三七年にかけて行われ、その記録として、朝鮮総督府の刊行した資料や、工事の担当者であった杉山信三や小川敬吉が残した資料が存在している（解体修理工事の詳細については後述する）。

植民地解放後、清平寺の極楽殿は一九五〇年に焼失、寮舎、九光殿、四聖閣も朝鮮戦争時に焼失した。その後、一九六三年と一九六九年に廻轉門の部分補修が行われたのを皮切りとして、香峯僧が一九七七年に極楽殿と三聖閣を重建し、一九七九年に解脱門と五層石塔と寂滅寶宮を重建し、一九八四年から一九八五年に西昊僧が寮舎、清平楼、細香院を新築し、石眞僧が一九九〇年に大雄殿を重建し、一九九四年に濟願僧が梵鐘閣を新築し、一九九九年以後に青華僧が寮舎二棟、楼

閣、廻轉門、旅閣を重建した。[2]（図1）
現在、清平寺は春川市を代表する文化財であると同時に、重要な観光資源であるとも見なされている。春川市は首都ソウルの人々が週末に車で日帰り旅行できる距離にあり、昭陽湖に韓国最大の人工ダムである昭陽ダムが一九七三年に完成し、さらに一九八〇年代にマイカーブームが訪れて以降は多くの人々が訪れる観光地となっており、ダムの

写真１　清平寺前景（著者撮影）

近郊に所在する清平寺も、人気の観光ルートのなかに組み込まれる形で多くの観光客を集めている。一九七三年には文化財庁によって廻轉門が国家指定文化財宝物百六十四号に指定され、一九八六年には観光部が十二カ所の国民観光地を指定したなかの一つに清平寺が選ばれ、二〇一〇年には清平寺の高麗禅園も国民観光地（名勝七十号）に指定されている。

以上が清平寺の地理・歴史の概略であるが、清平寺には相思蛇説話（後述）の類型に属する縁起説話が伝えられている。春川市は、二〇〇六年二月に昭陽ダムのある昭陽湖から寺へと上る山道に相思蛇説話の一場面をモチーフにした姫と蛇の銅像を設置し、[3]（写真2）また、廻轉門や公主塔など説話に関係のある場所に案内版を設置するなど、この説話を観光資源として利用している。（図1）
清平寺の相思蛇説話は口伝説話であり、その内容は時代ごとに変

写真２　清平寺説話をモチーフにした銅像（著者撮影）

遷するものであるが、以下のように様々な資料のなかに記録されている。最も古いものとしては、植民地時代の一九四二年に刊行された『楡岾寺本末寺誌』に収録された「清平寺誌」（一九一五年）のなかで説話への言及がなされている。その他、同じく植民地時代に朝鮮総督府が刊行した『春川風土記』（一九三五年、朝鮮日報新聞社江原支社）や、植民地解放後の六十年代に刊行された地方雑誌『郷土誌』（一九六八年、江原道）、七十年代の『太白の伝説』（一九七四年、江原日報社）、『仏教霊験説話』（一九七五年、法輪寺）、『郷土の伝説』（一九七五年、江原道）、『文化遺産総覧』（一九七七年、文化財管理局）、『春州誌』（一九八四年、春川市春城郡）、『春城の脈』（一九八五年、同）などの公的文書にも記録されている。また、口伝説話を記録するという明確な目的のもとで春川市の住民から採話した記録として、一九八〇年に刊行された『韓国口碑文学大系』のなかに二編、国文学者の金容徳の一九八五年の論文「清平寺縁起説話考」のなかに三編、歴史学者の辛鐘遠の一九九六年の共著『江原仏教史研究』のなかの論文「清平寺相思蛇説話の歴史性と説話性」のなかに一編が収録されている（以上の六編については、本論のなかで適宜紹介する）。その他、清平寺を観光地として紹介する新聞記事のなかで説話についても言及される場合も見られる。

本稿ではまず、清平寺の相思蛇説話について、前述の資料や先行研究を参照しつつ紹介する。蛇は日本の説話のなかにも多く登場する存在であるが、日本と韓国では説話のなかの蛇が持つ性別や役割などの傾向が異なっており、興味深い比較研究の対象である。蛇説話の研究には既に豊富な蓄積があるが、清平寺の相思蛇説話を紹介することによって、さらなる研究のための素材を提供できると考えている。

続いて、春川の住民から採話した相思蛇説話のなかで、清平寺の焼失について語られている部分に注目する。彼らは焼失の原因について、住職の妻が燃やした、日本人（日本軍）が燃やした、朝鮮戦争の戦禍で焼けた、などと語っているが、そのなかでも、日本人（日本軍）が燃やしたという事実に反した言説が口伝説話のなかに組み込まれるに至った時代的・地域的な背景について詳細に検討する。

最後にまとめでは、本稿の内容を要約するとともに、韓国の説話研究を行うにあたって認識すべき課題についての一般的な指摘を行いたい。

清平寺の相思蛇説話

一　相思蛇説話とは

まず、説話の一類型としての「相思蛇説話」の一般的な内容について確認しておく。人を好きになる気持ちを「相思」と言い、その気持ちが大きくなりその欲望と執着で蛇となったものを「相思蛇」と言う。そして、取り付いた相思蛇が引き離されたり死んだりして解決することを「相思解き」と言う（取り付かれた人が死ぬ場合も含む）。相思蛇説話とは、誰かが相思蛇となり、その蛇が思慕の対象に取り付き（あるいは取り付こうとし）、最後に相思解きが行われる、という構成要素をもつ説話類型のことである。

韓国の相思蛇説話には、男が蛇になる場合と女が蛇になる場合の両方が見られるが、割合としては男が蛇になるものの方が若干多い。また、村の貧しい青年が官吏の娘に片思いしたり、妻帯を禁じられている僧侶が町の娘に片思いしたりと、身分違いあるいは社会的障害のある恋として語られるものが典型的である。結末としては、一部に相思相愛となるものも見られるが、「相思解き」によって蛇が片思いのままで死んでしまうものが多い。女が蛇になる場合は「相思解き」が成功した後に男が出世するという結末のものも見られるが、男が蛇になる場合は、蛇が取り付く前に防いだり取り付いた蛇を殺して引き離したりするもののほか、蛇と女が一緒に死んでしまう悲劇的結末のものも多く見られる。ある地域で蛇と女が崖から落ちて岩に当たって死んだという説話が語られる際に、現実にその地域に存在する岩を指して相思岩（サンサバウ）と呼んで説話と結びつけている例も見られる。

相思蛇説話に関する先行研究として、類型ごとに分類を行ったうえで分析を試みているものが多く見られる。代表的なものとして、姜泰玉は、相思蛇説話を男性型と女性型に区分し、さらに男性型は相思解き方と相思蛇退治型に分け、女性型を未婚型と既婚型に分けて分析を行っている。(4)

日韓の相思蛇説話を比較した先行研究も少数ながら存在しており、ソン・ヨンスクは、日韓相思蛇説話の類型ごとの特徴や意味を分析し、日韓の歴史的背景や社会状況の違いを念頭に置きつつ、韓国で相思蛇説話が多く派生した理由や日本で単一の女性相思蛇説話（道成寺説話）が広く知られていった理由を検討している。(5)田坂正則も、相思蛇説話のモチーフを基本型、夫渡日型、英雄型、退治型、回避型に区分したうえで、女が蛇になった時の男の態度に焦点を当てて説話の日韓比較を展開している。(6)

記録されている相思蛇説話の具体例を挙げると、古文献では朝鮮時代の『慵齋叢話』（一五二五年）のなかに二編の相思蛇説話が収録されている。一編は、洪帝相と尼僧が一夜を共にして、尼僧が一生を約束する洪の言葉を待っていたが戻らず、後に再会した時についに蛇になってしまう話である。もう一編は普光寺の僧侶が死んで蛇になってかつての妻に会いに来る話で、妻の親が蛇を箱に入れて海に沈めることに成功するというものである。[7] これら二編は、一九五九年に刊行された『韓國野談史話全集』（東國文化社）を始めとした多くの野談（説話）集に繰り返し収録されており、一九九〇年代末までに十二冊以上が出版されている。

また、植民地時代の雑誌『毎日新報』、『新女性』、『朝光』、『月刊野談』などにおいても相思蛇説話が紹介されており、それ以後も、六十年代のラジオ番組「伝説とともに三千里」や、八十年代のイム・チュン脚本のテレビドラマシリーズ「伝説の故郷」においても素材としても使われるなど、多様な大衆文化のメディアのなかに現れている。[8] しかし、このなかでは清平寺説話が紹介された例は確認されていない。

一九八〇年に刊行された『韓国口碑文学大系』は韓国の説話研究において最も重要な資料の一つであり、全国各地で採話した口伝説話が収録されているが、そのなかで相思蛇説話は四十四編が収録されている。前述の通り男が蛇になる話が若干多く二十八篇であるが、これは女が蛇になる話が多い日本と異なる点である。以下では、慶尙南道河東郡辰橋面で採話した説話と、慶尙南道金海郡進禮面で採話した説話の二編を紹介する。

慶尙南道河東郡辰橋面でイ・ウィス（七十七歳、男性）から一九八四年に採話した内容の概略は、以下の通りである。村役人の美しい娘に、村の貧しい家のある青年が惚れてしまった。青年はかなわぬ恋に苦しんで死んだが、死後に蛇になり、娘の部屋に入り込み、娘の体に取り付いて離れなくなった。娘の家族が薬を使ってもお祓いをしても蛇は離れなかった。ある日、またお祓いを一日中しても蛇が離れず、娘は崖から落ちて蛇と共に死んだ。二人が死んだ岩を相思岩という。[9]

慶尙南道金海郡進禮面でク・ジョプソン（五十五歳、女性）から一九八二年に採話した内容の概略は、以下の通りである。ある青年が薪を集めに行くと、僧侶が町の美しい娘の話をしていたが、それは青年の姉のことであった。仕事場の隣で僧侶が寝始めて、僧侶の鼻から細い蛇が出て町に降りていった。青年が蛇のあとについていくと、自分の家の方向であった。青年は先回りして家に行き、姉に厠で経血のついたチマ（伝統衣装のスカート）を被っているように言った。蛇が娘を探している間に、青年は山に戻った。蛇はすぐ戻ってきて、僧侶の鼻に入った。僧侶は何事もなかったように起きて、綺麗だと思っていた娘が今見ると全く赤ら顔の醜女だった、と言った。(10)

前述の通り、韓国の相思蛇説話は身分違いあるいは社会的障害のある恋として語られるものが多い。朝鮮時代には儒教的価値観が社会的規範となっており、異なる階級の男女の結婚や寡婦の再婚が禁じられていたが(11)、相思蛇説話は、そうした社会背景のなかで抑圧されていた人々の恋愛感情や性的欲望が表現されたものと考えることができる。

二　清平寺の相思蛇説話

清平寺の相思蛇説話は、大筋としては、ある国の天子の姫に片思いをした男が蛇になり、蛇が姫に取り付いたために姫は国を放逐され、流れ着いた清平寺で相思解きが行われ、帰国した姫から報告を受けた天子が清平寺に多大な寄進をした、という話として伝えられている。

姫の出自、すなわちどこの国の姫であったかについては、例えば前述の「清平寺誌」のなかには唐太宗の娘という記述と元順帝の娘という記述があり、その他にも、明の姫や、より漠然と中国の天子の娘として語られている説話も確認される。また、金容徳は、それらの説話の話者たちは実際には順宗の時代の長慶公主を念頭に置いていたが、それを明言することが憚られたために婉曲的に中国の姫として語ったのではないかと指摘している。(12)

相思解きの態様については、姫の袈裟功徳（釈迦のために袈裟を作ること）によって雷が落ちて蛇が退治されたとされており、これは、一般的な相思蛇説話で多く見られる悲劇的な結末（例えば、前述した相思岩など）や、機知を発揮して蛇から逃れる結末（例えば、前述したような厠で血の着いた服を被って蛇を欺くなど）とは異なっている。金容徳は、清平寺を舞台として僧や信者たちを中心に伝えられてきた仏教説話であることから、仏教的信仰や神話的原型意識が働いた結果であると指摘している[13]。また辛鐘遠は、口伝説話の変遷を分析するなかで、廻轉門や公主塔などの施設や公主湯や公主窟などの自然景観が相思解きのエピソードのなかに組み込まれていったことを指摘している[14]。

清平寺の相思蛇説話の具体例を挙げると、最も古い記録は前述の「清平寺誌」（一九一五年）で、「唐朝平陽公主、身有相思蛇、来此有袈裟功徳、蛇寃解脱、於是公主、重剏此寺、名普賢院云[15]。」という記述が残されている。つまり、唐の平陽公主の身に相思蛇が付き、ここ（清平寺）に来て袈裟功徳を行ったことで蛇から解き放たれ、それにより公主はこの寺を重建して普賢院と名付けた、という話で、公主とは王女のことである。さらに続けて、相思解きの後日談的な話も記録されている。要約すると、平陽公主は相思蛇から解き放たれた後に大法殿を重建し、満仏図を奉安し、殿前に起居しながら朝夕参拝するための離宮を建て、法字重新碑を建て、家臣の褚遂良に命じて上看尺里の民を全て寺奴にし、この碑と離宮を守護させた。公主が帰国した後に、このようなことに敵意を持っていた上看尺里の黄氏のなかで尚宮になったものが、清平寺の僧侶が不純な気持ちで宮闕まで創ったと王に密告した。僧侶は捕まり、萬仏図も離宮も焼失し、碑も割られた、という話である[16]。寮舎が「離宮」と表現されており、当時の清平寺が華麗な姿であったことが伺われる。また、寺の重建や守護のために近隣住民を使役したことで不満を持った人が王に密告した話から、住民の反発や僧侶の横暴が伺われる。

その他、前述の通り、一九八〇年以降に春川地方で採話された相思蛇説話として、『韓国口碑文学大系』（一九八〇年）のなかに二編、金容徳の一九八五年の論文「清平寺縁起説話考」のなかに三編、辛鐘遠の一九九六年の共著書

『江原仏教史研究』のなかの論文「清平寺相思蛇説話の歴史性と説話性」のなかに一編が収録されている。

清平寺の焼失に関する言説とその時代的・地域的背景

植民地解放後に採話された清平寺の相思蛇説話においては、清平寺の焼失のエピソードとして、住職の妻が燃やした、朝鮮戦争の戦禍で焼けた、日本人（日本軍）が燃やした、などと語られている。以下、それぞれの説について言及している話者や資料について紹介する（日本語訳は全て著者によるものである）。

一　住職の妻が燃やしたとする話者・資料

話者パン・ソクサン（七十歳、男性、一九八〇年七月十二日採話、『韓国口碑文学大系』に収録）とドン・オクスン（六十五歳、女性、一九九六年四月十三日採話、辛鐘遠の論文に収録）は、それぞれ以下のように話している。

「その寺［清平寺］が破壊された原因が、寺の住職が花札が好きでね。春川警察署の日本人刑事が花札をしたやつらを捕まえていったんですよ。それで留置場に入れてたんだけど、それで、「お前、坊主のくせに花札ばっかりして」と捕まえたのに、妻が見たらお釈迦様なんてもう役立たずなんだよ。釈迦のために尽くしたって、住職が捕まって留置場にいても助けられないなんて…。「えいっ、くそったれの釈迦様なんか」と言って火をつけた。それで清平寺が全部燃えて無くなっちゃったらしいよ。[17]」

「そこ［清平寺］でもともと菩薩さんとお坊さんがいて、その坊さんを、あの時、あのスパイたちがね、北朝鮮だったですよ。夜に北朝鮮のスパイたちが来てお坊さんを捕まえて行ったらしいですよ。そうよ。住職を捕まえて行ったけど、その時に一緒にいた菩薩さんが怒って火を付けたらしいですよ。お寺に。[18]」

ここで言われている「菩薩」というのは、尼僧ではないが寺に居住している女性信徒のことを指す韓国語であり、住職の妻を指しているわけではないが、広い意味では同趣旨の言説であると考えてここで紹介している。

また、一九五〇年二月十五日の東亜日報の記事に、以下のような記述がある。

「高麗朝の遺物である国宝清平寺が精神異常の住持の妻の発作で残念ながら燃えてしまった。つまり、一月二十九日朝六時ごろ清平寺の極楽殿から突然火が上がって極楽殿と三神堂二棟が当日九時には完全に灰になってしまった。当局の調査によると、約三年前から精神異常になってしまったその寺の住職である金東柱の妻が放火したことが判明した。[19]」

この記事の記述は具体性がかなり高く、また当局への取材結果として報じられていることから考えても、住職の妻が極楽殿と三神堂（正式名称は「三聖閣」）二棟を燃やしたというのは事実であると考えられる。

二　朝鮮戦争の戦禍で焼失したとする話者・資料

話者イ・ヌンインファ（七十歳、男性、一九八八年九月三日採話、金容徳の論文に収録）とイ・ギスン（五十三歳、女性、一九八八年九月三日採話、金容徳の論文に収録）は、それぞれ以下のように話している。

「朝鮮戦争の時に損失〔焼失〕して、一九七五年に建てられたんですよ。あの極楽殿と、その横に小さな三聖閣があるよ。それは七五年に作って、寮舎は八四年に建てて、そして能仁殿と言ったらしい。[20]」

「材木などを中国から運んできてこの寺を建てたのに、朝鮮戦争で焼失したらしいよ。それで極楽殿と寮舎と山神格〔三聖閣〕を建てて、また解脱門と寂滅寶宮と舎利塔も、上のほうにたくさん建てたよ。[21]」

また、杉山信三は、一九七一年の論文「春川清平寺とその建築」において以下のように述べている。

「…不幸なことに、この建築〔清平寺〕は、一九五〇年の動乱でこわされ、すでにその姿を地上から消しているという。[22]」

そして、一九八二年十二月十五日の京郷新聞の記事に、以下のような記述がある。

「九光殿と四聖閣は朝鮮戦争のときに燃えて廻轉門（宝物一六四号）だけが残されており、昔の趣を感じさせる…。[23]」

この記事の記述は、前述の住職の妻が極楽殿を燃やしたことを報じた東亜日報の記事と比較すると具体性が低く、根拠や取材元なども不明確であるが、焼失した建物（九光殿と四聖閣）が具体的に明記されていること、朝鮮戦争前に焼失したとされる建物（極楽殿と三聖閣二棟）と重複しておらず矛盾も見られないことから、一定の信用性を認めることができる。確かに、清平寺の所在する春川地方は三十八度線から近いこともあり、朝鮮戦争時の空襲などによって境内の建物のいずれかが焼失していても不思議ではない。

三　日本人（日本軍）が燃やしたとする話者・資料

話者パク・クァンチョル（四十六歳、男性、一九八〇年八月十一日採話、『韓国口碑文学大系』に収録）とソン・ジョンヨ（八十六歳、女性、一九八八年九月三日採話、金容徳の論文に収録）は、それぞれ以下のように話している。

「うんざりするほど立派な寺を建てたらしいですよ。今で言う道知事が、寺があんまり素晴らしいと言われているから一回見物に行ったらしい。馬に乗って行ってみたらそれがすごく…。垂木端まできんきらに飾っていて、宮廷でもここまで派手にはなかなか建てられないのに話にならない。で、「火を持ってこい」と言って垂木から火を付けたって。だから意地悪な人だよね。火をつけておいて馬に乗って帰るときに落ちて死んだの。（一緒にいた他の話者パク・ウンソン：その人を日本人という人もいるし、総督府の人だという人もいるよ。）そうだよ、とにかく死んだね。[24]」

「極楽殿は軒下の丹青も全部金で施したけど、日政時代に日本人が全部あれを掻き出して松火で焦がしてしまったらしい、まあそういう寺らしいよ。[25]」

また、江原道が一九六八年に刊行した『郷土誌』に、以下のような記述がある。

「…こういうことで清平寺は広く知られるようになり、韓国で二番目に大きな寺となった。しかし、日本軍が一九一〇年に入ってこの寺をみて、どうしてこんな田舎にこれほど立派な寺があるのかと言いながら松火で柱に火を付けて帰る途中、悪さをした日本人は罰が当たり崖から落ちて死んだ。日本人が火を付けず、朝鮮戦争がなかったら、この村の大きな自慢の寺になったと思う。[26]」

ここでの話や記述では、道知事または日本人が清平寺に火を付けたということになっているが、道知事というのは江原道全体を治める政府から派遣された官僚で、時代背景を考えると総督府から派遣された官僚を意味している。また、朝鮮戦争についても言及されているが、朝鮮戦争によって寺にどのような影響や被害があったかについては具体的に述べられておらず不明確である。

加えて、同じく江原道刊行の『伝説の郷土』（一九七九年）にも、以下のような記述がある。

「…だけど、一九一〇年ごろ日本人がこの寺を見に来て「こんな山奥に立派なお寺を建てているとは」と言いながら火を持って回りながら柱は全部かすっていたが、帰りにみんな崖から落ちて死ぬ天罰を受けているらしい。[27]」

このように、植民地時代に日本人（日本軍）が清平寺を燃やしたという言説が、複数の話者や資料から確認されている。しかし、以下の四点の理由から、このことは事実であるとは考えられない。

第一に、以上の話者や資料は、そもそも証拠としては非常に弱い。前述の住職の妻が極楽殿を燃やしたことを報じた東亜日報の記事のような具体性に欠けており、また、話や記述のなかで信頼できる根拠や情報元が挙げられているわけでもない。さらに、「悪事を行い罰が当たって死んだ」という寓話的なエピソードに仕立てて語られている点も、話全体の真実性を疑わせる間接的な要因として考えられ得る。

第二に、先に検討した住職の妻が燃やしたという話と矛盾する。日本人が清平寺を見て「どうしてこんな田舎にこれほど立派な寺があるのか」といって燃やしたのだとすれば、最も立派で文化財としての価値の高い建物である極楽殿が真っ先に燃やされるはずであるが、極楽殿が（住職の妻によって）焼失したのは植民地が解放され日本人が去った後の一九五〇年一月二十九日のことである。

第三に、植民地時代の日本の文化財保存政策とも矛盾する。日本は清平寺の文化財としての価値を高く評価し、むしろその保存修復作業を実施したのであり、それに関する極めて詳細な資料も残されている（この点については後述する）。

第四に、植民地時代の日本軍が残した記録とも矛盾する。確かに、朝鮮半島内の抗日運動に対する弾圧の過程で日本軍が寺社を攻撃し焼失させた事例はかなりの数が確認されているが、そうした攻撃については日本軍側の詳細な記録が残されており、それによれば清平寺は攻撃対象となっていなかったことが分かるのである（この点についても後述する）。

では何故、こうした事実とは異なる言説が地域の口伝説話や資料のなかに組み込まれるに至ったのだろうか。この問いに対する答えとしては、おそらく多くの人々が、植民地支配という歴史的経緯による韓国（朝鮮）人のなかの反日感情の存在を指摘すると思われる。この答えは単純かつ大雑把ながらも一定の妥当性を有しており、筆者もそれを一般的には肯定するものである。しかし本稿では、植民地時代の清平寺や春川地方の置かれていた状況をより深く掘り下げ、その時代性や地域性を明らかにすることによって、この問いに対してより詳細で具体的文脈に即した答えを提示したい。

そのために、以下では、植民地時代に日本が朝鮮半島で行った文化財保存政策のもとで実施された清平寺の解体修理工事と、春川地方に固有の歴史としての抗日義兵闘争の二点について検討していく。

四　植民地時代の清平寺の解体修理工事

戦前の日本植民地における文化財の調査研究や保存修理事業は、朝鮮半島において特に活発に行われたことが知られており、文化財保存に関する法令として重要なものは、一九一六年七月の古蹟及遺物保存規則（大正五年七月四日朝鮮総督府令第五二号。以下、「保存規則」と呼ぶ）と、一九三三年八月の朝鮮宝物古蹟名勝天然記念物保存令（昭和八年八月九日朝鮮総督府制令第六号。以下、「保存令」と呼ぶ）である。(28)

一九一六年の保存規則の主たる対象は史蹟や美術品などで歴史的建造物は対象となっておらず、このことは保存規則の大きな問題点であった。ただし、総督府博物館の小川敬吉は、古蹟調査に同行する一方で建造物調査も例外的に行っており、そのなかには一九二八年に行われた清平寺の調査も含まれていた。

一九三三年の保存令に基づいて、翌年一九三四年八月二十七日には宝物（建造物含む）一五三件、古蹟一三件、天然記念物三件の計一六九件が指定され、歴史的建造物に対する調査および修理が精力的に実施されることとなった。清平寺の極楽殿および廻轉門の解体修理は、杉山信三を工事監督、板谷定一を現場主任として一九三六年に開始され一九三七年一月に完了した。[29] なお、解体修理に伴う調査のなかで現状変更を行うことが決定されたが、保存令の規則に従って朝鮮総督府宝物古蹟名勝天然記念物保存会に対する諮問手続が行われるなど、日本内地におけるのと同様の厳格な修理方針が貫かれていたことが伺える。[30]

清平寺の調査および解体修理工事の記録としては、例えば、朝鮮総督府が一九三二年に発刊した資料『朝鮮古墳図

写真 3 『朝鮮古墳図譜』の極楽殿前面

写真 4 『朝鮮古墳図譜』の極楽殿内部

譜・第一二冊』のなかに、清平寺の極楽殿を含めた十枚の写真が掲載されており、今では見られない建物内部の美しい装飾や当時の朝鮮建築技術を知ることができる。(写真3)は、極楽殿の前面の姿で、[31](写真4)は極楽殿の内部の姿である。[32]また、杉山信三が一九三五年に雑誌『史跡と美術』に上中下の三回に分けて執筆した「朝鮮古建築雑信」においても、清平寺の解体修理前の写真が詳細な観察記録とともに掲載されている。

同じく杉山信三の一九六〇年の論文「春川清平寺とその建築」[33]には、解体修理前後の写真と記録が見られ、一九八五年の著書『韓国の中世建築』[34]には、極楽殿の図面や前述の現状変更の諮問のために作成された理由書が収録されている。(写真5)では、右側から見た清平寺の前景が見られる。前面に見えるのは僧侶の宿舎で、右が本堂、本堂の上に極楽殿が見られる。[35]

その他、植民地時代の清平寺の姿が確認できる資料としては、小川敬吉が残した資料が挙げられる。小川敬吉は一九一六年から一九四四年まで朝鮮総督府に勤務して各種文化財の修理工事や遺跡調査に従事した人で、杉山信三と同様に、植民地時代初期の朝鮮半島の古蹟調査を主導した関野貞の調査スタッフとして朝鮮に渡る以前から、内務省宗教局で古寺社別保護建造物の仕事に関係していた。[36]彼が残した資料は、現在は京都大学大学院工学研究科建築学専攻の図書館に保管されており、その中には解体修理前の清平寺の実測図や写真がある。実測図には一九三五年と記録されており、写真もおそらく同時期に撮影されたものと推測される。(写真6)は京都大学に所蔵されている小川敬吉が残した資料で、この時期には既に廻轉門の周りには寮舎しかない状況であったことが確認できる。[37]

以上が植民地時代に行われた清平寺の解体修理工事の概要であり、総じて、当時の日本が清平寺の文化財的価値を高く評価していたこと、内地(日本)と同水準の手続と実質を伴った工事が行われたこと、そしてその担当者たちが作成した詳細な記録が残されていることが確認できる。

しかし、それはあくまで当時の日本側の統治者および工事担当者たちの視点に立ってみた時の評価であり、当時の春川地方の人々の目には同じように映っていなかった可能性がある。話者イ・ギスン（五十三歳、女性、一九八八年九月三日採話、金容徳の論文に収録）は、以下のように話している。

写真５　清平寺の伽藍配置

写真６　廻轉門周辺

「先祖代々ここに住んでいた方に聞いたけど、そのおじいさんが寺の重建の時も全部参加して働いてたらしい。和政時代に良く建ててそれを解体して、なんかやってみようとしてたけど、どこから手をつければいいのか見当もつかなくて、イラッとするから火をつけた松の薪を持って全部…。だから全部金の飾りだったらしい。[38]」

年齢的に考えて、この話者自身は清平寺の解体修理工事を実際には見ていないが、採話者である金は、話者は八十歳過ぎのおじいさんから去年聞いた話として語っていたと記録している。そして、その内容からは、当時の（そしてその後の）春川地方の人々がこの工事を必ずしも肯定的に評価していなかったことが推測できる。

確かに、清平寺の解体修理工事を含めた朝鮮半島における日本の文化財保護政策が一定の評価に値するものであったことは前述の通りであるが、それはあくまで植民地統治者の視点に立って行われたものであること、従って韓国（朝鮮）の人々の意向や価値観とは全く無関係に行われたものであったことは指摘されなければならない。田中禎彦は、前述の論文において次のように述べている。

「…これら一連の修理が、日本人本位の修理であったことは否めない。日本人の意識によって修理対象は選択され、修理に現地の人員を交えることも希であった。…仏教建築が重要視され、結果として保存されない建造物があったことも否めない。朝鮮時代教育や政治の場である書院、郷校、官衙、宮殿、客舎、楼閣等は…取り壊しに拍車がかけられた可能性が指摘されている。[39]」

実際、一九三三年の保存令制定以降の歴史的建造物の修理工事に携わった朝鮮半島の（単純労働者以外の）技術者としては、李漢哲と林泉の二名しか記録に残されていない。李漢哲は、京城高等工業大学建築学科を卒業して観音寺大雄殿の修理工事に携わったが、杉山信三によれば「その工事限りでその仕事をやめてしまった[40]」ために、清平寺の工事には参加していないと考えられる。林泉は、林漢哲の紹介によって画工として成仏寺応真殿や華厳寺覚皇殿の古色塗を担当し、戦後も修徳寺大雄殿などの保存修理工事に参加した[41]。清平寺の工事に参加していたか否かは不明確なところがあり、日本の研究者は林の参加について言及していない一方で、一九六五年八月三日の東亜日報に掲載された林の死亡記事のなかでは彼が携わった解体復元工事のなかに清平寺の極楽殿が含まれている[42]。以上より、清平寺の解体修理工事に参加した朝鮮半島出身の技術者は皆無かごく少数（林泉一名のみ）かのいずれかであったと考えられる。

そして、前述の通り一連の文化財保存政策は内地（日本）の価値観を前提としてトップダウンで行われたものであるから、清平寺の工事に際しても、地域住民である春川の人々の意見を聞いたり理解を求めたりする機会はなかったものと推測できる。そして、そもそも文化財保存のための工事というのは専門性が高く一般の人々には理解が難しいところがあると考えられ、特に解体作業の段階などは——まさに前述のイ・ギスンの語りに見られるように——単に壊しているように誤解されたとしても不思議ではないと考えられるのである。

五　春川地方における抗日義兵闘争の歴史

「植民地時代に日本人（日本軍）が清平寺を燃やした」という言説が成立した背景としては、寺の所在地である江原道春川地方に固有の歴史的・地理的な状況も一要因として考えられる。

江原道春川地方は、日韓併合以前の朝鮮王朝末期から、義兵と呼ばれる抗日グループが活発に活動した地域である。抗日義兵闘争は、一八九五年十月に発生した閔妃殺害事件（韓国では「明成皇后弑害事件」と呼ばれる）と同年十二月の断髪令を契機として開始されたが、江原道で最初に蜂起したのは春川の義兵であり、また、日韓併合後に政府から派遣された改革派官僚を全員殺害する事件が発生するなど激しい抵抗運動が行われたことで知られる[43]。一九〇七年には強制的に解散させられた韓国軍の軍人たちが義兵組織へと合流したが、なかでも春川地方の義兵は自分たちで爆薬を製造するなど非常に組織的な闘争を展開した。

また、春川地方は女性義兵でも有名な地域である。江原道春川市南面柯亭里の女性義兵であった尹熙順（一八六〇〜一九三五年）が作詞した義兵歌の歌詞、自伝、手紙などが江原大学校中央博物館に残されており、様々な分野で貴重な研究対象と考えられている。例えば、パク・ミヒョンは二〇一一年の論文「尹熙順女性義兵団組織研究」において、春川、楊平、抱川、原州、堤川など、この地域で義兵活動が活発であったのは、著名な儒学者である華西李桓老の弟子が集まっている地域で儒学の思想的影響が根強く、自然に抗日運動の環境が作られていたからであると述べている。(44)

つまり、春川地方で義兵闘争が活発であった要因としては、儒学の嶺西学派の中心地で、近くには東学が盛んであった太白地方があるなど、市民精神や民族精神が強く学生運動や社会運動が活発に行われる土地柄であったことが指摘できる。(45)二〇一〇年には、春川の義兵の資料を収めた『春川義兵村』という博物館が春川市南面柯亭里に建設された。このように、春川は義兵精神を誇りに思う地域であり、そうした歴史的背景から生まれる反日感情が、この地域で語られる説話の内容にも影響していると考えられる。

義兵に直面した日本は激しい鎮圧活動を行ったが、その記録は日本軍の『陣中日誌』からも確認できる。『陣中日誌』は韓国の土地博物館にも所蔵されており、日本軍による義兵鎮圧の記録であると同時に、義兵の活動記録としても読むことができる。記録によれば、一九〇七年十一月に実施された鎮圧活動九十二回のうち、江原道の義兵が攻撃対象とされたのは三十六回で最多であった。(46)また、『独立運動史』によれば、一九〇七年十二月から一九〇九年十一月の統計でも、戦闘に参加した義兵の数は江原道が最多の一万八千五百九十九名で、これは全体の二十二・五％にのぼる。[47] 江原道が集中的な攻撃対象とされた理由としては、解散させられた軍隊が蜂起した中心地であったことに加えて、地理的にも首都ソウルから近かったことも挙げられる。[48]

そして、日本軍が鎮圧活動を行うなかで、義兵が拠点としていた寺院を攻撃して焼失させた事例が多数確認されている。義兵は山中や寺院を根拠地にして活動することが多く、清平寺の所在する五峰山が連なる金剛山においても、海佛庵、實相寺、來蘇寺、龍泉寺、佛甲寺、仙雲寺が義兵の訓練や戦闘に使われたという記録が残されている。[49]『朝鮮暴徒討伐誌』によれば、朝鮮駐剳軍司令官の長谷川好道は、軍隊解散後に激化した義兵の蜂起を受けて、義兵の活動を助けたり黙認したりする人や集落を厳しく処罰する旨を公表し、[50] 以後、一九〇七年七月から一九〇八年末までの間に千六百八十一戸の民家が焼失した。民家だけではなく寺院についても、南漢山城内の望月寺、玉井寺、漢興寺、國清寺、開元寺、長慶寺、天柱寺、東林寺、靈源寺野寺のうち、長慶寺以外は全焼した。[51] 八月二十四日に龍門寺と上院庵、九月に覺華寺と鳳腹寺以外の五箇所が焼失し、一九〇七年には三〇箇所の寺が焼失した。その後も、一九〇八年に五箇所、一九〇九年に一箇所の寺が日本軍によって焼失されられたが、そのほとんどが義兵鎮圧活動に関連するものであったと考えられる――ただし、攻撃対象になったり焼失したりした寺院の記録のなかに清平寺は含まれていない。

いずれにせよ、義兵鎮圧活動に伴う多くの寺院の焼失については、新聞紙上でもたびたび取り上げられており、各地域の住民の間で広く認識されており、鎮圧活動が激しかった江原道の住民の認識は特に強いものであったと考えられる。したがって、春川地方の住民にとっては、実際には一九五〇年に発生した清平寺の焼失という事件は、義兵鎮圧活動時代に多くの寺が焼失したという記憶と結び付きやすく、「日本人（日本軍）が清平寺を燃やした」という言説が時系列の混乱にもかかわらず成立していったと推測されるのである。

また、義兵鎮圧活動に際しては、多くの寺院が焼失したのみならず、焼失を免れた多くの寺院も強制的に閉鎖させられた。例えば、一九〇七年には清平寺の親寺である楡岾寺が閉鎖され、一九〇八年に開放されるまで僧侶の居住も禁止された(52)。これは、僧侶が義兵に加担することを防ぐための措置であった。このように、鎮圧活動に際して寺が受けた損害は甚大であり、それが春川地方の僧侶たちの日本に対する不満や反発へとつながり、清平寺の説話の内容に影響を及ぼした可能性は十分に考えられるのである。

そして最後に、春川地方は太白山脈という韓国東部全域に渡る山脈の西中央部に位置する平均高度八百メートルの山地であり、北朝鮮との国境である三十八度線に近いことから朝鮮戦争時にも激戦地となるなど、韓国現代史のなかで多大な犠牲を払ってきた地域であることから、人々の安全保障に対する意識が強いということも指摘しておく。そうした特徴は、前述の話者ドン・オクスンの語りにおける北朝鮮のスパイへの言及にも現れており(53)、また、春川地方の人々の間で「外敵（日本人であれ北朝鮮のスパイであれ）が清平寺を燃やした」という言説が成立しやすい土壌となっていたとも考えられるのである。

まとめ

本稿ではまず、一般的な相思蛇説話について説明したうえで、清平寺に伝わる相思蛇説話について紹介した。説話の内容の紹介のみに留まってしまったが、日本における蛇説話研究には既に豊富な蓄積があるので、それを踏まえて日韓の蛇説話の比較研究を進めることが筆者の今後の課題である。

続いて、清平寺の相思蛇説話に付随して語られている寺の焼失に関する言説に注目し、植民地時代の春川地方が置かれていた時代性や地域性がその言説に与えた影響について考察した。一般に人々の言説というものは、最初はある事実を起点としつつも、その時々の社会状況に応じた様々な影響を受けて、必ずしも事実ではない話や評価などが付け加わって流通することもしばしばあり、春川地方で「清平寺を日本人（日本軍）が燃やした」という事実とは反する言説が流通していたことはその一例と考えられる。すなわち、一九五〇年に極楽殿などが焼失したという事実を起点としつつも、それが植民地時代の一九三六年から一九三七年にかけて地域住民が見た解体修理工事の記憶と結び付けられ、また、春川地方に固有の抗日義兵闘争の歴史を背景とした内地（日本）に対する否定的な認識と結び付けられるなかで、「日本人が燃やした」という言説が、時系列の混乱など様々な矛盾をものともせずに成立し、そして語り継がれていったと考えられるのである。

説話の語り手は歴史学者ではなく、ある時代のある地域に生きる普通の人々であるから、その内容には事実とは異なる出来事や非科学的・非論理的な創作が混ざり込んでいくものである。しかし、そうした嘘やつくり話のなかにこそ、説話を語り継ぐ人々の生活、歴史、価値観、欲望が反映されているのであり、それは清平寺の説話についても当てはまる。本稿では、清平寺の焼失をめぐる春川地方の人々の言説に焦点を当て、日本人や北朝鮮のスパイが関わっていたという事実とは異なる言説が見られることを確認したうえで、そうした言説が成立し語り継がれるに至った背景には、植民地時代の地域や寺院への弾圧や、日本人による上からの文化財保護政策や、朝鮮戦争の戦禍や、その後の軍事的緊張など、韓国近現代史のなかでの春川地方の人々の歩みが反映されていることを明らかにした。

そして最後に、植民地解放後の清平寺の再建をめぐって提起された問題について言及しておきたい。一九五〇年に焼失した極楽殿がその後一九七七年に再建されたことは前述した通りであるが、それについて洪性益は、二〇〇六年の著書『清平寺と韓国仏教』において次のように述べている。

「極楽殿は、植民地時代にも朝鮮中期の建築として大いに注目され、解体修理に関連する資料が豊富であったにもかかわらず、〔植民地解放後の再建工事の際に〕これらを参照してないため、朝鮮中期の建物であったものが朝鮮後期の古建築として復元される結果となった。[54]」

実際、洪によれば、再建された現在の清平寺は伽藍配置に誤りがあるうえに、軒や仏蓋の構造も単純化された形になってしまっているのであり、その原因は、杉山信三や小川敬吉など植民地時代の清平寺の解体修理工事を担当した技術者が残した記録を利用しなかったからなのである。今後、もし新たな機会があれば、これらの資料を利用することによって清平寺がより記録に忠実な形で復元されることを期待したい。

この問題はいっけん本稿のテーマとは無関係に見えるかもしれないが、にもかかわらず言及した理由は、韓国の説話研究ひいては近現代史研究一般にも共通した課題を示しているように思われるからである。つまり、韓国（朝鮮半島）の近代化が日本による植民地支配の時期と重なっていることによって、韓国の何らかの人文・社会学的な事象——説話であれ建造物であれ——を研究しようとした時にはしばしば植民地時代に日本人の統治者や研究者が残した記録を参照する必要が生じるにもかかわらず、まさに植民地支配という歴史に起因する負の感情ゆえに、そうした記録に対して不当に否定的な評価が与えられたりそもそも参照自体が忌避されたりする、という問題である。

確かに、本論で述べた通り、日本による植民地時代の朝鮮半島の文化財保護政策は日本人本位のものであり、そのイデオロギー的な側面は批判されてしかるべきであるが、それとは別に、杉山信三や小川敬吉が残した清平寺の調査および解体修理工事の記録が優れたものであり、韓国の建築史研究や文化財復元のために極めて有益なものであることは認められなければならない。同様に、韓国の説話研究に際しても、植民地時代に日本が残した公的文書や日本人研究者が残した記録を参照する必要が生じることは十分に考えられるのであり、そうした場合には、冷静かつ中立的な観点からその資料的価値を評価するように努めなければならないのである。

※本研究は、三島海雲記念財団の平成二九年度学術研究奨励金による助成を受けて行われました。

注

（1）洪性益『清平寺と韓国仏教』（二〇〇九、景仁文化社）ｖ頁、三頁。
（2）同上、四四頁。
（3）「姫を愛した相思蛇」『江原日報インターネット版』、二〇〇六年二月二十三日、最終アクセス日二〇一七年四月三十日、〈http://www.kwnews.co.kr/nview.asp?s=501&aid=206022200073〉。
（4）姜泰玉「相思蛇説話の「体交換」を通してみた欲望と規範の問題」『古典文学研究』一八号（二〇〇〇）一一五—一四八頁。
（5）ソン・ヨンスク「日韓想思蛇説話比較研究」『韓国日本文化学報』六〇号（二〇一四、韓国日本文化学会）二八九—三一三頁。
（6）田坂正則「道成寺説話と韓国の相思蛇説話の比較研究」『日韓日本文学研究』五五号（二〇〇五）六九頁。
（7）成俔『慵齋叢話』（一九九七、ソル出版社）一二七—一二八頁。
（8）イ・ジュラ「近現代相思蛇モチーフの変化と韓国恐怖物の特徴」『比較韓国学』二四巻一号（二〇一六）一七三—二〇三頁。
（9）キム・スンチャン『韓国口碑文学大系』八—九（一九八三、韓国精神文化研究院）三四七—三四八頁。

（10）キム・スンチャン『韓国口碑文学大系』八―一四（一九八六、韓国精神文化研究院）三六七―三六八頁。
（11）実際、寡婦の再婚は朝鮮時代末の近代化改革である甲午改革（一八九四年）まで法律で禁じられていた。
（12）金容徳「清平寺縁起説話考」『漢陽語文研究』六号（一九八八）一二一―一二三頁。
（13）同上、五頁。
（14）辛鐘遠「清平寺、相思蛇伝説の歴史性と説話性」『江原仏教史研究』（一九九六）一四九―一五〇頁。
（15）「清平寺誌」『楡岾寺本末寺誌』（一九四二、金剛大本山楡岾寺宗務所）七一五頁。
（16）同上。
（17）ソ・デソク『韓国口碑文学大系』二―二江原道春川市春城郡篇（一九八一、韓国精神文化研究院）三八七―三九一頁。
（18）辛鐘遠、前掲書、二二〇頁。
（19）「国宝清平寺灰燼、精神病者の発作放火」『東亜日報』（一九五〇・二・十五）二面。
（20）金容徳、前掲論文、二六―二八頁。
（21）同上、三〇―三二頁。
（22）杉山信三「春川清平寺とその建築」『朝鮮学報』四八号（一九六〇）一二三頁。
（23）「冬の山寺新正連休への招待」『京郷新聞』（一九八二・十二・十五）八面。
（24）キム・ソンプン『韓国口碑文学大系』二―三、江原道三陟郡篇（一九八一、韓国精神文化研究所）七一〇―七一一頁。
（25）金容徳、前掲論文、三〇―三二頁。
（26）江原道『郷土誌』（一九六八、出版社不明）一二四―一二五頁。なお、『太白の説話』（一九七四、江原日報社）おいても、この『郷土誌』からの引用として同内容の記述が見られる。
（27）江原道『郷土の伝説』（一九七九、江原道）四六頁。
（28）保存規則および保存令、そして文化財保存政策全体について詳しくは、田中禎彦「二〇世紀前半の朝鮮総督府による朝鮮の歴史的建造物の調査保存事業について」『日本建築学会計画系論文集』五九四号（二〇〇五）二〇七―二一四頁を参照。
(29) 杉山信三『韓国の中世建築』（一九八四、相模書房）四一〇―四一一頁。
(30) 田中禎彦、前傾論文、二一二頁。
(31) 関野貞『朝鮮古墳図譜・第一二冊』（一九三二、朝鮮総督府）一七〇三頁。
(32) 同上、一七〇五頁。
(33) 杉山信三、前掲論文、一二三頁。
(35) 杉山信三、前掲書、四四一―四四二頁。
(35) 杉山信三「朝鮮古建築雜信・中」『史跡と美術』六一号（一九三五）二八頁。
(36) 水谷昌義『朝鮮学報』一一六号（一九八五）二〇頁。
(37) 小川敬吉資料四二〇八、京都大学大学院工学研究科建築学専攻所蔵。
(38) 金容徳、前掲論文、三〇―三二頁。
(39) 田中禎彦、前掲論文、二一三頁。
(40) 杉山信三、前掲論文、四四一―四四二頁。
(41) 同上。
(42) 「清貧で去った林泉氏、跡継ぎのない古建築復元の巨匠」『東亜日報』（一九六五・八・三）七面。
(43) 「春川義兵の性格と歴史的意義」『春川義兵村公式ホームページ』、最終アクセス日二〇一六年四月六日、〈http://www.loyaltroops.or.kr/bbs/board.php?bo_table=B26〉。
(44) パク・ミヒョン「尹熙順女性義兵団組織研究」『毅菴学研究』八巻（二〇一一）一七二―一七三頁。
(45) 一八六〇年に慶州出身の崔済愚が起こした思想で、天道教とも呼ばれる。朝鮮後期の、各地での反乱、外国からの干渉、政治的腐敗などの社会的混乱を背景として、「天心即人心」という人間の主体性を強調する「人乃天」思想をもとに儒・

仏・仙を統合する宗教を創設した。また一八九四年には、人間平等の思想と身分制度の打破と悪習の打破を主張する近代化運動「東学農民運動」が生まれた。

(46) 洪淳權「韓末日本軍の義兵鎮圧と義兵戦術の変化過程」『韓国独立運動史研究』第四五集（二〇一三、独立記念館韓国独立運動史研究所）二二一頁。

(47) 朴成壽『独立運動史研究』（一九八〇、創作と批評）一六八—一六九頁。

(48) 洪淳權、前掲書、二七頁。

(49) 李承允「後期義兵期日本軍の寺院弾圧」『韓国近現代史研究』七〇号（二〇一四）七三頁。

(50) 朝鮮駐劄軍司令部『朝鮮暴徒討伐誌』、一九一三年。本稿では、下記の文献に再録されたものを参照した。独立運動史編纂委員会『独立運動史資料集』三（一九八四）六七一—六七二頁。

(51) 李承允、前掲論文、七八頁。

(52) 『楡岾寺本末寺誌』（一九四二、金剛大本山楡岾寺宗務所）一一頁。

(53) 実際に、一九七〇年代から八〇年代にかけて、南侵トンネル（北朝鮮が軍事境界線を超えて韓国側へ掘り進めたトンネル）が発見され、韓国社会に衝撃を与えた。一九七四年十一月に最初の南侵トンネルが発見され、翌年には第二南侵トンネルが、一九七八年には第三南侵トンネルが板門店の南四キロメートル地点、ソウルからわずか四十五キロメートルの地点で発見されている。一九八九年に発見された第四南侵トンネルは、短時間で多数の兵士や車両が送り込める大規模なものであった。第二南侵トンネルと第四南侵トンネルは江原道にあり、第二南侵トンネルは楊口郡、第四南侵トンネルは鐵原郡で発見された。本文で紹介した北朝鮮のスパイに関する言説が生まれた背景として、春川地方のごく近郊で発見されたこれらのトンネルなどの存在も挙げられると思われる。

(54) 洪性益、前掲書、七四頁。

Ⅲ　モノとしての寺社縁起と近代

明治期の長谷寺鳥瞰図——炎上・再建と縁起言説

藤巻　和宏

はじめに

かつて、室町期から近世にかけての長谷寺縁起の展開を概観したことがある。(1) 長谷寺の縁起を語る言説が再生産と変容を繰り返し、十三世紀には〝公式縁起〟と位置付けうる『長谷寺縁起文』が成立するが、その後も縁起は種々に展開し、絵巻・仮名縁起・絵入り版本・略縁起……等が作成され、近代に至る。また、別稿では写本・版本という書記形態の相違という観点から複数寺社の略縁起について論じ、近世から近代にかけての寺社参詣との関わりから、近代の長谷寺縁起について簡単に触れたこともある。(2) これらに依拠しつつ、本稿では視点を近代に据え、長谷寺縁起の展開の一斑を見てゆきたい。

鳥瞰図と略縁起

まずは、長谷寺の境内および周辺を描いた鳥瞰図を採り上げる。長谷寺に限らず、近世以降、多くの寺院がこうした名所案内的な絵図として描かれた。名所記や霊場記に挿絵として描かれたものもあれば、寺院ごとに独立した一枚物もある。本章では、そうした鳥瞰図とそれに付される略縁起について考察する。

架蔵『日本大和長谷名所一覧之図』墨刷一枚（三七・三×五二・五糎／匡郭三二・四×四六・二糎）（図1）を見てみよう。明治十五年（一八八二）刊行の木版画で、画面右上に「〈日本／大和〉長谷名所一覧之図」と表題を付し、その右脇に「高山梅治郎編輯」とある。左下の刊記には「明治十五年／三月一日出版／御届／発弘人／大坂府平民／高山梅治郎／同府下大和国添上郡／奈良光明院町五番地／楠田弥三郎／同国長谷／田中為七／同所／長谷観音堂御札所」と、三人の名前が記される。右下に「はせくわんおんまへ／解毒丸トいふ妙薬あり　河井精三」と丸薬の広告が入り、左上には「松川半山画図」と本図を手がけた絵師の名が入る。右側の霞のなかに和歌一首と発句一句、左上の空とその下の霞に和歌が一首ずつあるが、出典と併せて順に列記しよう。

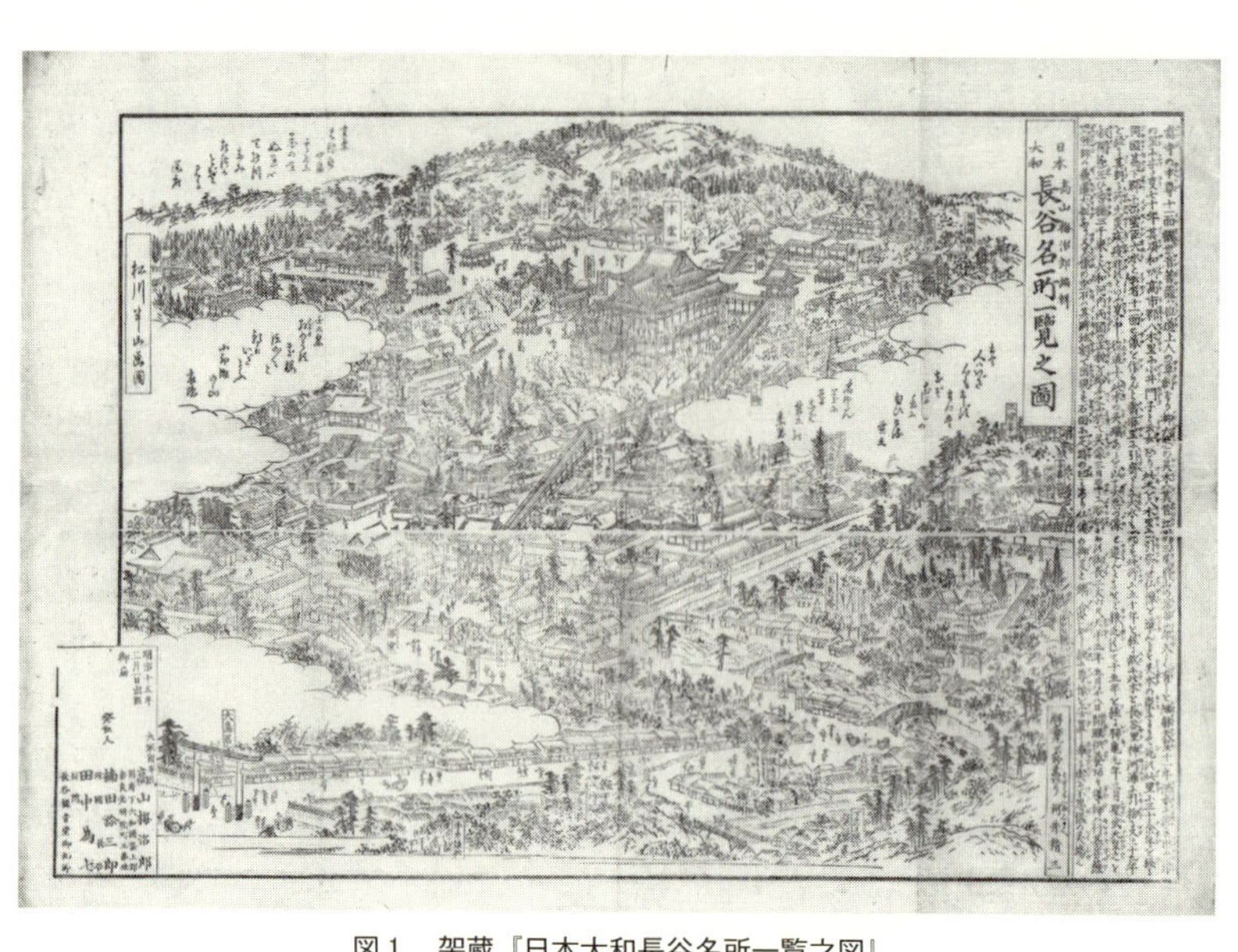

図1　架蔵『日本大和長谷名所一覧之図』

古今　人はいざ心もしらず古郷は花ぞむかしの香に匂ひける　貫之

（『古今和歌集』紀貫之）

宿からん花に暮なば貫之の　素堂

（『東海道紀行』山口素堂）

金葉　はつせやま雲ゐに花の咲ぬれば天の川なみたつかとぞ見る　匡房

（『金葉和歌集』大江匡房）

壬二集　紅（クレナイ）のうす花桜ほの〴〵と朝日いざよふ小初瀬の山　家隆

（『壬二集』藤原家隆）

そして画面右側には、略縁起が記されている。以下に全文を挙げよう。

当寺の本尊十一面観世音菩薩は、徳道上人の草創なり。抑大悲の霊木は、其昔江州三尾前山の深谷に年久しく有しを、継体天皇十一年、洪水に流れ出、大津の里に止る事七十年。其頃和州高市郡八木里に小井門子と云女あり。此木を八木里に引寄せ仏像を造んとす。霊木の祟によりて死に、此里に三十余年を経る。同国葛下郡に出雲臣大水と云者、十一面の像を作らんと当麻里に引寄しに、大水も死す。此所に五十年を経る。故に此木を長谷里神河浦に引捨る。又三十九年を経る。其到る所、火災疾疫非ずといふ事なし。徳道上人、此木の霊瑞あるを以て大悲の像を造んとなせど、粮乏くして十五年を経る。神亀元年三月、聖武天皇之を叡聞なし玉ひ、香稲三千束と大和河内両国の正税を給ふ。之に於て霊像三日の中に彫刻なす。御長二丈六尺、天平五年五月十八日、開眼供養あり。導師は行基菩薩、呪願師は義暹大徳なり。又霊像の坐石は、其時地割て出現す。足跡の凹みあり。仏像の御足と鎸合せし如し。故に尊像を安置し奉る。実に不思議の霊場也。

各地で祟りをなした霊木の由来から説き起こし、徳道上人がそれを得て、聖武天皇の援助を得て十一面観音像とし、地中から出現した台座に据えたことが語られる。これは、現存最古の長谷寺縁起たる『三宝絵』巻下「長谷菩薩戒」以来、古代〜近世の長谷寺縁起類のなかで繰り返し語られた内容である。参考までに『三宝絵』当該箇所を引用しよう。

昔、辛酉歳ニ大水イデヽ、大ナル木流出タリ。近江国高嶋郡ノミヲガ崎ニヨレリ。サトノ人、ソノハシヲ切トレリ。スナハチソノ家ヤケヌ。又ソノ家ヨリハジメテ、村里ニシヌル者ヲホカリ。家々祟ヲウラナハスルニ、「コノ木ノナス所ナリ」トイヘリ。コレニヨリテ、アリトシアル人近付ヨラズ。

此時ハ、大和国ノ葛城ノ下郡ニスム、イヅモノ大ミヅトイフ人、此里ニ来レリ。此木ヲキヽテ、心ノ中ニ願ヲオコス。「願ハ此木ヲモチテ、十一面観音ニツクリタテマツラム」ト。シカレドモ、ユクベキタヨリナクシテ、空クモトノ里ニ帰ヌ。コノヽチ、大ミヅガタメニシバ〳〵シメスコトアルニヨリテ、糧ヲマウケ、人ヲ伴ヒテ、又彼木ノモトニイタリヌ。木オホキニ、人トモシクシテ、イタヅラニ見テカヘリナムトス。心ミニ綱ヲツケテ引動スニ、カロクヒカレテヨクユク。道ニアフ人ミナアヤシビテ、車ヲトヾメ、馬ヨリヲリテ、力ヲクハヘテ共ニヒク。ツヒニ大和国葛城ノ下郡当麻ノ里ニ至リヌ。物ナクシテ久クヲキテ、大ミヅ已ニ死ヌ。

此木イタヅラニナリテ八十年ヲヘヌ。ソノ里ニ病オコリテ、カラク（「カシラ」か）コゾリテヤミイタム。「此木ノスルナリ」トイヒテ、郡ノツカサ、里ノヲサラ、大ミヅガ子ミヤ丸ヲメシテ勘レドモ、ミヤ丸ヒトリシテコノ木ヲサケガタシ。郡里ノ人トモニシテ、戊辰歳ニ、シキノ上ノ長谷河ノ中ニ引ステツ。ソコニシテ三十年ヲヘヌ。

コヽニ沙弥徳道トイフ者アリ。此事ヲキヽテ思ハク、「此木カナラズシルシアラム。十一面観音ニツクリタテマツラム」ト思テ、養老四年ニ、今ノ長谷寺ノミネニウツシツ。徳道力無シテ、トクツクリガタシ。カナシビナゲキテ、七八年ガ間、此木ニ向テ「礼拝威力、自然造仏」トイヒテ額ヲツク。飯高ノ天皇ハカラザルニ恩ヲタレ、房前ノ大臣自ラ力ヲクハフ。神亀四年ニツクリ終ヘタテマツレリ。タカサ二丈六尺ナリ。徳道ガユメニ神アリテ、北ノミネヲサシテイハク、「カシコノ土ノシタニ大ナルイハホアリ。アラハシテ此観音ヲ立タテマツレ」トイフトミル。サメテ後ニ堀レバ有リ。弘サ長サ、ヒトシク八尺ナリ。面平カナル事タナ心ノゴトシ。ソレニ立タテマ

ツレリ。徳道・道明等ガ天平五年ニシルセル、観音ノ縁起幷ニ雑記等ニ見ヘタリ。（新日本古典文学大系）

相違点を挙げるならば、まず、霊木が徳道のもとに到るまでの経過と年数は、『三宝絵』では、近江国高嶋郡ノミヲガ崎→大和国葛城ノ下郡当麻ノ里（八十年）→長谷河ノ中（三十年）とされるが、『日本大和長谷名所一覧之図』では、江州三尾前山→大津の里（七十年）→和州高市郡八木里（三十余年）→同国葛下郡当麻里（五十年）→長谷里神河浦（三十九年）と、大津の里・八木里という地名が新たに加わり、滞留年数の合計も大幅に増加している。また、『日本大和長谷名所一覧之図』では、「イヅモノ大ミヅ」（出雲臣大水）のほかに八木里に住まう「小井門子」という人物が登場する一方で、大ミヅの子息「ミヤ丸」は登場しない。さらに『三宝絵』が、徳道が霊木を得てから七、八年後に飯高（元正）天皇と藤原房前の援助を受けることとなり、そこからの年数は不明であるが、神亀四年に観音像を完成させたとする一方、『日本大和長谷名所一覧之図』は、十五年後の神亀元年三月に聖武天皇の援助を受け、三日で完成させたとする。また、『三宝絵』は辛酉歳（欽明天皇二年（五四一）と推測される）の洪水で霊木がミヲガ崎に到ったとし、『日本大和長谷名所一覧之図』では継体天皇十一年（五一七）の洪水で三尾前（ミヲガ崎）山から大津の里に流されたと記すように、年記の示されるタイミングも異なっている。

こうした相違は、『三宝絵』以降、多彩に展開する長谷寺縁起類の再生産の過程で種々の要素が添加・削除され、変容していったことに起因するもので、本稿ではその経緯を詳論する余裕はないが、ここでは、祟りを振りまく霊木が徳道によって十一面観音像となり地中から出現した台座に据えられた経緯が両者で共通して語られていることが確認できればよい。

長谷寺の諸縁起類を確認しても、『日本大和長谷名所一覧之図』と語句レヴェルで一致するものは見いだせず、直接的な典拠は定かではないが、近世の名所記や略縁起には一致する文言が多く、これらを参照して新たにリライトしたとひとまずは考えておきたい。

ところでこの『日本大和長谷名所一覧之図』は、二年前の明治十三年（一八八〇）に『長谷名所一覧之図』という名で刊行されている。ウェブ上で確認できるものとしては、奈良県立図書情報館蔵本（請求記号：T-1-44）および早稲田大学図書館蔵本（請求記号：ル04 04841）がある。いずれも多色刷ながら彩色は異なっており、同版のものが幾通りかの彩色で刷られたものと推測される。多色刷であること以外は、図様も文字（略縁起および図中の短冊や和歌等）も細部までまったく同じであり、異なる箇所は、画面右上の表題が「長谷名所一覧之図」、左下の刊記が「明治十三年三月三日御届／同年三月出版／編輯兼／出版人／堺県平民／有城栄二郎／大和国三大区一小区式上郡／初瀬村百七十六番地」となっている点である。寸法は、前者は三七・七×五〇・〇糎／匡郭三二・八×四六・五糎、後者はサイトに三七×五〇糎と紙の寸法のみが示されており匡郭は不明。前者の匡郭は架蔵『日本大和長谷名所一覧之図』よりもやや大きいが、版木の収縮ということを考えれば、『長谷名所一覧之図』の版木を用いて二年後に再刊されたのが『日本大和長谷名所一覧之図』と考えて差し支えなかろう。

なお、奈良県立図書情報館には、現代の複製であるが、架蔵本と同名の『日本大和長谷名所一覧之図』も所蔵されている（請求記号：T-1-43）。表題は「〈日本／大和〉長谷名所一覧之図」、その右脇に「吉尾義斉編輯」とある。刊記は「明治十五年／十二月二十八日出版／御届／大坂府平民／吉尾義斉」とあり、「吉尾義斉」の左に「同」および「奈」の一部（「大」の部分）が残る。架蔵本はここが「高山梅治郎」で、その左が「同府下大和国添上郡／奈良光明院町五番地」であったが、一字目の「同」「奈」と字形が一致し、また「同」の下にうっすらと「府下大和国添上郡」という文字も読み取れることから、高山刊記の一部を埋木によって修訂したものと推測される。このことからも、同じ版木が何度も再利用されていたことがわかる。

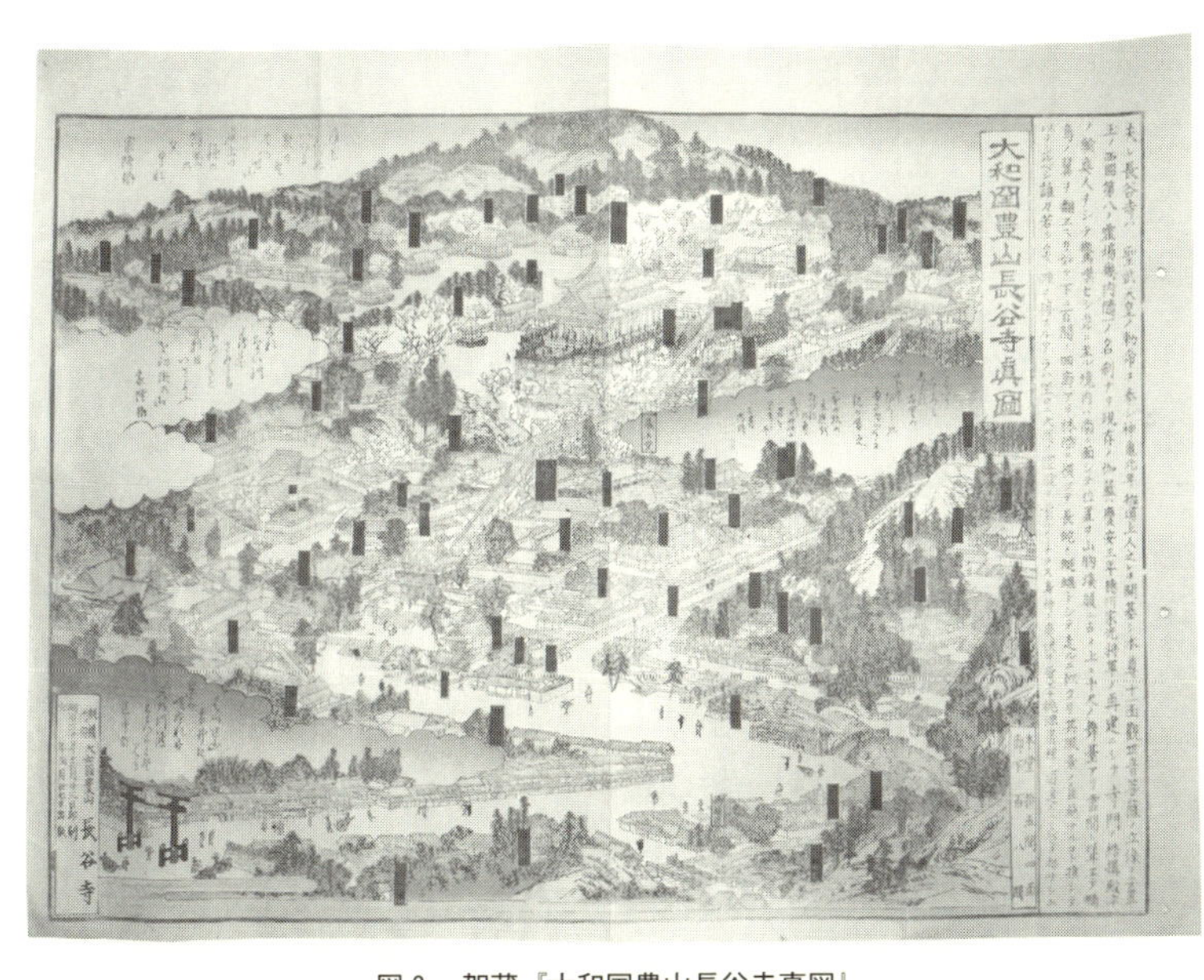

図２　架蔵『大和国豊山長谷寺真図』

鳥瞰図の構図

さて、略縁起を収載する鳥瞰図『（日本大和）長谷名所一覧之図』を見てきたが、明治期にはこれ以外にもいくつかの鳥瞰図が刊行された。

架蔵『大和国豊山長谷寺真図』多色刷一枚（三六・五×四九・五糎／匡郭三二・七×四六・二糎）（図２）は、明治三十年（一八九七）刊行の木版画。画面右上に「大和国豊山長谷寺真図」、左下に「版権／所有／大和国豊山長谷寺／明治三十年十二月二十三日印刷／同年同月二十七日出版」とあり、長谷寺で刊行したことがわかる。

前図と比するに匡郭はほぼ同寸、構図も酷似しているが、よく観察すると相違がいくつもある。まず目を引くのが門前町の描き方であり、本図のほうが道幅を広く取っていて、画面下方に開放感がある。画中に短冊形で示される堂舎名・地名も大部分は一致しているものの、一方にあって他方にないものがあったり、また、「本長谷寺」を「三重塔」、「大師堂」を「弘法大師」、「手力雄社」を

「山口社」とする等、表記の異なるものもある。また、和歌の位置や内容にも小異があり、画面右側の霞に二首、左上の空とその下の霞に一首ずつあるほか、左下の霞のなかにも一首ある。順に掲げれば以下のとおり。

人はいさこゝろもしらす古里の花そむかしの香に匂ひける　紀の貫之　（『古今和歌集』紀貫之）

二本の杉の立途をたづねすは古川野辺に君を見ましや　玉葛内侍　（『源氏物語』）

年も経ぬいのる契りははつせ山尾上の鐘の余処の夕くれ　家隆卿　（『六百番歌合』『新古今和歌集』藤原定家）

くれないの薄花さくらほの〲と朝日いざよふを初瀬の山　家隆卿　（『壬二集』藤原家隆）

はつせ山雲井に花の咲ぬれは天の川波たつかとそ見る　匡房卿　（『金葉和歌集』大江匡房）

一・四・五首目は前図と同じ歌であるが、表記がやや異なり、また、前図では左上の空に記されていた匡房歌が、本図では左下の霞に移動している。前図になかったのは、右側の霞に記される二首目、および前図の匡房歌の位置に記された定家歌である（ただし本図では「家隆卿」と記される）。

以上より、前図と似てはいるが、むしろ積極的に差別化しようとした意図がうかがえる。そのことは、同じ位置に記された略縁起の内容がまったく異なることからも首肯できよう。以下に全文を掲げる。

夫レ長谷寺ハ、聖武天皇ノ勅命ヲ奉シ、神亀元年、徳道上人之レヲ開基シ、本尊十一面観世音菩薩ノ立像ヲ安置シ玉ノ西国第八ノ霊場、畿内随一ノ名刹ナリ。現存ノ伽藍ハ、慶安三年、徳川家光将軍ノ再建ニシテ、寺門ノ結構、殿宇ノ輪奐、人ヲシテ驚嘆セシムルニ至ル。境内ハ南ニ面シテ、位置ヲ山胸渓腹ニ占メ、上ニ千尺ノ舞台アリ。雲間ニ聳ヱテ鵬鳥ノ翼ヲ翻ヱスカ如ク、下ニ百間ノ回廊アリ。林際ニ横ツテ、長蛇ノ蜒蜿トシテ走ルニ似タリ。其風景ノ佳絶ナルコト、推シテ以テシルベシ。誰カ若シ爰ニ踵ヲ接スルアラハ、坐ロニ大悲ノ霊験ヲ蒙ルノミナラス、身神ノ爽快ヲ覚ヱテ、桃源崑裡ニ逍遥スルノ感ヲ起サシム。

図3　架蔵『大和国豊山長谷寺真図』

聖武天皇の勅命により徳道が開基し十一面観音像を安置したという、前図縁起の内容を冒頭に短縮し、寺院の来歴よりも、堂舎の偉容と絶景を縷述している。いわば、過去よりも現在を重視する縁起であり、この点も含め、前図との相違は明らかである。

これまで二種の木版画を見てきたが、明治期には銅版画の鳥瞰図も刊行されている。架蔵『大和国豊山長谷寺真図』墨刷一枚（二五・八×三八・八糎／匡郭二四・三×三二・五糎）（図3）は明治十三年（一八八〇）の刊行。匡郭の左外に「明治十三年十二月十五日出版御届／同十二月　出版／編輯兼出版人／滋賀県士族／吉川宗太郎／堺県大和国式上郡初瀬村／第十二番地寄留」という刊記があり、吉川宗太郎が実際に長谷寺周辺を調査して編集・刊行したと考えられる。匡郭の下にも文字が見えるが、切れていて解読できない。奈良県立図書情報館にも同版のものが所蔵されており（請求記号：T-1-39）、こちらは「賜進歩賞牌京都銅版師石田雨麦亭鐫之」と確認でき、原版は銅版師石田雨麦亭（有年）の手になるものであると判明する。「進歩賞」とは、第二回～第四回の内国勧業博覧会において授与された褒賞であるが、第二回の開催年は明治十四年であり、明治十年に開催された第一回内国勧業博覧会の段階では同名の褒賞は存在していない。「賜進歩賞牌」という文言が錯誤でなければ、明治十三年の時点ではこの一文はなかったはずで、同版に後から彫れたと考えるべきであろうか。ただ、各回の受賞者名簿(3)を確認しても進歩賞受賞者として石田の名は確認できず、後考を期したい。

画面右下枠内には、「本堂十三間四面／廊下九十九間／寺院十四箇院／学寮六十余戸」と寺院の規模を記し、画面右側と左下の霞のなかには、それぞれ三首・一首の和歌が記される。

をはつせの花のさかりを見わたせは霞にまかふ峯の白雲　（『千載和歌集』藤原重家）
人はいさこゝろもしらす古里は花そむかしの香に匂ひける　（『古今和歌集』紀貫之）
きかてたゝあらまし物をけふの日も初瀬の寺の入相のかね　（『新続古今和歌集』中院通守）
はつせ山雲井に花のさきぬれは天の川なみたつかとそ見る　（『金葉和歌集』大江匡房）

略縁起こそ記されていないが、長谷寺にちなむ和歌を画中に配すること、そして長谷寺全景および大鳥居までの門前町を含む構図等、二種の木版画と非常によく似ている。

奈良県図書情報館サイトでは、この図に明治九年（一八七六）三月に焼失した三重塔が含まれていることから、それ以前の版を模刻したものだろうと注記するが、焼け残った（あるいは再建過程の）建築物を鳥瞰図に描くことは考えにくく、現状との不一致を「模刻」という言葉で説明する必要はない。三重塔はこれまでに確認した全図に描かれているが、そのことを含め全図がよく似ているのは、ある鳥瞰図が明治十三年に模刻されたという一回性の現象ではなく、手本となる図様が踏襲されていたと見るべきであろう。吉川宗太郎が長谷寺周辺を調査し、そうした図を基に

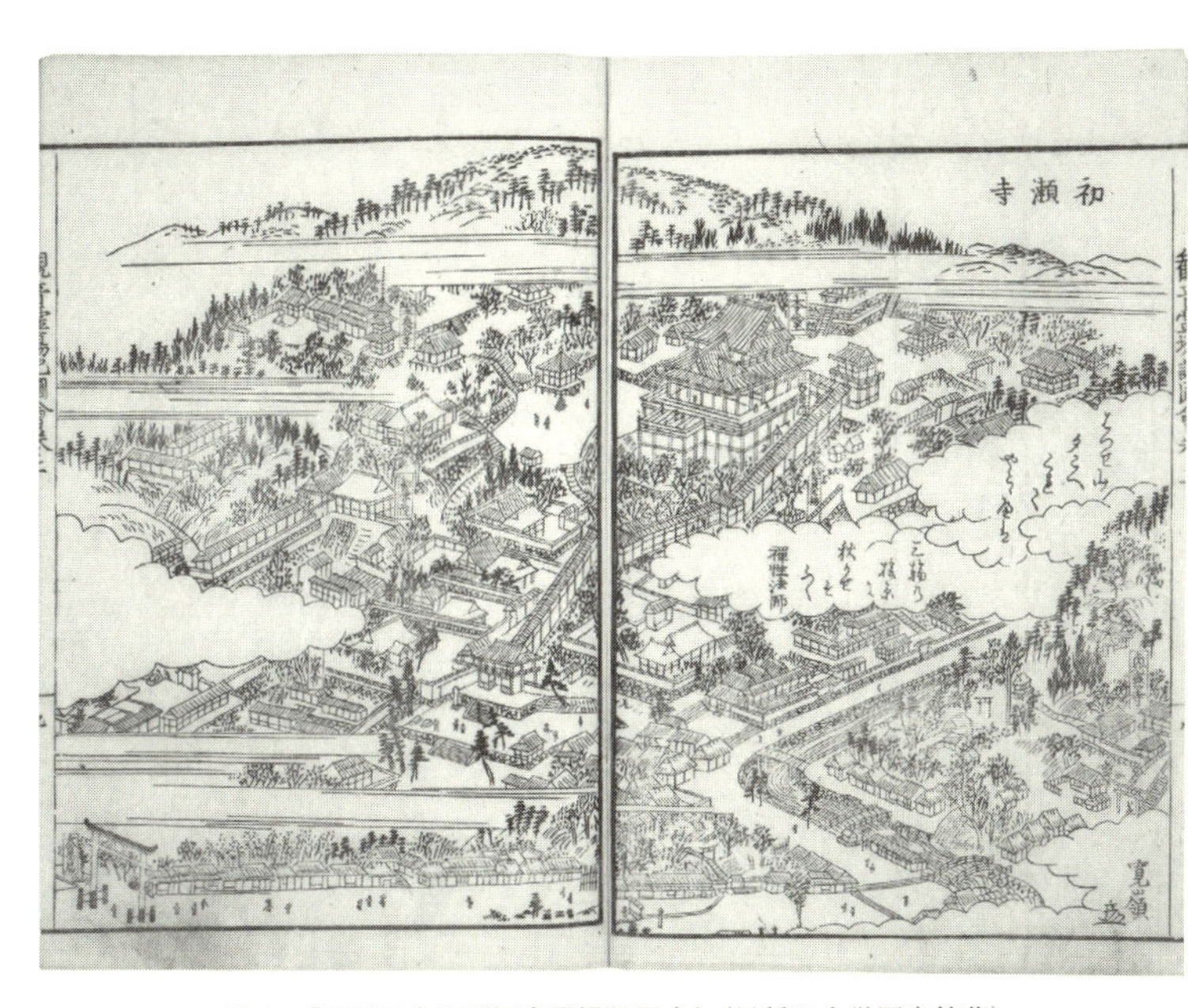

図4　『西国三十三所観音霊場記図会』（早稲田大学図書館蔵）

しつつ、より詳細に描き直したのが本図であると推測できるが、それが必ずしも明治十三年の時点での長谷寺周辺を正確に再現しているわけではない。踏襲され規範性を持つに至った図様により、〝理想的〟な長谷寺が描かれる際には、三重塔は焼失前のままである必要があったのだ。

では、手本となった図とはいかなるものであろうか。近世の長谷寺鳥瞰図を確認したところ、弘化二年（一八四五）刊『西国三十三所観音霊場記図会』（辻本基定）に収載された図（図4）と構図が一致し、霞の位置等も含め共通点が多い。これとは反対方向の視点から描く寛政三年（一七九一）刊『大和名所図会』（秋里籬島・竹原春朝斎）所収図（図5）と比較すると、その特徴がより明らかとなる。また、『大和名所図会』は四面（見開き二面）を使って長谷寺境内から大鳥居までを描いているのに対し、『西国三十三所観音霊場記図会』は二面（見開き一面）に大鳥居までを含めており、見開きを一枚の図として描き直したとすれ

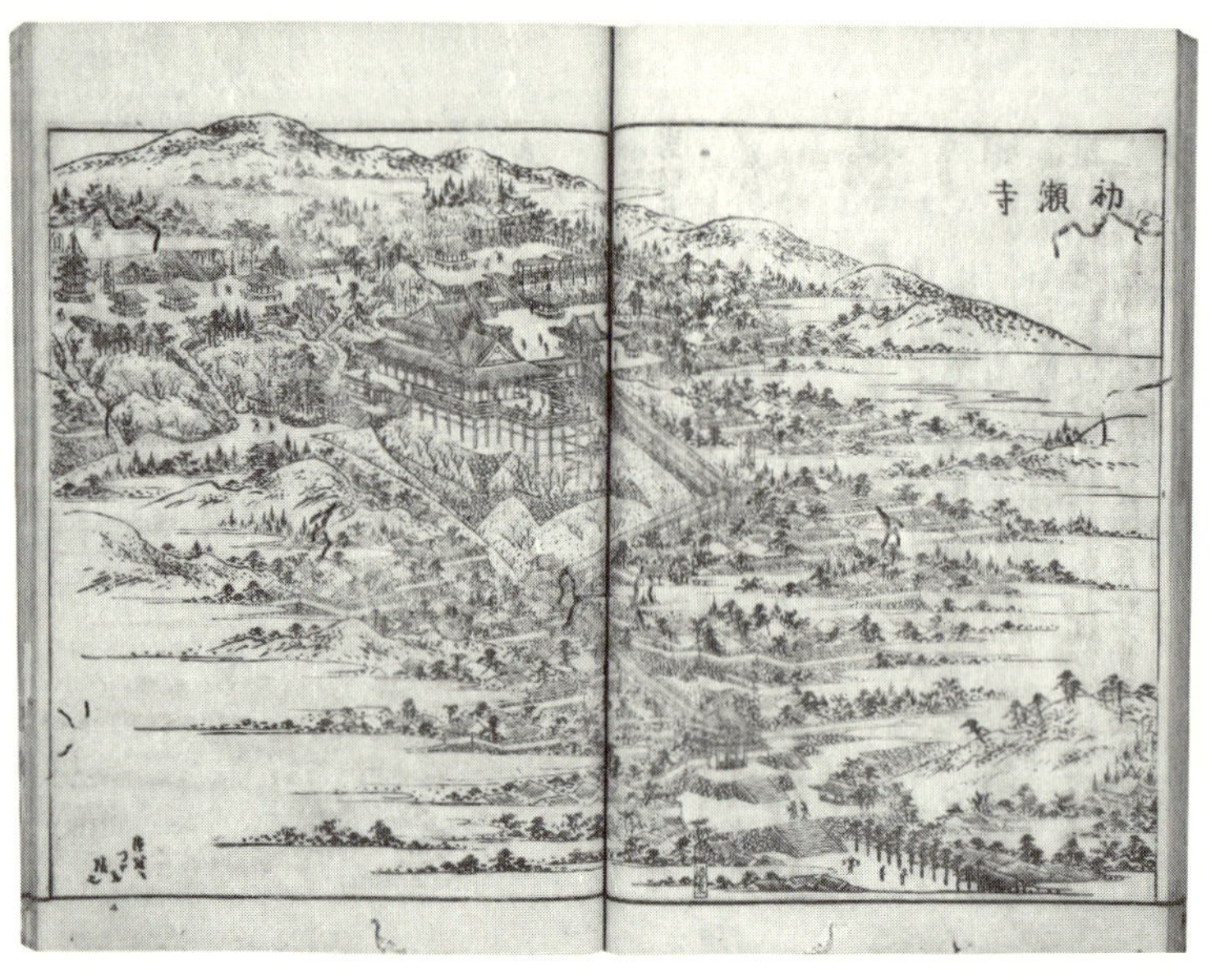

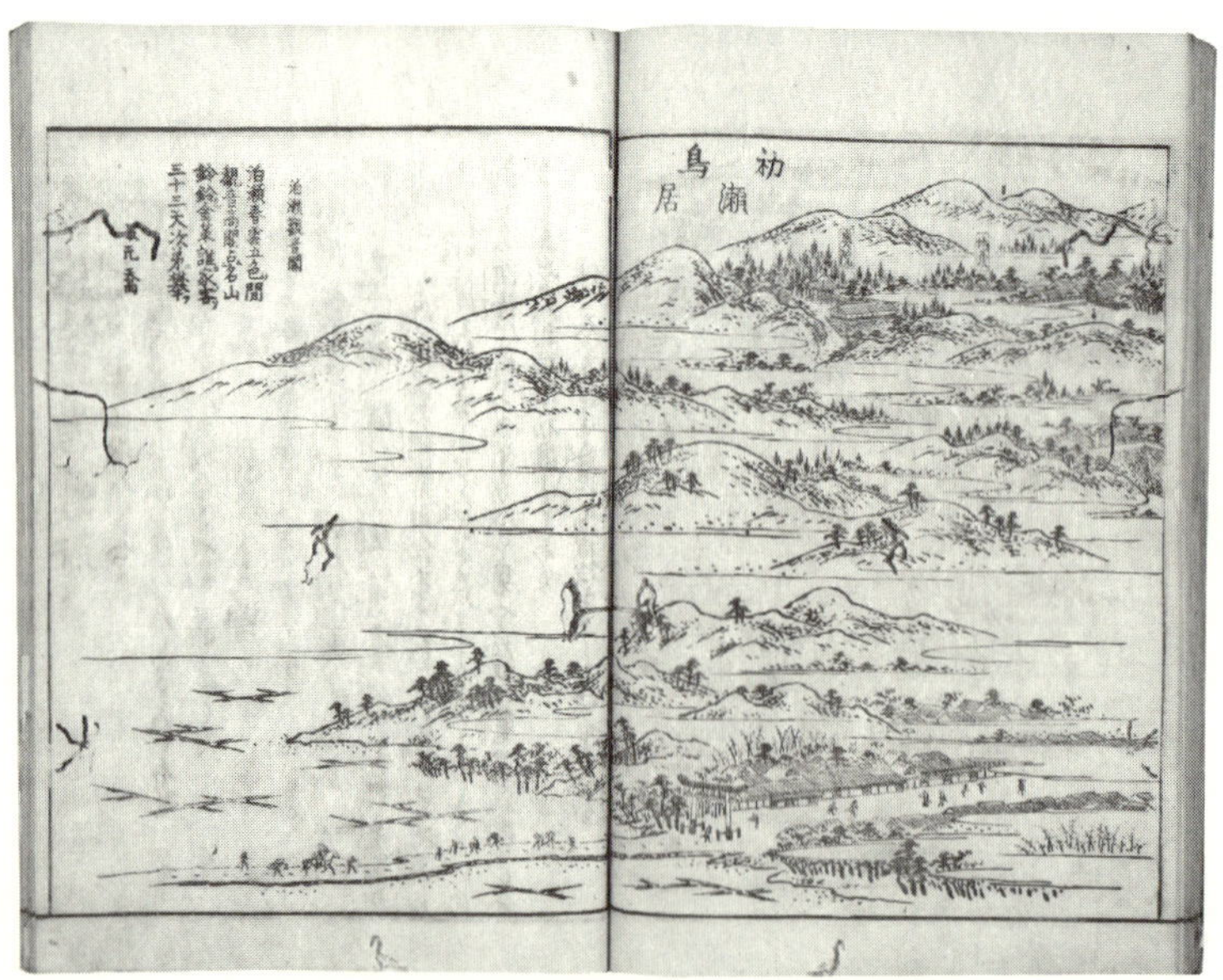

図５　『大和名所図会』（早稲田大学図書館蔵）

図6　『初瀬山之図』（早稲田大学図書館蔵）

ば、これが手本となった可能性はより高い。なお、先後関係は不明であるが、長谷寺本願院刊『初瀬山之図』（図6）もデフォルメの度合いこそ大きいが、画面の向きや切り取り方は一致している。

図中に和歌が記されるのも、『西国三十三所観音霊場記図会』を踏襲しているといえよう。本図では、右側の霞に和歌が一首記される。

はつせ山夕こへくれてやと、へは三輪の檜原に秋かせそふく　禅性法師　（『新古今和歌集』）

『西国三十三所観音霊場記図会』は、寺院の鳥瞰図以外にも種々の挿絵を載せているが、図中に和歌が添えられる例が多い。構図のみならず、この点も明治期の鳥瞰図に踏襲されていったのである。

明治期の長谷寺炎上と再建

前章で明治九年（一八七六）の三重塔焼失に触れたが、明治十五年（一八八二）と明治四十四年（一九一一）にも長谷寺は炎上の憂き目に遭っている。本章では、これら三度の炎上と再建という観点から、縁起言説の変容を見てゆきたい。

長谷寺は、明治九年の炎上で三重塔を、明治十五年には仁王門と回廊を失った。これらの再建のために長谷寺は勧進をおこなったが、明治十五年三月に刊行された寄付者名簿である『大和国豊山長谷寺仁王門回廊三重塔再建勧進仮簿』（活版印刷、二六・六×一八・七糎）には、その勧進に至る経緯と方法が記されている。冒頭に精密な立面図「楼門　百分一之図」（1オ）、「回廊　百分一之図」（2オ）、「三重塔　百二十分一之図」（3オ）が載り（各丁裏は白紙）、4オ～5ウが「敬勧　層塔及楼門磴廊奉再建事」、6オ・ウが「勧募凡例」で、以降は喜捨者の名を記すための罫紙（一面五行）が十丁綴じられている。「敬勧　層塔及楼門磴廊奉再建事」では、まず仏塔や仏像の功徳とそれを擁する寺院を建立することの意義を説き、長谷寺の創建から近世までの八度の焼失と再建に触れたうえで、明治九年と十五年の炎上について次のように記す。

明治九年に層塔池魚の災ひあり。又本年一月、楼門回廊尽く回禄せり。当山の不幸、慨嘆限りなし。然れども、燼灰未だ冷ならざるに、道俗来りて再営を冀ふ者多し。

「層塔池魚」の右に「そうとうちぎよ」、左に「さんぢうのたうくわじ」とルビを振り、これが三重塔の焼失を指していることがわかる。続く「楼門回廊」は、右を「らうもんくわいらう」、左を「にわうもんらうか」と読ませている。長谷寺はこの二度の炎上で大打撃を受けたが、再建を願う声が方々からあがったというのである。そしてこれに続け、人々が力を合わせることにより再建という大事業が可能となると述べている。

ここで先に見た鳥瞰図を改めて確認すると、明治十三年、十五年、そして三十年の図、いずれも三重塔・仁王門・回廊は描かれている。前章末で〝理想的〟な長谷寺を描くといったが、より正確には、再建事業の過程にあって〝理想的〟というのは、つまり完成予想図である。『大和国豊山長谷寺仁王門回廊三重塔再建勧進仮簿』が冒頭に再建目標としての立面図を載せたように、鳥瞰図はそれを立ち並ぶ堂塔伽藍図のなかに落とし込んだといえよう。

また、「勧簿凡例」には七項にわたり勧進の方法が述べられており、第一項には、

寄付記名帳ハ本簿ト仮帳トノ両種に分ケ、本簿ハ各講社長及ヒ講外勧簿ヲ依托シタル委員限リ一部ツ、相渡シ置キ、仮帳ハ講社長等ノ請求ニ応シテ数部ヲ相渡シ、而シテ各仮帳勧簿記名済ニ相成時ハ、之ヲ社長ノ本簿ヘ写シ載セ、其本簿ヘ正副社長及ヒ世話方連名捺印シ、当山ヘ送致スルヲ例トス。

とあり、講社や講外委員を通して寄付を集めていたことがわかる。架蔵本は表紙右上に「第三千百〇壱号」と朱書されており、仮簿（仮帳）は通し番号によって管理されていたようである。

そして第六項では、

十方投地ノ檀越、現当ノ福祐及ヒ子孫繁栄ノ為ニ、寄付名簿ヲ本尊前ニ備ヘ、毎年旧正五九月朔日ニ於テ、開帳法要営ムヲ永例トシ、或ハ戒名等ヲ添ヘテ寄付スルモノアレハ、其戒名ヲ永ク本堂ヘ納メ置キ、朝暮各霊ノ菩提ヲ勤念スルモノトス。

と、寄付者の芳志は本尊十一面観音に供えられると述べ、篤い信仰心に訴えかけている。

さて、この勧進の成果もあって、明治十八年（一八八五）に仁王門、明治二十二年（一八八九）には回廊（中登廊・繫屋・下登廊）の再建が成るも、(4)三重塔については情報がないため経緯は不明であるが、結果として再建はなされなかった。そして今度は、明治四十四年一月十二日に小池坊（大講堂・護摩堂・奥書院等）が焼失する。その再建に際し、同年十一月二十二日に内務省より寄付金募集の許可を得て勧進が始まり、翌大正元年（一九一二）十二月には銅版画の『総本山長谷寺略図　大講堂及付属建物略図』と活版印刷の『長谷寺大講堂再建之栞』が刊行される。いずれも長谷寺再建局により刊行されたもので、前者は一枚物（二七・〇×七八・六糎）、後者は冊子（二二・〇×一

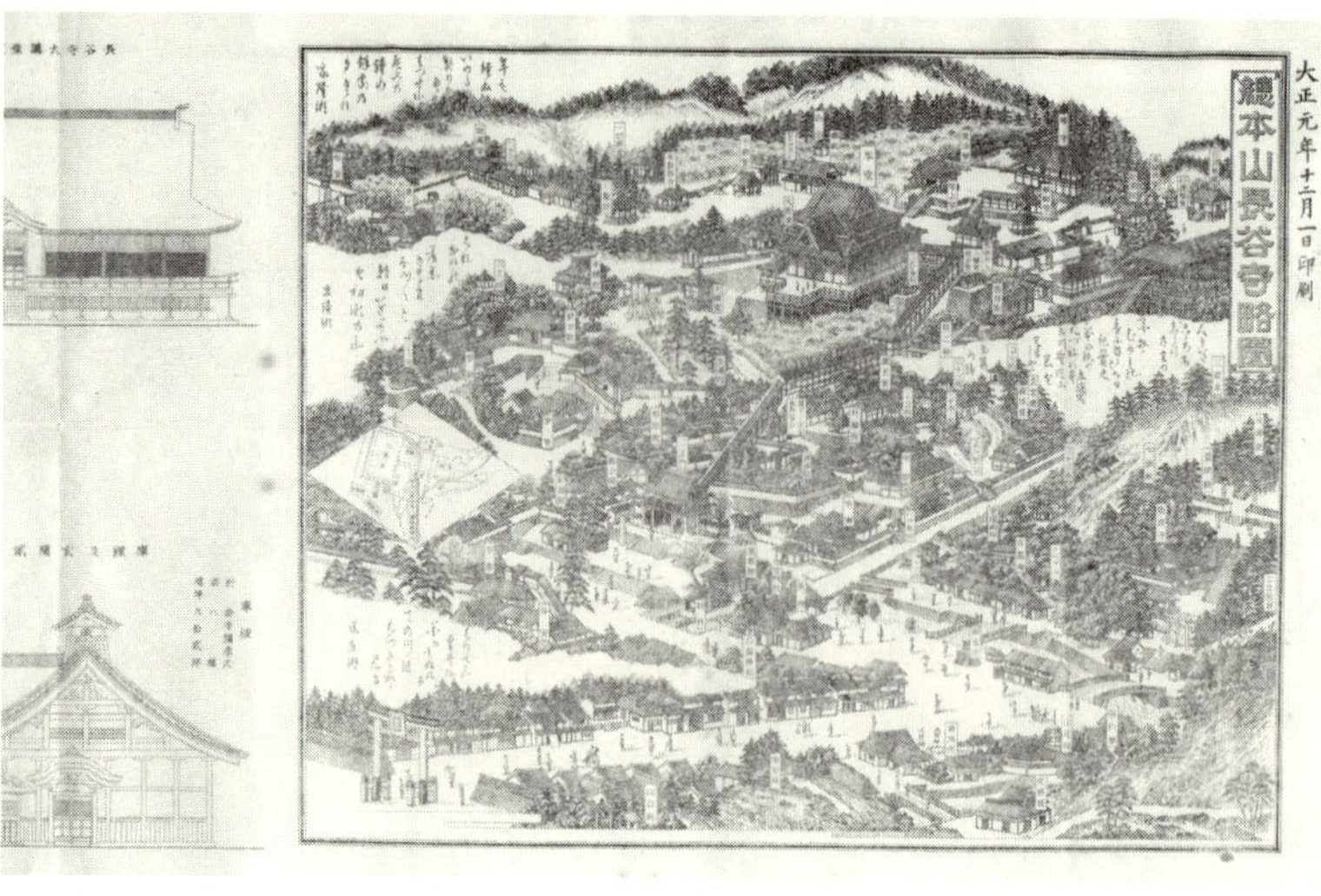

図７　架蔵『総本山長谷寺略図　大講堂及付属建物略図』右「総本山長谷寺略図」

四・九糎）である。

前者は右に「総本山長谷寺略図」（匡郭二二・〇×二八・四糎）を、左に「大講堂弐百分一之図」「庫裡及玄関弐百分一之図」「奥書院百五十分一之図」「小書院百五十分一之図」「唐門百五十分一之図」「護摩堂百五十分一之図」「居間百五十分一之図」「前部屋百五十分一之図」の立面図を載せ、その脇に五項にわたり勧進の概要を記す。後者は、目次の後に前者と同じ「総本山長谷寺略図」を綴じ込み（ここまでノンブルなし）、次に「勧進」（1～4頁）、「長谷寺再建寄付勧簿の概要」（5～6頁）と続き、最後に「上　発端」（7～8頁）、「中　縁起」（8～14頁）、「下　霊験」（14～16頁）と三部に分けて長谷寺の縁起と霊験を記している。

両者に収載される「総本山長谷寺略図」（図7）は、明治三十年の『大和国豊山長谷寺真図』に似せて彫り直したもので、大きさは約三分の二であるが、構図や霞、和歌が一致する。とはいえ、銅版画の特性を活かし元の木版画よりも細密なものになっていたり、門前町を行き交う人々の数が増えていたり等々、相違点を挙げるのは容易である。最大の特徴は、

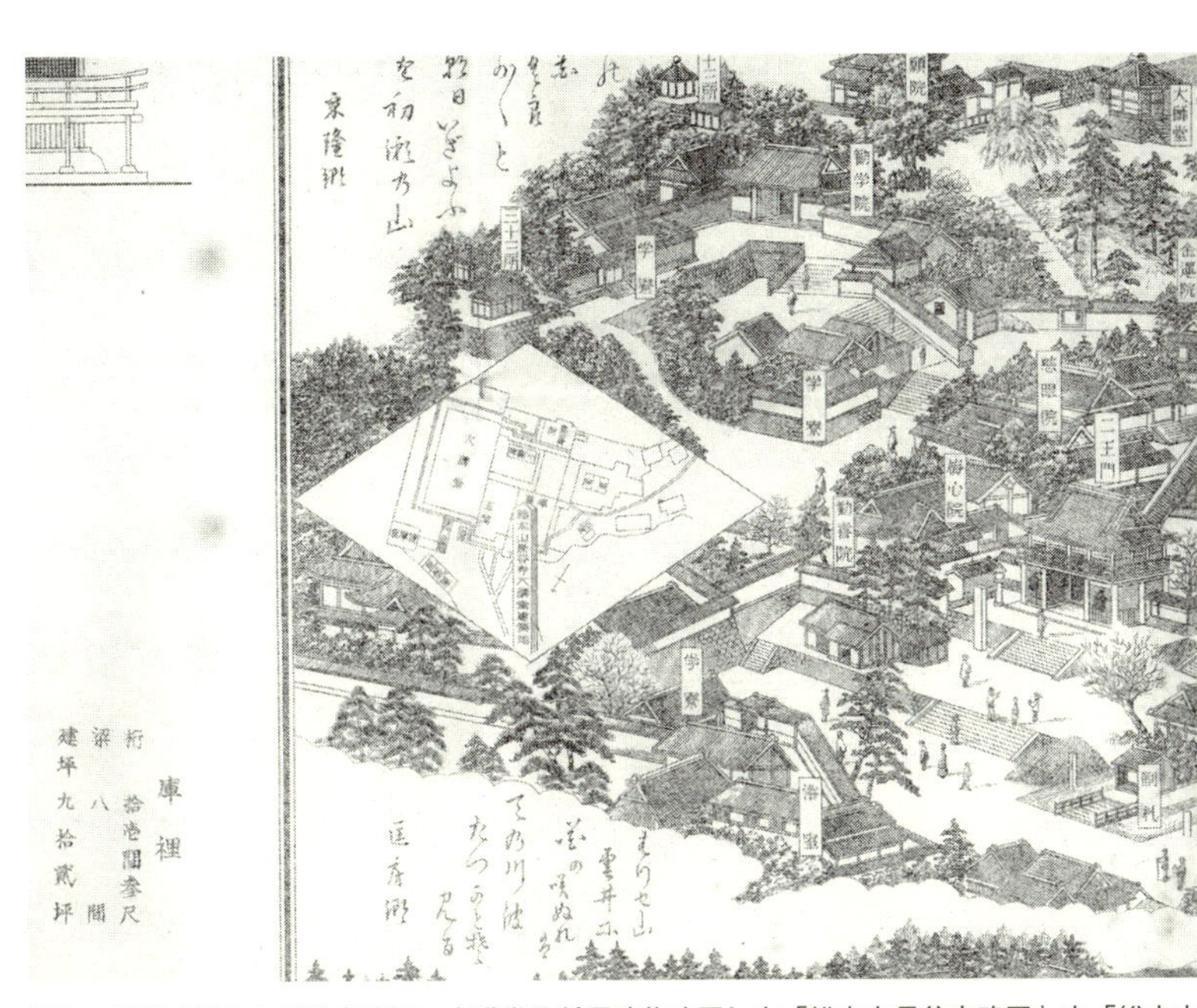

図8　架蔵『総本山長谷寺略図　大講堂及付属建物略図』右「総本山長谷寺略図」内「総本山長谷寺大講堂建築地」

炎上した大講堂等の位置に菱形で「総本山長谷寺大講堂建築地」（図8）として平面図を載せることであり、現時点で再建途上にある建物を覆い隠している。その一方で、明治九年に炎上し、いまだ再建されていない三重塔（図9）は、これまでの鳥瞰図と同様、はっきりと描かれていることに注意したい。

なお、本図が「総本山」と称するのは、明治三十三年（一九〇〇）に真言宗の新義・古義の各派が独立し、長谷寺を総本山とする新義真言宗豊山派の独立が認可されたことによる(5)。

ここで、『長谷寺大講堂再建之栞』に収載される縁起に注目してみたい。「上　発端」には、長谷寺の公式縁起である菅原道真仮託『長谷寺縁起文』に基づき、道明が本長谷寺を、その弟子の徳道が長谷寺を開いたことが記される。この設定は、長谷寺縁起が種々に展開してゆく過程で道明開基説と徳道開基説とが併存しており、その矛盾を止

図 9　架蔵『総本山長谷寺略図　大講堂及付属建物略図』右「総本山長谷寺略図」内「三重塔」周辺拡大図

揚するために生まれたものであって(6)、十二世紀の護国寺本『諸寺縁起集』所収縁起以降、多くの長谷寺縁起に踏襲された。三重塔は、この本長谷寺の象徴でもあったのだが、ここでは次のように語られている。

> 今より一千二百三十九年の昔、御即位遊ばされし天子様は、人皇第四十代の天武天皇様であらせられます。此の天子様の御在位の御時、当代の名僧道明上人に勅を下し賜はつて、当山の西の岡に本長谷寺を御建立あり。三重塔を御造立遊ばされて、其の塔の中に千体釈迦仏の銅像を御安置になりました（其塔は屢回禄の災に罹りしが、千体釈迦仏の銅像のみは稀有の珍像として国宝に編入せられ、奈良の博物館に、現に一異彩を放つて居ります）。

三重塔は何度も炎上しているが、千体釈迦仏銅像（銅板法華説相図）は国宝として奈良帝室博物館（現奈良国立博物館）に所蔵されるとするのみで、明治九年の炎上については触れていない。

「中　縁起」では、本尊十一面観音像について、霊木

図10　架蔵『西国第八番霊場　総本山長谷寺図絵』裏面

の由来や造像の経緯を『長谷寺縁起文』『長谷寺密奏記』等によって説明しているが、それに続けて、空海・覚鑁・専誉の行状について紙幅を割いていることに注目したい。専誉（一五三〇～一六〇四）は長谷寺を中興した真言宗豊山派の派祖であり、覚鑁（一〇九五～一一四四）は新義真言宗の始祖、そしていうまでもなく空海（七七四～八三五）は真言宗の開祖である。つまり、いずれも新義真言宗豊山派総本山としての長谷寺の縁起を語るには不可欠の人物ということになる。豊臣秀吉の根来攻めから逃れ、天正十六年（一五八八）に長谷寺に入山して小池坊を再興した専誉は、実際に長谷寺と関わりのある人物であるが、そこから覚鑁、空海へと遡るのは、新義真言宗豊山派の独立認可を契機とした伝統の創造とでもいうべき行為にほかならない。

さて、大正十三年（一九二四）九月、大講堂等の再建が成った。大正十五年刊行の小冊子『長谷寺』や、刊行年不明（大正末期～昭和初期か）のパンフレット『西国第八番霊場　総本山長谷寺図絵』『初瀬名所案内』等もこの再建について大々的に記しているが、明治以降の長谷寺の歴史を記すなかで明治九年・十五年の炎上には触れていない。二種のパンフレットには長谷寺の鳥瞰図および交通案内図がカラー印刷されている（図10）が、これまでに見てきた鳥瞰図とは趣が異なり、かなりデフォルメされたもの

図11　架蔵『西国第八番霊場　総本山長谷寺図絵』裏面「三重塔跡」周辺拡大図

図12　架蔵『初瀬名所案内』裏面「三重塔跡」周辺拡大図

である。注目すべきは、三重塔が「三重塔跡」（図11・12）として描かれていることで、焼失後も描かれ続けた三重塔が、ここに至りようやく〝理想的〟な長谷寺鳥瞰図の構成要素としての重荷から解放されたのである。三重塔再建が長谷寺復興計画から除外された経緯は不明であるが、少なくともこの時点では再建計画は白紙撤回されていたのであろう。昭和二十九年（一九五四）、やや離れた場所に五重塔として再建されることになるが、現在でも元の場所には三重塔跡が残されている。

おわりに

西国三十三所の第八番札所でもある長谷寺は、近世には多くの参詣者を迎え、寺院の由来や本尊十一面観音の霊験をより弘めるために略縁起を作成し、頒布した。また、参詣者を寺院に向かわせるのに、名所記や霊場記の刊行も一役買っていた。明治期には、政府による神仏分離や一宗一管長制といった新たな宗教政策により、長谷寺も大きな変革を余儀なくされるが、観音霊場に対する参詣者の信仰や、それを受け止め、あるいは発信する寺院の姿勢は、そう大きく変わるものではない。近世の霊場記に用いられた鳥瞰図が明治になっても継承され、また、縁起は用途に応じて形を変えてゆくが、『三宝絵』以来の基本要素も確実に引き継がれている。炎上からの復興に際し喜捨を求めて勧進がなされ、あるいはそれが新たな縁起や霊験譚を生み出す契機となったことも、勧進聖の活躍した中世を彷彿させずにはいられない。

本稿で採り上げた鳥瞰図からは、構図や技法（霞や和歌）のみならず、焼失により存在しない建物の存在までもが近世から引き継がれていることの意味を考えることができる。長谷寺周辺の景観を忠実に再現しているか否かという、いわば近代的な発想では捉えることのできない、寺院鳥瞰図なるものを描く目的は、単に都合の悪いものを隠蔽するということではなく、復興事業を支える勧進の理論に則ったものであるといえよう。

注

(1) 藤巻和宏「室町・江戸期の長谷寺縁起—縁起の展開と略縁起—」(『古典遺産』五六、二〇〇六)。

(2) 藤巻和宏「略縁起の書記形態—写本と版本の往還—」(堤邦彦・徳田和夫編『遊楽と信仰の文化学』二〇一〇、森話社)。

(3) 『第二回内国勧業博覧会褒賞授与人名表』(一八八一、第二回内国勧業博覧会事務局)、『第三回内国勧業博覧会褒賞授与人名録』(一八九〇、第三回内国勧業博覧会事務局)、『第四回内国勧業博覧会授賞人名録』(一八九五、第四回内国勧業博覧会事務局)。

(4) 再建年次は文化庁「国指定文化財等データベース」によるが、長谷寺公式サイトではいずれも明治二十七年(一八九四)の再建としている。奈良県立図書情報館蔵『長谷寺廊下建築並ニ境内復旧工事全般書類』(請求記号:2-3-2/大和国宇陀郡稲戸村薄木家文書)によると、少なくとも明治二十四年の段階では回廊の工事が続いていたことがわかり、二十二年は最終的な完成年次でないことがわかる。仁王門についても同様に考えるべきか。

(5) 新義真言宗豊山派の独立をめぐる動向については、奥野真明「明治時代における真言宗智山派—『密厳教報』に掲載される真言宗分離合同について—」(『現代密教』一五、二〇〇二)に詳しい。

(6) 藤巻和宏「長谷寺の縁起—再生産と変容の様相—」(『国文学　解釈と鑑賞』六三—一二、一九九八)。

略縁起とみやげ——『三河国八橋略縁起』と京銘菓八ッ橋

末松　憲子

はじめに

「やつはし」と聞いて何を連想するだろうか。京銘菓の八ッ橋を思う人もいれば、尾形光琳の「八橋図屏風」や在原業平の『伊勢物語』九段（三河八橋）を思い出す人もいるかもしれない。これらは菓子、美術、文学とジャンルは多様だが、すべて関連がある。

『伊勢物語』九段に、こんなエピソードがある。

昔ある男が、京から東国へ向かう途中、三河国八橋へ立ち寄った。男が川のほとりに咲くカキツバタを句に詠むと、旅情をかき立てられた一行は涙をこぼした……。

八橋はこのくだりから、歌枕の地として有名になった。そこから「八橋とカキツバタ」は図柄としても定着し、屏風や蒔絵・陶器などの工芸意匠にも多く用いられるようになった。尾形光琳の「八橋図屏風」はその代表例である。京銘菓八ッ橋にも「八橋とカキツバタ」図を包装に用いている店がある。聖護院八ッ橋総本店、八ッ橋屋西尾為忠商店、などがそれである。

また、八ッ橋の由来として、本家西尾八ッ橋では商品パッケージの中に、『京で一番古い八ッ橋やさん―八ッ橋誕生物語―』（以下『八ッ橋誕生物語』と記す）という漫画小冊子を入れている。そこには八ッ橋の誕生秘話として、三河八橋にある無量寿寺の伝説に感動した西尾家の先祖が、橋の形に似せた米粉のせんべい菓子を作り八ッ橋と名付けた、というエピソードが紹介されている。その他、本家八ッ橋では、カキツバタを円形にあしらった意匠を使用しており、パッケージには、祖先西邑彦左衛門が「八ッ橋縁起を聞き、在原業平朝臣の風流を偲び」八ッ橋を考案した、と由来を載せている。

八ッ橋は近世よりつくられていたが明治にいたって再興され、日清・日露戦争のさい慰問品として戦地へ送られて以来名物としての地位を固めた。戦前にすでに本家三十一軒を数えており[1]、戦後に新たに参入した業者もある。そのため由来やパッケージデザインは店舗によって様々ある。しかし、その中で複数の店舗が三河八橋を彷彿とさせる「橋とカキツバタ」図の包装を使用しており、中には無量寿寺の伝説を八ッ橋の由来に使用している店舗もある。京都みやげとしてもっとも有名な菓子、八ッ橋。この菓子に、愛知県の三河八橋の意匠や伝説が付随するのは何故なのか。考察してゆきたい。

八橋山無量寿寺

京銘菓・八ッ橋の由来ともなった、三河八橋の寺とはどのような寺院か。まずはその寺、無量寿寺の概要を押さえておきたい。

現在地は愛知県知立市八橋町寺内。寺伝によれば、七〇四年（慶雲元）の創建で、東海山慶雲寺と称し現豊田市駒場町平古下馬にあった。八二一年（弘仁十二）、勅命により野路宿入江浦（八橋宿の旧名）に七堂伽藍を造営し、東海山無量寿寺と改名。現存する在原寺を含め、塔頭十有六院があったという。九〇二年（延喜二）八橋山と改称し、現在地へ移った。(2)その後廃寺となるが、一五五八～七〇年（永禄年中）熱田竜珠寺の和尚が再建した。一七一一年（宝永八）真言宗から臨済宗妙心寺派となった。一八〇五年（文化二）方巌売茶が訪れ、無住となっていた塔頭の在原寺を再興し、次いで無量寿寺を再建し、寺運を盛り立てた（一八二八年（文政十一）没）。(3)一九一三年（大正二）火災により本堂が焼失したが再建し、現在に至る。中世の鎌倉街道に接しており、東海道からは少し離れている。寺名は、近世まではほぼ「無量寺」と記されており、近代以降「無量寿寺」と記される。その為、史料引用は原文のまま「無量寺」とする。

この寺には、在原業平との関わりを記した『八橋山無量寺縁起』（江戸時代中期頃成立か）や『杜若姫伝由』（成立年代不明）の他、本縁起に書かれていない「八橋の橋架け譚」を記した、『三河国八橋略縁起』と『三河国八橋杜若略縁起』がある（共に成立年不明）。この二つの略縁起は、図や書体は異なるものの、内容は全く同じである。どちらも版の磨耗からか、異本が存在しており、略縁起の成立以後、かなりの数が刷られたものと考えられる。(4)

この略縁起の内容が、西尾家の先祖が感動したという無量寿寺の伝説である。本家西尾八ッ橋によれば、この話を伝え聞いた西尾家の先祖は、子を思う親心は何にもまして尊いものだという事を、広く世人に知らせるためにはどうしたら良いかと心をくだき、橋板に似せた米粉の煎餅菓子を作ったという。(5)以下に内容を書き下して紹介する。

昔、羽田玄喜という一人の医者があったが、若くして亡くなってしまった。残された妻は、山で薪をひろい、浦で若布を刈って、苦労して二人の子どもを育てていた。ある時川で海苔を取っていると、母を追ってきた子ども達が、川で溺れて死んでしまった。嘆き悲しんだ母は出家し、「川に橋を渡す事で、子どもの菩提を弔いたい」と祈願する日々を過ごした。ある晩夢の中に一人の僧が現れ、「入江の浦に橋に渡すべき木がある。これで造るべし」と告げた。入江にはお告げの通り材木が流れ着いており、橋を渡す事ができた。川の流れは蜘蛛の手のように広がっていた為、八つの橋を違い橋に架け、八橋と名付けられた。その後母は、八橋のほとりに咲く杜若を亡き子のしるしと思い、より一層仏を信心するようになった。この花は年々増え、沢辺の水も杜若色に染まる程になり、旅人の心をなぐさめるようになった。

その後、在原業平が東国へ下る折もこの地の杜若は盛んであった。業平が和歌を詠もうと馬を降りた場所は下馬といい、しるしの松が今に残っている。

その時ある人が、「カキツバタの五文字を句の上に置いて旅の心を詠むべし」と言ったので、「から衣　きつつなれにし　つましあれば　はるばるきぬる　旅をしぞ思ふ」の句を読んだ。そして一夜にして観音像を彫刻し残された。誠に業平と申す人は、歌舞の菩薩の化現なれば、詠まれる言葉は皆法身説法の妙文にして、草木国土悉皆成仏の縁となる。位も氏もやんごとなく、御父は平城天皇の御孫阿保親王、御母は桓武天皇の御女伊登親王である。天長二年に生まれ、元慶四年に亡くなられた。その遺骨の半分は菩提所・大和国在原寺へ納められ、残り半分は遺命に従い、薬師如来像と業平像を添えて当寺に納められた。寛平四年子五月十五日、この入江の浦に墳墓を築き、法会が営まれたという。なお当寺来由と縁起あり、詳しくは恐れ多い為略す。

三河国碧海郡　八橋山無量寺

『三河国八橋略縁起』と『三河国八橋杜若略縁起』は共に成立年代不明だが、『三河国八橋略縁起』の図には牧墨僊（一七七五〜一八二四（安永四〜文政七）年）の落款がある。墨僊の号は一八〇六、七年から没年（一八二四）まで使用されていたため、(6)略縁起もこの時期の成立と考えられる。方巌売茶が三河八橋を訪れたのが一八〇五年、在原寺・無量寿寺を再建・再興し、同地で没したのが一八二八年である。その為、『三河国八橋略縁起』は売茶の時期に作られたと考えられる。この『三河国八橋略縁起』は、活版印刷のものも残されており、明治期まで長く頒布されていたことがわかっている。

もう一つの『三河国八橋杜若略縁起』の方は、絵師の名が記されておらず刊記も無い。売茶が無量寿寺に入る前からあった可能性もあるが、八橋の橋架け譚は、元禄前後に萌生した後、時々に改訂増補され、略縁起の内容で固定されている。(7)売茶が三河八橋を訪れる八年前に刊行された、『東海道名所図会』（一七九七（寛政九）年）においてもまだ、八橋の橋架け譚は略縁起とは異なっている（むかし沢で八才の子どもが亡くなり、父母が追善の為に橋を架けた。八才の子からはじまった橋のため、八橋という(8)）。その為、無落款の『三河国八橋杜若略縁起』が、牧墨僊の落款のある『三河国八橋略縁起』より前に作られていたとしても、さほど古くまでは遡れない。

したがって、二点の成立はどちらも売茶が三河八橋の再興を行なっていた時期のものと考えられる。売茶は三河八橋再興の一つとして、伝承の整理と略縁起の刊行を行ったのではないだろうか。

三河八橋の故事と八ッ橋

菓子の八ッ橋がいつ頃から売られていたのか、はじめから三河八橋の由来を語っていたのか、不明である。また各店舗では、創業年から八ッ橋を商っていたとしているが、それを史料的に明らかにする事はできない。もともと八ッ

図1　八ッ橋屋源七のレッテル
（出典：鈴木宗康『諸国名物菓子』1941年、河原書店）

橋は農家手製のものとも言われ[9]、古い記録は少ない。

鈴木宗康氏は一九四一年発行の『諸国名物菓子』に、「京都で売ってる八橋のレッテルに、しかも天明以前のものに、杜若の絵をかいたのがある」と述べ、（図1）を載せている[10]。図には、八橋と杜若の意匠の中心に「根元／一流／京都　両国やけん堀社地／八橋煎餅／出店八はし源七」と書かれている。文字情報からわかるのは、京都の八ッ橋屋が江戸に出店していた、という事である。「やけん堀社地」というのは、江戸三大不動の一つ、薬研堀不動院である。昭和のはじめに菓子の業界新聞を発行していた広瀬芦笛氏は、菓業回顧譚に「八ッ橋屋源七は江戸へ出店を出す等相当知られていた[11]」と記している。

天明頃といえば他に、一七八四年（天明三）に京都で没した与謝蕪村の句に「里人よ　八つ橋つくれ　春の水」がある。

情報が少なすぎて断定はできないが、天明頃にはすでに「八橋とカキツバタ」図を包装に用いた八ッ橋屋が、ある程度の知名度をもって商売をしていた可能性がある。

時代が下って『三河国八橋略縁起』が作られたと考えられる文政頃、京都で別の八ッ橋屋の名前を確認する事が出来る。洛東にある、聖護院の鎮守社・熊野神社の絵馬に「奉納／熊野権現宮／聖護院村八ッ橋屋為治郎／文政七年（一八二四）甲申歳壱月」と残されているのだ。文政七年というと、『三河国八橋略縁起』の挿図を描いた牧墨僊の没年にあたるため、略縁起の板行以後の絵馬と言えよう。

この絵馬は西尾家十代・八ッ橋屋為治郎が祈願成就のお礼に熊野権現宮（現在の熊野神社）に寄進した絵馬だとい い[12]、本家西尾八ッ橋の店舗には、拡大複製したパネルが飾ってある。

八ッ橋屋為治郎の流れを汲む八ッ橋屋には、三河八橋の伝説を由来としている本家西尾八ッ橋、本家八ッ橋と、「八橋とカキツバタ」図を包装に用いている聖護院八ッ橋総本店、八ッ橋屋西尾為忠商店がある。したがって、『八橋誕生物語』にある、無量寿寺の伝説に感動した西尾家の先祖は、西尾為治郎である可能性が高い。そして為治郎の流れを汲む店舗が、由来や意匠によって三河八橋の伝説を伝えている事になる。ただし、八ッ橋屋為治郎が文政当時に、どんな意匠を用いていたか、由来を語っていたのかは、わかっていない。

神崎宣武氏は『江戸の旅文化』の中で、「江戸中・後期の旅においては甘い菓子が旅人にうけた」とした上で、それがみやげとして広まったとはいえない、と述べておられる。徒歩旅においては、体積ばるもの、割れやすいもの、腐りやすいものは旅みやげに不向きであった[13]。みやげ菓子の登場は鉄道旅行の時代を待たねばならず、名物菓子の類は、その場その場で旅人が味わうものだったのである。そうした当時においては、今ほど由来を前面に押し出したりはしていなかっただろう。

為治郎の店は梅林茶店といった。少し時代は下るが、名所図会にその様子が描かれている。『花洛名勝図会』（一八六四（元治元年））がそれで、挿図の「聖護院森　熊野権現宮　梅林茶店」に、熊野権現宮と門前の梅林茶店を確認できる。図会の文章からは、かなり風光明媚な所だった事がわかる。

梅林茶店　西鳥居前の左右にあり。両店とも庭中に数株の梅樹を植ゑ、あるは木下に萩をあまた植ゑそへ、春秋のながめとす。されば初春の花の頃は清香四方に薫り、雪蕚霜葩うるはしく秋日には萩の花妻錦をつらね露深くして色を増し美観言語に絶えず。さる程に洛下の良賤ここにつどひて遊宴を催して最賑はし。[14]

聖護院は京の町衆たちの遊山の地であると共に、上京から大津へ至る街道筋にあり、多くの牛車が行き交う地であった。米粉の煎餅菓子で腹持ちの良い八ッ橋は、旅人の腹ごしらえや携帯食としても適していただろう。

三河と京都の接点

墨僊挿絵の『三河国八橋略縁起』と、八ッ橋屋為治郎の絵馬との間には、三河と京都という空間の開きが横たわっている。この距離を繋ぐと考えられるのが、文化年間の再興・再建をはたし、無量寿寺中興の祖と称される方巌売茶（一七五九～一八二八（宝暦九～文政十一）年）である。

売茶は福岡藩士の三男として生まれるが、幼くして両親に先立たれ、京都臨済宗妙心寺の僧となった。修行中に、煎茶道を確立した高遊外売茶の生き方に強く感動し、その門人の大典禅師から煎茶を習い、印可を受けた。京都から江戸へ出て煎茶を売り二代目売茶と称する。一八〇五年（文化二）京に上る途中、三河八橋を通りかかり、在原業平縁の寺の荒廃を見かねて、再興を決意し、一八〇九年（文化六）在原寺の住職となった。その後村人に嘱望され、一八一一年（文化九）無量寿寺をも再建した。庭を煎茶式庭園とし、カキツバタを植え、煎茶道の心と効用を村人達に教え、茶葉を栽培させて普及を図った。一八二八年（文政十一）六十九歳で没、墓所は無量寿寺境内にある。[15]

売茶の再興・再建以前とそれ以後を、それぞれ描いたと考えられる図が残っている。タイトルが同じで紛らわしいが、（図2）と（図3）の『三河国八橋山無量寺紫燕山在原寺八景之図』である。どちらも、右上に無量寿寺、中心より少し下に在原寺が描かれている。

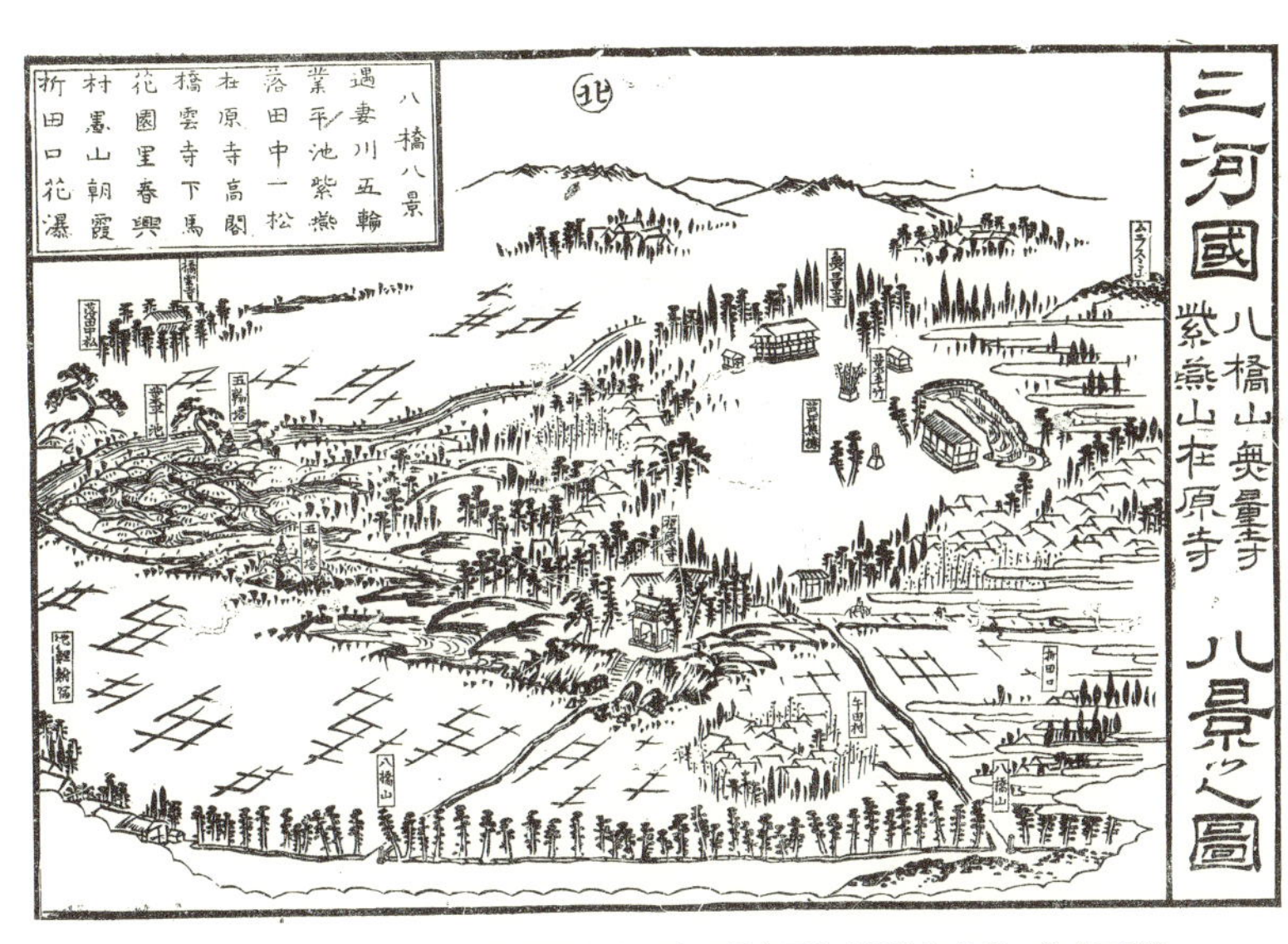

図２　『三河国八橋山無量寺紫燕山在原寺八景之図』（岩瀬文庫蔵・作者不詳）

（図２）を売茶以前と考えるのは、無量寿寺境内の様子からである。売茶が三河八橋に入る八年前に刊行された『東海道名所図会』（一七九七）に、堂前に「業平竹」と「一本薄」があると書かれている。（図３）にはどちらも描かれているが、（図２）の境内には「一本薄」がまだ無い。その為、（図２）は『東海道名所図会』よりも以前の図と考えられる。加えて、（図３）には絵師の名が丹羽桃渓（一七六〇〜一八二二）とある。桃渓は諸国の名所図会を多く手がけた絵師である。（図３）の境内の様子は、無量寿寺本堂前の高閣（現存しない）を除けば現在とほぼ同じであるため、売茶の再建以後の図とみられる。

この二枚の図から、売茶の再建がどのようなものだったのかよくわかる。売茶は杜若庭園を煎茶式庭園に改造したと伝えられるが、それだけではなく境内がかなり賑やかになっている事がわかる。このようにして売茶は、名ばかりになっていた三河八橋を、実体を伴った名所に生まれ変わらせた。さらに、略縁起や八景図を板行し、遠方の人々にもその存在を知らしめた。

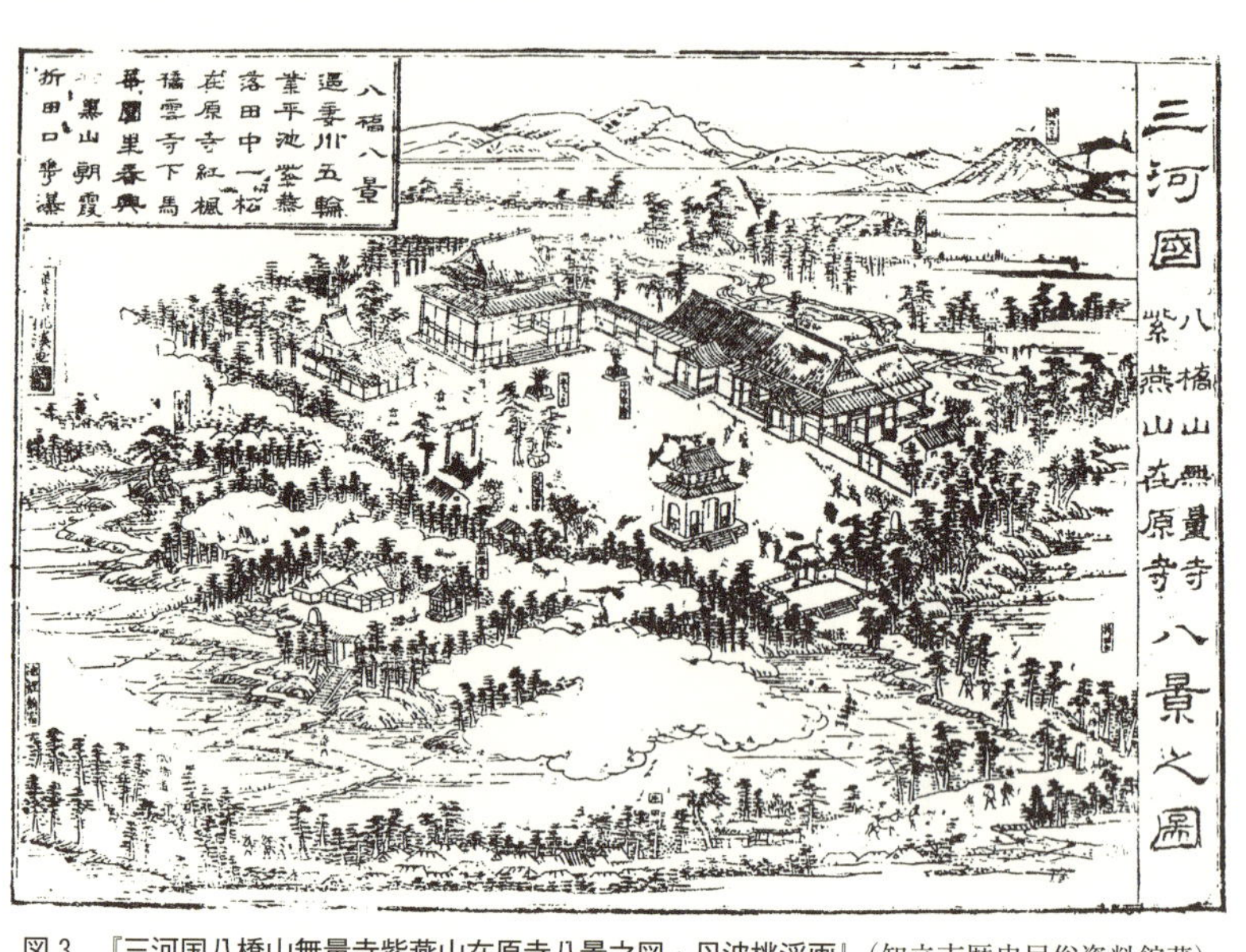

図３　『三河国八橋山無量寺紫燕山在原寺八景之図・丹波桃渓画』（知立市歴史民俗資料館蔵）

江戸期において神札や護符は、旅みやげの一つとして村に持ち帰られていた[16]。それ故、『三河国八橋略縁起』も、旅人を介して西尾為治郎の手元に届いた可能性もある。

また、無量寿寺は京都の妙心寺の末寺であり、売茶自身も妙心寺で修行していた事から、元々京都との結びつきは深い。

売茶と聖護院との結びつきはもう一つある。初代の高遊外売茶が最晩年を過ごした地が、聖護院であり、梅林茶店からも非常に近い距離だったのである。初代売茶の書簡によれば、住家は「聖護院村、札の辻より三丁北、沢井源左衛門の借宅」で、ここで晩年の初代売茶は、厳しい窮乏体験を経ながらも、揺るぎない精神的自足の境地を形成したという[17]。

初代売茶は、僧侶が袈裟の功徳での布施に甘えるのを嫌い、自営自活をした人物として知られている。自ら茶具を背負い、東福寺や稲荷など、眺望よきところに炉を開いては茶を煎じ、「茶銭は黄金百鎰より半文銭まではくれしだい。ただのみも勝手、ただよりはまけ申さず」と掲げた[18]。

当時の雅客文人は好んで翁を訪れたという。昨今、伊藤若冲や池大雅、国学者の上田秋成ら、十八世紀の京の文人達に影響を与えた人物、として再注目されている。(19)

そうした初代売茶の宅趾は、『花洛名勝図会』（一八六四）においても、売茶翁通仙亭趾(ばいさおうつうせんていのあと)として紹介されている。無量寿寺を再興した二代売茶からすれば、本山・妙心寺への道程にある聖護院は、単なる休憩地点ではなく大きな意味を持った場所だったろう。史料からは確認できないが、二代売茶と西尾為治郎が知己の仲であった可能性も考えられる。

八ッ橋の近代

八ッ橋は、幕末の動乱でいったん下火になってしまう。しかし近代に入ると、八ッ橋中興の祖といわれる、西尾家十二代・西尾為治（一八七九〜一九六二）が登場し、「みやげ菓子」としての八ッ橋の基礎を作る。

鈴木勇一郎氏は『おみやげと鉄道』の中で様々なみやげ菓子を例に、明治以前から続く名産品が必ずしも近代以前と同じものとは限らない、という事を明らかにしている。(20)また、近代において土地の名物を大きく発展させた装置として、博覧会、日清・日露戦争、皇室ブランド、駅構内での販売、保存性の向上、を上げている。(21)

西尾為治はこれらすべてを活用し、八ッ橋の知名度を飛躍的に高めた。特に博覧会への出品は、十七歳で初めて菓子博に出品し金賞を入賞したのを皮切りに、一九〇〇年パリ博覧会、一九〇二年フランス博覧会等、国内外を問わず多数出品し、生涯で実に百八十余りの出品を重ね、数々の賞を獲得している。一九〇五年からは京都駅構内で立ち売りをはじめ、旅客の耳に八ッ橋の商品名を残した。又、商品改良をして保存性が高まった八ッ橋は、日露戦争において軍の携帯食に採用された。たびたび天覧、宮内省お買い上げの栄にも浴している。(22)

一九〇〇年に、大日本菓子協会から発行された『はな橘』一号では、「雑菓子」に対する寸評がある。[23]全体としては雑菓子に苦言を呈している文章だが、この中で「雑菓子にして尤も名の知られて、この弊風に陥らざるものは京都聖護院の八橋、大阪二ッ井戸のおこし等僅々数ふべきのみ」と、八ッ橋は評価されている。これは博覧会・品評会への度重なる出品と、商品の前向きな改良が評価されての事だろう。

この雑誌が刊行された当時、八ッ橋の由来も強くアピールされていた。当時は、旅が徒歩から鉄道に変化しはじめた過渡期である。友人知人に菓子を土産として持ち帰る事がはじまり、「みやげ菓子」という概念が生まれた時期であった。それまでも土地の名物菓子はあったが、旅行者本人が食していた時期には、由来は口頭か、せいぜい看板などで伝えられる程度であっただろう。それが持ち帰って人に配るとなると、由来を記した紙や、形や風味を損なわない箱容器、品格のある包装、など様々なものが必要になる。

『はな橘』には毎号「引札作例」もしくは「菓子装飾」というコーナーが設けられ、各地の菓子の、銘・製法・形・包装・由来などが紹介されていた。第一回「引札作例」の冒頭には、このコーナーの趣旨が次のように掲げられている。

菓子を新製しても、ただ見せたばかり、食はせたばかりにては、製造元の心づくしの届かざるのみか、味ふ人にしても、その所縁を聞けば、無限の妙味のあらはるゝものぞかし。さはれ其文章のふつつかにして、作りたる心と一致せざるが如きは、むしろ其作品の値を堕とすものなり。附けるもむずかしければ、付けざるも又むずかし。こゝに其内近来の製にかかるものを掲ぐ。

この時期、菓子の由来や装飾が如何に重要になってきていたのかを示すものだろう。毎号数点紹介される引札や装飾の情報に、菓舗の主人たちは注目していたと思われる。

この『はな橋』第一号で八ッ橋の由来が紹介されている。新海非風の「菓子名物の由来」という文章がそれで、管見では八ッ橋の由来が書かれた最も古い資料である。因縁が古い名物の中で、平民的かつ風流、世に名高きものを選んだ。説の真偽の如きは編者の保証し得可き所にあらず。こう断った上で、五点の菓子由来が紹介されている。五点の中でも八ッ橋の由来はかなり長い。まず『三河国八橋略縁起』前半の橋架け譚から業平が「カキツバタ」の歌を詠んだ、という所までを、補足を加えつつ平易に読み下している。その一方で後半の、業平が一夜にして観音像を彫った事や、業平の遺骨の半分が在原寺に納められている、といった、菓子の由来とは関係の無い後半エピソードは割愛されている。代わりに、菓子の由来が付け加えられている。この部分を、少しかいつまみながら紹介する。

> 場所が移って今より二百数十年前の京都聖護院。この地にどこからともなく老夫婦移り住み、嫗（おうな）は面白い形の駄菓子を売るようになった。風雅な味のするその菓子の名を聞くと、「八ッ橋なり」と言って、嫗は故郷の三河の橋の縁起を物語した。時が流れ、家も変わり、聖護院の門跡に諸国の山伏入り込みし時代より、人々伝え伝えて、その名いよいよ諸国に広がった。故・山階の大宮は殊の外この菓子を愛で、毎月の御歌会は勿論、平常にも召し上がられ、ある時は製法を御覧ぜられた事もあるという。近来では我が国の各地は勿論、遠く外国にまで輸出され、現今職人十五人で毎日二千枚以上製しても足らぬ有様なり。当代の山田直次は、風味が衰えやすい事に苦心し、ついに欠点を克服したという。冷泉為紀伯が八ッ橋を詠んだ歌あり「杜若　むこふ三河の面かけをこゝにもうつす　そてのよろしさ」。菓子に名所その他の雅名を付すこと、八ッ橋に初まれるという者あり。

以上である。何故三河の伝説を冠しているのか、という事に「三河からきた老夫婦が作った」という理由をつけ、

「諸国の山伏」云々というくだりで古さを感じさせている。「山階の大宮」のくだりでは、ただの雑菓子ではなく貴族階級の愛好の品であると主張し、日本各地のみならず外国まで販路が広がるほどの菓子であると伝えている。冷泉為紀伯の句は、貴族階級の愛好を再度念押しすると同時に、菓子名は歌枕の地を雅名としてつけたのであり、三河の地名がついているのはおかしいことではない、と強調しているように思える。

こうした様々な試みが時代の波に上手く乗り、八ッ橋は京都を代表するみやげ菓子になった。京都では戦前八ッ橋製造家が二十数軒を数えていたといい、八ッ橋屋へブリキ缶を納品していた京都製缶株式会社までも、その売れ行きの大きいことから八ッ橋製造に乗り出したという。京舞妓を意匠として、「京姿八ッ橋」と名付けられたこの商品は、資力と宣伝に物を言わせて一時は聖護院を圧倒する程の商勢を見せたという[24]。

また、京都に留まらず、各地に八ッ橋屋が誕生した。西尾為治は「ばいまわし　江戸日本橋二重橋　大坂四ツ橋京で八ッ橋」の詩にちなんで東京日本橋と大坂四ツ橋に支店を出していたという[25]。この詩は、八ッ橋屋西尾為忠商店で今も包装紙に使われている。一九四一年発行の『諸国名物菓子』には他にも、朝鮮で「将軍八ッ橋」が、無量寿寺のある知立でも「八ッ橋の里」という商品が売られているとある[26]（いずれも現存しない）。

無量寿寺の近代

一方、無量寿寺の近代はどのようなものだったのだろう。

愛知県図書館蔵の「三河国八橋山無量寺同在原寺開帳宝物附閏二月一八日より三月八日迄」という江戸期の宝物一覧には、三十七点の霊宝霊仏類が記されている。時代が下って、日露戦争以後に無量寿寺から頒布されていた『三河八橋　八橋山無量寿寺宝物一覧』[27]をみると、江戸期をはるかにしのぐ二三九点にも及ぶ霊仏霊宝類が記されている

（霊像之部十一点、器物之部九十五点、軸物之部七十点、扁額之部十点、古文章之部三十九点、明治三十七八年役（日露戦争）戦利品之部十四点）。ここから、近代に至るまでに格段に霊宝霊仏類を増やしている事がわかる。

細かく見てゆくと、中には御所との結びつきを感じさせる「天子護持玉朝日鶴之御末広（仙洞御所寄附）」や、「天覧物八橋之柱梅檀木（一基）」、「天覧物売茶翁之茶具笈（一笈）」といった品がある。他に、方巌売茶と親交のあった人々から贈られたとみられる、「堆朱大筆（大納言紀伊公寄附、一本）」、「金屏風松之図（中納言高辻公寄附、半隻）」、「紫檀硯（九條殿寄附、一個）」、「堆朱大如意（大納言紀伊公寄附、一柄）」もみえる。その他、行基作の十二神将、小野篁作の閻魔王、左甚五郎作木獅子、運慶作鬼面など、真偽の確かでない霊仏霊宝類も大量に記されている。総数二三九点という分量から、売茶の再建以降、無量寿寺が隆盛を極めた事と、開帳を積極的に行っていた事が予想される。

写真１　西尾為治の建てた八橋旧蹟碑（2013年撮影）

一九五五年に無量寿寺から出された小冊子には、維新前は高辻家、五条家、東坊城家、桑原家、土井兵庫守及紀伊大納言等、宮家公卿の帰依があったとある。また、八橋の古柱は明治天皇の聖覧も賜ったと書かれている(28)。

本家西尾八ッ橋へのインタビューによれば、西尾家と無量寿寺との交流は大正頃から記録が残されているという。当時の無量寿寺住職・八ッ橋詔温は本

写真2　無量寿寺のかきつばた祭りにおける八ッ橋出店風景（2013年撮影）

山の妙心寺で役員を務めており、京都を訪れる事が多々あった。そしてその折には、聖護院へ寄り、西尾為治と親しく過ごしたという。一九一三年、無量寿寺が火災で本堂を焼失した際も、本堂再興（一九一七年）の折に、西尾為治時代の聖護院八ッ橋から、立派な須弥壇が寄進された。あわせて参道には「八橋旧跡」と彫った石碑が建立された（写真1）。この二つは今も無量寿寺に残されている。

火災の後、無量寿寺は、観光寺院ではなく地域に根ざした寺の道を選んだ。焼け残った霊宝類は、一九八六年境内に建てられた八橋史跡保存館に納められ、毎年五月に行われるかきつばた祭りの時期にのみ公開されている。二〇〇六年からは、かきつばた祭りにあわせて、本家西尾八ッ橋が京都から出店するようになった（写真2）。二〇一二年からは、かきつばた祭り限定の生八ッ橋「かきつの香り」や、特別パッケージの八ッ橋も売られるようになった。もちろん、これら特別パッケージにも、『八ッ橋誕生物語』が封入されている。

近世後期に、『三河国八橋略縁起』及び『三河国八橋杜若略縁起』によって広められた寺院の略縁起が、現在では京銘菓の由来として菓子箱に封入されて広められている。近代という時代に、寺院の火災、みやげ菓子における由来の重要性、という大きなターニングポイントが寺院と菓子店それぞれにおこり、この不思議な現象が誕生した。二〇一六年には、無量寿寺で配布される三つ折りパンフレットを本家西尾八ッ橋が作成した。これには「三河国八橋と京名物「八ッ橋」」という項がある。無量寿寺の伝説は、今後も京名菓・八ッ橋と共に広く喧伝されてゆくだろう。

おわりに

最後に、八ッ橋の由来としてもう一つ有名な、八橋検校についても少し触れておきたい。現在ではこちらの由来の方が有名かもしれない。八橋検校説をとっているのは現在二軒。一軒は、西尾為治から鈴鹿太郎が一九二六年経営を引き継いだ、聖護院八ッ橋総本店。聖護院八ッ橋総本店は、「八橋とカキツバタ」図を包装に残しつつ、由来は八橋検校をとっている。もう一軒は、祇園の茶屋の流れを汲む井筒八ッ橋本舗。

近世箏曲の祖として知られる八橋検校は、聖護院のほど近く、黒谷・金戒光明寺の塔頭・常光院に葬られている。この八橋検校を偲び、琴の形に似せて菓子を作った（聖護院八ッ橋総本店）、物を大切にする検校は、米を洗うときの流米を貯めて煎餅を作る方法を茶屋の主人に教えた（井筒八橋総本舗）、というのが、八橋検校説である。

八ッ橋業界のほとんどが三河八橋説をとっていた時代、井筒八ッ橋本舗の先代・津田吉次郎が八橋検校説を提唱するきっかけとなったのは、常光院の住職・梶田信順から八橋検校の話を聞いた事だという。検校の遺徳を顕彰する事にした吉次郎は、一九四九年六月十一日に常光院で、京都府、市、観光連盟の後援、井筒八ッ橋本舗と八ッ橋組合の共催として、第一回八橋供養を執り行う。しかしその後、三河説を支持するほかの業者と意見が合わず、井筒八ッ橋本舗が単独で法要を営む事になる。一九五二年の第四回のときに、聖護院八ッ橋総本店も検校説に賛同し、別寺（法然院）にて法要を営むようになったという。(29)

井筒八ッ橋本舗は、琴の図柄並びに井桁を商標として大いに宣伝に努め、八ッ橋をさらに広めた。第一回八橋供養からわずか六年後に発行された『近世日本菓業史』ですでに、「八ッ橋の元祖は一時愛知県知立なるかの錯覚を与えた事がある。」と記されるほど業界の認識をも塗り替えた。(30)

常光院住職は津田吉次郎にどのような話を語ったのだろうか。江戸期の八ッ橋については不明点が多い。検校説の八ッ橋屋があった可能性も否定できない。ただし、そこには長い途絶があるだろう。いま常光院は「やつはし寺」と呼ばれているが、八橋検校の八橋流は江戸期にいったん途絶えており、一九三四年まで八橋検校の墓も無縁仏同然の扱いであったという。それが大日本箏曲会連盟や京都当道会有志らが、検校二五〇回忌を記念して、一九三四年に現在の場所に立派な墓と顕彰碑などを建立したのである。(31)戦後の八橋検校説の浸透には、常光院や邦楽界の動向なども大きく関わっていそうである。興味深い事例ではあるが、こちらはまた別の機会に検討したい。

また、天明頃の八ッ橋屋源七についても今後の課題としたい。本論では、二代売茶の再建以降の無量寿寺と西尾家との関わりを中心に見てきたが、天明頃既に「八橋とカキツバタ」図の包装を用いた八ッ橋屋があった事が確実となれば、売茶以前の三河八橋と菓子の八ッ橋についても多くの事柄がわかってくるのではないかと期待される。

最後に、インタビューをご快諾いただいた、本家西尾八ッ橋・山崎将一さま、無量寿寺・八橋紹寛さま、メールにてご対応下さった知立市役所経済課商工観光係・伊藤さまに心から御礼申し上げます。

注

（1）西村民枝・俣野はる子「八ッ橋」（京都府女子師範学校『郷土研究』第三号、一九三六）。

（2）知立市歴史民俗資料館平成二十年度特別展図録『八橋無量寿寺～伊勢物語と方巌売茶翁』二〇〇八。

（3）知立市歴史民俗資料館平成十八年度特別展図録『史料に見る知立の歴史』二〇〇六。

（4）A.『三河国八橋略縁起』（牧墨僊の図あり）・・・無量寺名義のもの（愛知県図書館蔵）、無量寿寺名義のもの（八橋史跡保存館に版木あり）、活版印刷のもの（義田孝弘氏蔵）などが確認されている。

B.『三河国八橋杜若略縁起』（図の絵師名なし）・・・日本文化研究センター蔵品と、岩瀬文庫蔵品では、杜若の葉数など図に微細な違いあり。異版があったことがわかる。タイトルは日本文化研究センター本の外題による。岩瀬文庫本の外題は『三河国八橋略縁起』（Aと同じでまぎらわしい為、本論ではこちらの外題を使用しない）。

（お詫びと訂正）

拙著「はじめに歌枕あり―八橋売茶方厳の三河八橋再興」（堤邦彦・徳田和夫編『遊楽と信仰の文化学』二〇一〇、森話社）では、『三河国八橋略縁起』と『三河国八橋略縁起并杜若来由』の二種がある、と記していた。『八橋略縁起并杜若来由』は二種の略縁起共通の内題であった。お詫びして訂正する。

（5）西尾為治翁顕彰会編集・発行『おいしい八ッ橋作ってや』一九九四。

（6）木戸久二子「「八ッ橋」について―『三河国八橋略縁起』―」（『知立市史だより』第四号、二〇一三・十一、知立市教育委員会文化課市史編さん係）

（7）天野慎一『歌枕八橋雑纂　伊勢物語九段』自家版、一九七七。

（8）『東海道名所図会』（林英夫編『日本名所風俗図会』十七　諸国の巻二、一九八一、角川書店）。

（9）島武史『家訓に学ぶ商人の成功学』（一九八三、柏書房）。

（10）鈴木宗康『諸国名物菓子』（一九四一、河原書店）。

（11）広瀬芦笛『菓業回顧譚前編中編増補改訂　近世日本菓業史』上の巻（一九五五、菓子公論社）。
（12）注（5）と同。
（13）神崎宣武『江戸の旅文化』（二〇〇四、岩波書店）。
（14）『花洛名勝図会』（竹村俊則編『日本名所風俗図会』七　京都の巻一、一九七九、角川書店）。
（15）売茶の略歴は、知立市歴史民俗資料館『八橋売茶展展示図録』一九九七、知立市教育委員会。及び、注（2）、注（3）を参照した。
（16）神崎宣武『おみやげ　贈答と旅の日本文化』（一九九七、青弓社）。
（17）ノーマン・ワデル著、樋口章信訳『売茶翁の生涯』（二〇一六、思文閣出版）。
（18）『知立町史参考資料第三集』観光篇（知立神社・遍照院・八橋）、（一九五五、知立町公民館運営審議会）。
（19）「特集・売茶翁　若冲も憧れた清風の人」（『ひととき』二〇一七年五月号、ウェッジ）。
（20）鈴木勇一郎『おみやげと鉄道　名物で語る日本近代史』（二〇一三、講談社）。
（21）鈴木勇一郎「近代日本のおみやげと鉄道」（高階秀爾、他編著、公益財団法人東日本鉄道文化財団監修『鉄道がつくった日本の近代』（二〇一四、成山堂書店）。
（22）注（5）及び本家西尾八ッ橋HPによる（https://www.8284.co.jp/profile/）。
（23）『復刻　はな橋』上、一九七九年、京菓子協同組合（京都府立図書館蔵）。『はな橋』からの引用文は読みやすくするため、一部漢字をひらき、濁点等も補った。
（24）注（11）と同。
（25）注（5）と同。
（26）注（10）と同。
（27）注（7）に、形態と全文が記されている。

（28）八橋紹雄『三河八ッ橋業平公旧蹟　かきつばた名所　無量寿寺』（一九五五、無量寿寺）。
（29）釣谷真弓『八橋検校　十三の謎』（二〇〇八、アルテスパブリッシング）。
（30）注（11）と同。
（31）注（29）と同。

写真と仏像の近代——ほとけの作品化と商品化

佐藤　守弘

はじめに

奈良国立博物館の目の前に今もある写真館で出版社の飛鳥園の創業者、小川晴暘（本名・晴二、一八九四～一九六〇）は、兵庫県姫路市に生まれ、十八歳で上京し、写真師、丸木利陽（一八五四～一九二三）のもとで写真を学ぶ。のちに画家を目指し、一九一八年には文展にも入選するものの、大阪朝日新聞社に入社して写真室に勤務することとなり、再び写真の道を歩むこととなる。勤務の傍ら仏像などの写真を撮影していた晴暘は、會津八一（一八八一～一九五六）に認められて新聞社を退社し、一九二二年に写真館、飛鳥園を開く(1)。

本稿の課題は、晴暘の写真を、同時代の社会的コンテクストとともに考察することで、仏像写真が、近代における仏像の地位にどのような影響を与えたのかを視覚文化論の視座から考察することにある。

日本美術史において、仏像はその揺籃期から研究対象になってきた一方で、仏像を撮影した写真そのものが問題とされることは、ほぼなかった。写真史においても、入江泰吉（一九〇五～九二）や土門拳（一九〇九～九〇）の撮影した仏像写真が、あくまでも入江、土門個人の「表現」として批評の対象となることはあったものの、仏像写真がジャンルとして考察されることはなかった。しかし二〇〇〇年から二〇〇一年にかけて、東京都写真美術館で岡塚章子の企画により開催された展覧会「写された国宝―日本における文化財写真の系譜」は、一八七〇年代から現代までの仏像を中心とした文化財写真の系譜を探ったもので、はじめて仏像写真をひとつのカテゴリーとして概観した画期的なものであった。また文化庁文化財部の機関誌『月刊文化財』（五一七号、二〇〇六年十月）で「写真と文化財」（川瀬由照編）という特集が組まれるなど、以前と比べて注目が集まってきている。

本稿の立てる仮説は以下のようなものである。一九二〇年代の日本―とくに奈良―において、信仰の対象であった〈仏像〉が、一気に美術作品へとその地位を変えていったのではないか。もちろん、あらゆる仏像が美術作品になったのではなく、信仰の対象であり続けている仏像も多い。ただしあまたの仏像のうちから、その一部がたとえば目利きや知識人や研究者の目によって美という規範に則って選別され、美術作品として崇拝ではなく鑑賞の対象となっていく。これを「仏像の作品化」と呼びたい。さらに同時期の奈良観光の流行は、作品化を推し進めた知識人たちの奈良や仏像に関する言説に主導されていた。「観光のまなざし」に晒された仏像は、写真によっていわば視覚的に消費されていく。ここで「仏像の商品化」も起こるのであり、作品化と商品化は表裏一体で不即不離のものであったのではなかろうか。そうした仏像の地位変更のエージェントのひとつが仏像写真であったと考えられる。

仏像写真の系譜

まずは一八七〇年代から一九二〇年代の晴暘登場までの仏像写真の系譜について『写された国宝』展図録の岡塚の解説に沿って概観してみたい。[2] 一八七二年に博物局の町田久成（一八三八～九七）、蜷川式胤（一八三五～八二）らは、横山松三郎（一八三八～八四）を写真師として帯同し、近畿の古社寺や「旧物」の調査を行った。絵師として高橋由一（一八二八～九四）も同行した、いわゆる「壬申検査」である。それは前年、一八七一年の太政官布告、古器旧物保存方の延長線上で行われたもので、古社寺の建物の外観とともに、東大寺の大仏や法隆寺の釈迦三尊像などの仏像がステレオ写真で撮影されている。(3)

一八八八年には再び、宮内省、内務省、文部省の協力で近畿宝物調査が執り行われた。これには九鬼隆一（一八五〇～一九三一）、アーネスト・フェノロサ（Ernest Francisco Fenollosa、一八五三～一九〇八）、岡倉覚三（天心、一八六三～一九一三）らが参加し、写真師として小川一真（一八六〇～一九二九）が同行した。小川は、当時の最新の写真技術を用いてこの撮影を行ったという。すなわちコロディオン湿板に換えて乾板を使用したこと、暗い堂内などでは時にマグネシウムによる人工照明を用いたこと、耐久性に優れたプラティナ・プリントで印画したことなどである。翌年の一八八九年に、九鬼や岡倉は国華社を立ち上げ、『国華』誌を創刊するが、そのコロタイプ印刷を担当したのが小川であり、第一号の口絵には近畿宝物調査の際に撮影された興福寺無着像が掲載されている。また、『真美大観』（一八九九～一九〇八）や、パリ万国博覧会の際にフランス語で出版された *Histoire de l'Art du Japon*（一九〇〇）にもこの際の写真が使用された。町田／蜷川からフェノロサ／岡倉とつながる〈日本美術史〉という言説領域の草創期に横山、小川という写真史において特筆される写真師たちによって撮影された仏像写真が果たした役割の重要性が見てとれよう。近代日本において、美術史の歴史と写真史は、まさに共犯関係にあったと考えられる。

一八九三年には、奈良猿沢池東畔に工藤利三郎（一八四八～一九二九）が美術写真専門の写真館、工藤精華苑を開業する。工藤の写真は、記録性を重んじたもので、白い背景に仏像を置いて像の細部を際立たせるものであった（図1）。彼の写真は東京帝室博物館に買い上げられる一方、一九〇八年には、コロタイプ印刷で写真集『日本精華』を

図１　工藤利三郎《救脱菩薩像　秋篠寺》『社寺建築写真帖』1893〜1910年、鶏卵紙、26.6×20.6cm

刊行する。それは一九〇九年に開業した奈良ホテルの売店でも主に外国人観光客に向けて販売された。さらには絵葉書も販売したという。これは、写真による仏像の商品化という飛鳥園のビジネス・モデルの先駆けとして考えられる。

そして、一九二二年に開業したのが、小川晴陽の飛鳥園である。小川や工藤による白い背景に替えて、晴陽は、黒い背景の前で仏像を闇から浮かび上がらせるという独特の手法を採用した（図２）。

晴陽の写真の技法的側面については、岡塚章子が詳しく記している。それによれば、晴陽が使用していた写真機は、キャビネ判（一二・〇×一六・五センチメートル）と四つ切判の組立式暗箱カメラであり、ガラス乾板を使っていた。印画においては、さまざまな技術を使用していたようで、岡塚は以下のように詳述している。

暗室では、丸木写真館で学んだ修整技術を使い、ガラス乾板の裏にマットラックを塗って鉛筆と小刀で修整したり、赤血塩で不要な部分を減力したり（黒バックの部分に主に使われていたと考えられる）、昇汞水（塩素と水素の化合物）で現像を補力するなど、様々なテクニックを駆使して原版を修整し、高品位なプリントを作成した。また、仏像の深遠さを醸し出すため、無光沢の厚手の印画紙を使用した。(4)

図２　小川晴暘《百済観音》1920〜30年代、ゼラティン・シルヴァー・プリント、28.9×18.5cm

小川や工藤による仏像写真が、写真の記録的な機能を重んじて、いわば宗教の闇に秘されていた仏像を、科学の光に曝すようなものであったのに対し、晴暘の写真は、もちろん科学的な目を保持しながらも、仏像を暗闇のなかから浮かび上がらせることによって、その「美」を前景化しようとしていたようにも思える。

仏像写真と美術史

仏像写真の問題を考える前に、その規範となった西洋における彫刻写真の系譜を追ってみたい。写真術の創始者たち―ダゲール（Louis Jacques Mandé Daguerre、一七八七～一八五一）やトルボット（William Henry Fox Talbot、一八〇〇～一八七七）―は、しばしば撮影対象として小彫像や浅浮彫などを選んでいた。そこには、ロクサーナ・マルコキ（Roxana Marcoci）が指摘するように、「彫刻の不動性―初期の写真術における露光時間の長さに耐える―や、軽々と持ち運びのできない対象を記録、蒐集、公開、散種させたいという欲望を含んださまざまな理由[5]」があったのである。そして、一八五一年には、フランスでは歴史的建造物委員会による写真調査隊（Mission Héliographic）が、イギリスでは好古写真クラブ（Antiquarian Photographic Club）が写真によって建築や彫刻を撮影しはじめる。やがてメアリー・バーグスタイン（Mary Bergstein）の指摘するとおり、さまざまな美術史研究者にとって、「写真は単なる記憶の乗り物ではなく、研究の道具―調査、比較、そして物質的証拠―となって[6]」きた。静物写真や風景写真など幅広いジャンルの写真を撮影していたフランスの写真師アドルフ・ブラウン（Adolphe Braun、一八一二～一八七七）は、絵画や彫刻の複製写真も多く制作し販売していた。実際、美術品鑑定法の「モレッリ法」で知られる美術史家ジョバンニ・モレッリ（Giovanni Morelli、一八一六～一八九一）は、一八七七年にブラウンのスタジオを訪れて入手した写真を比較研究のために用いていたという。一八八〇年代には美術史は、写真を完全にその研究方法のなかに取り込むようになり、「美術史が形態学的科学としてなりたつための条件として写真素材による実証を前提とするようになった。実際、美術史が科学的／人文学的研究領域であることの支柱として、写真を必要とするようになっていたのである[7]」。

アンドレ・マルロー（André Malraux、一九〇一～一九七六）は、写真複製図版のみにより形成される「空想の美術館」について、「〔写真版〕が失ったのは何であろうか。事物としての質だけである。そこで、これらのものが贏ち得たものは何であろうか。それらのものが身につけ得られる造形的様式についての最大の意義である」と述べる(8)。彫刻を写真に撮ることは、三次元の「事物としての質」―物質性―を喪失させるものの、その代わりにその「造形的様式」が際立ってくるのである。バーグスタインが述べるところによると、「十九世紀において、彫像の再現＝表象としては、二次元イメージのほうが三次元の鋳像よりも精確であると考えられていたという事実は、現在に至るまで美術史の方法と芸術的な実践に影響を与え続けて(9)」いて、その結果、「私たちが今日知っている美術史とは、写真術の子どもなのである(10)」とドナルド・プレツィオージ（Donald Preziosi）が断言するように、美術史という研究領域において、写真は不可欠な研究のためのツールになったのである。

ブラウンが撮影した《メロスのアフロディテ》（ミロのヴィーナス）（図3）では、彫像は漆黒の背景のなかに浮かび上がり、照明による陰影を演出されている。ジェフリー・バッチェン（Geoffrey Batchen）が指摘するように、「彫刻は、見た目には静的で〔結果が〕予想できながら、カメラの前で創造的に配置することができるので、十九世紀の写真師たちは、そのメディアの創造的な能力―とくに空間と時間の操作可能性―を探求することができた(11)」。写真という機械の目によってはじめて、彫刻は、美的な対象として発見されたと言ってもいいのではないだろうか。

ここで晴暘が撮影した法隆寺《百済観音像》（図2）をもう一度見てみよう。ブラウンの写真のように漆黒の背景に浮かび上がるような観音像。像の前面から光が当てられ、飛鳥仏の神々しさが際立つ。法隆寺という本来の宗教的な場所との関係が漆黒の背景によって引き剥がされた仏像は、その形態のみを顕にする。堂の中では、参詣者は観音の前で礼拝のために頭を垂れていたことであろうが、宗教的な場というコンテクストから引き剥がされることによっ

図３　アドルフ・ブラウン《メロスのアフロディテ》1871〜72年頃、カーボン印画、46×33.5cm

て、美術鑑賞者たちは遠慮なく像の全てに視線を投げかけ、その視覚的な美を楽しむことを許される。新薬師寺《十二神将　迷企羅》（図４）になると、クロース・アップと極端な陰影法によって、像の一部のみが断片として切り取られ、その造形のみが前景化される。ここにおいても新薬師寺という場所や薬師信仰のコンテクストは霧消し、像のフォーマリスティックな美のみが抽象されるのである。

そのような仏像の脱コンテクスト化／再コンテクスト化をあからさまに宣言したマニフェストが、和辻哲郎（一八八九〜一九六〇）の『古寺巡礼』（岩波書店、初版一九一九、改訂版一九四七）である。東京帝国大学で建築史家、関野貞（一八六八〜一九三五）に奈良の仏像について学んだ和辻にとって「巡礼」する対象は、すでに〈仏〉ではなくなっている。一九一八年五月十八日に京都から鉄道で奈良に入った和辻は、食堂に入り、そこにいた西洋人たちに出会う。和辻は、まずスペイン人の「美人」を、まるで美術史家が絵画を記述するように描写している。

黒みがかった髪がゆつたりと巻き上がりながら、白い額を左右から眉の上まで隠していた。目は西班牙人らしく大きかった、頬は赤かった。襟の低い薄い白衣をつけて、丸い腕は殆どムキ出しだった。(12)

図4　小川晴暘《十二神将　迷企羅》1920〜30年代、ゼラティン・シルヴァー・プリント、27.7×22.2cm

続いて中国人の乳母を連れたフランス人家族の様子を記述し、その娘の「清らかなきれいさ」を賞賛する。和辻は、「奈良の古都へ古寺巡礼に来てこういう国際的な風景をおもしろがるのは、少しおかしく感じられるかも知れぬ」と自問しながら、「自分の気持ちには少しも矛盾はなかった」という。その理由として以下の文章を綴るのである。

僕が巡礼しようとするのは古美術に対してであって、衆生救済の御仏に対してではない。もし僕が仏教に刺衝されて起った文化に対する興味から、「仏を礼する」心持になった、などと云ったならば、それこそ空言だ。たとえ僕が或仏像の前で、心底から頭を下げたい心持ちになったり、慈悲の光に打たれてしみじみと涙ぐんだりしたとしても、それはおそらく仏教の精神を生かした美術の力にまいったのであって、宗教的に仏に帰依したというものではなかろう。(13)

和辻にとって仏像は、すでに「衆生救済の御仏」ではない。仏像を拝み感動するのは、それが仏の表象―もしくは仏そのものの現前―であるからではなく、「仏教の精神を生かした美術」だからなのである。ベンヤミン流に言えば、和辻にとって仏像は、すでに「礼拝的価値」を有するものではなく、「展示的価値」を有するものであったのであろう。(14)

和辻の目論見は、仏像を仏教というコンテクストから剥ぎとり、美というコンテクストに転位させることであった。(15)こうした転位によってはじめて、日本の仏像とギリシアやフランスの彫像とを比較することが可能になるのである。和辻自身も「この奇妙に美しい仏像を突然見いだしたフェノロサの驚異は、日本の古美術にとって忘れ難い紀念である」(16)と認める通り、その源流は、フェノロサが夢殿の秘仏を建造物から出し、覆いを取ったことにこの源流はある。

和辻が目指したことと晴暘の写真の果たした役割は同質のものであったと思われる。晴暘の写真において、仏像は、仏教寺院というコンテクストから引き剥がされ、黒い背景に置かれる。そのことによってはじめて仏像の形式、様式が観察可能なものになり、その線の、量感の〈美〉が抽出されるのである。一九二四年に『古寺巡礼』が改版されるにあたって、挿図として晴暘の写真が採用されたことは、この同質性を見れば驚きではない。

仏像を仏教のコンテクストから引き剥がすのは、写真だけではない。美術館という展示装置、そして美術史という研究領域も仏像を〈美〉の領域に転位させるものである。もちろん、仏像が寺院から離されて展示された初期には、過渡的な現象も起こった。明治初年の新潟の博覧会で不動明王像が出品された時、観衆は賽銭を投げて礼拝したという。[17]しかしながら、一九八〇年代に制度として形成されだす「美術」という枠組みとミュージアムという装置の成立によって、仏像は頭を垂れて拝む対象ではなく、視線を投げかけ、その美を愉しむ―鑑賞する―対象となっていく。奈良においては、一八九五年の帝国奈良博物館の開館（一九〇〇年に奈良帝室博物館に改称）がそのメルクマールとなる。続いて、和辻の『古寺巡礼』（一九一九）、飛鳥園の開業（一九二二）、さらに源豊宗（一八九五～二〇〇一）、安藤更生（一九〇〇～一九七〇）らによる『仏教美術』誌の創刊は、こうした転位を標し付けるものであろう。『仏教美術』は、一九二四年一月に創刊され、以後十二冊（一九二九年三月）まで飛鳥園が発行所となって刊行された。[18]口絵写真には晴暘の写真が必ず用いられ、[19]それは『國華』のようなコロタイプ印刷ではなく、印画紙に焼き付けたプリント―「焼付写真」と呼ばれる―が貼り込まれていた。第一冊の「編輯室」には、次のように記されている。

仏教美術に関する（写真コロタイプ、銅版）等は已に少なからず出来てゐますが、それら殆んど現代人の美的鑑賞眼を満足せしめるに足らないことは申すまでもありません。本誌が焼付写真を挿入する意を汲んで頂きたいと存じます。[20]

実際、貼り込まれた写真プリントは、『國華』などの高精細度コロタイプ印刷と比べてもさらに鮮鋭で強烈な印象を残す。広隆寺弥勒菩薩像は、顔の部分を中心に切り取られ、まばゆいばかりの（この場合は）白い背景でその美を私たちに誇示する。図版解説者「豊秋」―源豊宗と思われる―が、その像の様式を分析した上で「その面には高貴なれど一抹のなまめかしさが表はれている」とその美的質を称えるのに呼応するかのような撮影法である。「仏教彫刻の中、其の線の美を最も発揮せるは、此の弥勒半跏の像に如くものはない」とその造形を評価する解説者の視点と、光を反射する物質＝対象として像に向かう晴暘のカメラの視点は、ほぼ同一のものであろう。

仏像写真と奈良観光

一九二〇年代の奈良には、さまざまな知識人たちによるサロンがあった。富本憲吉（一八八六～一九六三）の工房を中心としたサロン、武者小路実篤（一八八五～一九七六）の「新しき村」奈良支部、志賀直哉（一八八三～一九七一）の「高畑サロン」が有名であった[21]。それと並んで、飛鳥園もまたさまざまな知識人が集う一種のサロンであった模様である。飛鳥園には、晴暘を見出した會津はもとより、前掲の『仏教美術』、『東洋美術』に関係していた美術史／建築史／考古学研究者たちや、上記のサロンの中心にいた志賀、武者小路、瀧井孝作（一八九四～一九八四）、足立源一郎（一八八九～一九七三）など、さらには谷崎潤一郎（一八八六～一九六五）なども訪れていたようである。

そうした知識人たちのうち、富本を除けば、全員県外出身者であることは興味深い。こうした外部の人間を惹きつける魅力が当時奈良において発見されたと考えられるだろう。奈良と古代ギリシアを比定する言説や、奈良に京都よりもさらなる「日本の古層」を発見するノスタルジックな言説が知識人を惹きつけていったのではないか[22]と考えられるが、紙幅の関係上、そうした考察は割愛し、本稿では近代的観光と仏像写真がどのように結びついていたのかについてのみ考えてみたい。

同じように「古都」と名指される京都の観光化が十九世紀のうちに完了するのに対し、奈良の観光化は、随分遅れる。都市としての規模の差も理由の一つであろうが、鉄道の問題が大きい。奈良における鉄道の歴史は、一八九五年に私設鉄道の奈良鉄道が京都の木津と奈良を結んだことにはじまる。奈良鉄道の事業は、一九〇五年に、同じ私設鉄道であった関西鉄道に譲渡され、一九〇七年には鉄道国有化法によって、国有化されることになる。[23] ただし奈良への交通が便利になったのは、一九一四年に大阪電気軌道（現在の近鉄奈良線）が大阪、上本町と奈良をつないでからのことで、それ以降、奈良の観光化は加速していくことになる。それ以前に奈良ホテル（一九〇九年）など、旅館、ホテルが開業していたこともあり、一九一〇年代には観光のためのインフラストラクチャが完備したといえよう。[24]

　近代的な観光とは、見られる対象とは距離を取って、それを視覚的に楽しむ行為というように定義できる。ジョン・アーリ（John Urry）は、「観光のまなざし」とは、社会的に構造化され、組織化された視覚の制度であると指摘した。[25]「観光のまなざし」のもと、奈良の風景、社寺、仏像は、一瞥の基に眺められ、パノラマのように次々に目の前を過ぎ去っていく。それは、たとえば万国博覧会において、並べられたさまざまな商品を次々に見てまわり、いわば視覚的に消費していく行為と似通っている。「奈良」に関するトポグラフィを、現地にて再確認し、視覚的に消費することが奈良観光なのである。そこで写真という視覚化のエージェントが重要なものになってくる。

　写真館、飛鳥園において晴暘が撮影した仏像写真は、飛鳥園にてキャビネ判一枚三十銭、四ツ切判一枚一円という当時としては高価な値段で販売されながらも、観光客を中心に好評を博したという。[26] 作家の島村利正（しまむらとしまさ）（一九一二〜一九八一）は、十四歳のときに故郷の長野県高遠町を出て、飛鳥園に三年半勤めた。私小説「奈良登大路町」（一九七一）には、当時、すなわち昭和初年の飛鳥園の様子が描写されている。これはあくまでもフィクションではあるが、島村は実際に飛鳥園に在籍していて、それを基にした「私小説」であるので、こうしたくだりはある程度信用が置けると考えられる――ちなみに島村は後に、晴暘を主人公として長編小説『奈良飛鳥園』（一九八〇、新潮社）も上梓している。

奈良の飛鳥園という家は、博物館の横の登大路町にあった。〔中略〕昭和のはじめは小さな店に、新しく撮影された古美術写真がいっぱいに積み重ねられ、足の踏み場もないくらいであった。初代園主、小川さんの、いちばん精力的に活動していた時代で、奈良、京都をはじめ、各地の著名な古社寺の建築、仏像、絵画等を、新しい写真技術で次々に撮しとり、日本ではじめての古社寺の写真大観を出すほか、主要都市での古美術写真展の開催、豪華な古美術雑誌、美術書の刊行、古社寺見学と講演会など、当時としては類例のない、古美術に関する意欲的な仕事をつづけていた。(27)

「古美術」というコンテクストに置き直された仏像が広まる際に、晴暘が果たしていた役割の大きさが伝わる記述である。彼の撮影し販売した仏像や社寺の写真は、プリントされ、書籍のかたちになり、あるいは展覧会場に展示されるなど、さまざまな場所で見られるようになる。「いま、ここ」でしか拝まれることができなかった仏像が、写真というメディアに写し取られることで、「いつでも、どこでも」ひとびとの視線にさらされるようになったのである。

島村は、一九二五年に高遠町立尋常小学校高等科の時に修学旅行で奈良を訪れ、古社寺見学の傍ら、教頭の「S先生」に連れられて飛鳥園を訪れている。S先生は、定価二円という高価な『仏教美術』の講読会員であり、また飛鳥園での講演会にも出席していて、晴暘とも懇意であった。「小川さんはニコニコしながら、少年たちの前にいろいろな写真をならべた。S先生から、みんな和辻哲郎の『古寺巡礼』を読んでいると聞くと、小川さんはびっくりしたような顔になった」(28)。この縁で島村はのちに飛鳥園で働くことになる。小学校教諭という地方の知識人がアカデミックな仏教美術史に接していること、奈良への修学旅行が社寺を中心とした観光旅行であったこと、そして十三、四歳の少年たちが『古寺巡礼』を読んでいることなど、興味深いことが多く読み取れる。

和辻や『仏教美術』などの奈良にまつわる言説に漬かった地方の知識人――S先生――は、鉄道を利用して奈良の社寺を「巡礼」し、博物館に行き、飛鳥園を訪れる。そして彼らの一部は、晴暘の写真を手にし、自宅にその写真を飾ったかもしれない。こうした状況において、「巡礼」は、かつての巡礼ではなく、すでに近代的な観光である。和辻の著作や晴暘の写真によって奈良の仏や奈良の風景は、断片として切り取られ、最構成されることになったのである。「観光のまなざし」においては、仏像もまたは一種の消費財となる。観光のまなざしによって、仏像は消費される商品となっていき、それとともにミュージアムや写真という仲介者――仏像の美術作品化のエージェントとして指摘したもの――は、仏像の観光商品化にも役だったともいえよう。

終わりに

仏の表象にとどまらず、仏そのものの現前として寺院の薄暗い堂内に安置され崇拝されてきた仏像は、写真という近代的テクノロジーの光のもとに晒されることで、その聖性を喪う。仏像は頭を垂れて畏れるものではなくなったかわり、直視して、視覚的にその〈美〉を観賞することができるようになり、その様式を分析することができるようになる。それはミュージアム、美術史、観光旅行といった近代的視覚文化の諸装置とあいまって、仏像を見て愉しみ、消費する対象と変化させるのである。

時代は下るが、和辻の極めて近代的な仏像観とは全く正反対に見える意見を唱えたのは、日本浪漫派の亀井勝一郎(かめいかついちろう)(一九〇七〜一九六六)であった。彼は、『大和古寺風物誌』(一九四三、養徳社初版)において、仏像を美術作品として捉える態度に異論を唱える。それはおそらく和辻や、美術史家への反感であり、さらには過去の自分自身の採っていた態度への反省でもあった。「仏像は何よりもまず美術品であった。そして必ず希臘彫刻と対比され、対比することによって己の教養の量的増加をもくろんでいたのである」。しかし実際の仏像に対峙して、彼の思いは変わる。「美術品を鑑賞すべく出かけた私にとって、仏像は一挙にして唯仏であった」[29]。彼はさらに様式論的美術史や美術館、そして仏像写真を排撃する。

> 美術の様式論をもって仏像を鑑賞するという当世流行の態度が、一切を誤ったと云えないだろうか。仏像は彫刻ではない。仏像は仏である。仏像を語るとは、仏を語るという至難の業である。〔中略〕ルネッサンス以来の西洋美術に関する知識が流入してから、仏は人身にひきさげられ、美術館のガラス箱に陳列され、『教養ある人士』の虚栄となった。彼らは古仏を目して彫刻とよび、微に入り細を穿って様式を論じ、比較研究し、無遠慮にこれを写して公衆の面前にさらす。伝統からいえば奇怪事である。[30]

「仏像は語るべきものではなく、拝むものだ」[31]というように、亀井が仏像の礼拝的価値の回復を訴えたことは、彼の伝統回帰的な反近代思想からすると当たり前のことだろう。ただ、彼が和辻や美術史家、そして美術館やカメラの目による仏像の脱コンテクスト化に対して的確な指摘をしていたことは見逃せない。

写真家、入江泰吉は、和辻の『古寺巡礼』には違和感を覚え、むしろ亀井の『大和古寺風物誌』に共感を抱いて、仏像写真に向かったという[32]。入江の写真を見ると、写されているのは動かない仏像というよりも、生きている人間のポートレートのようにも思えてしまう。生きている人を死人のように写すのも写真であるならば、無機物を生きているかのように写しだすのも写真である。こうした写真によって、仏像は仏そのものへともう一度立ちかえるのである。しかし、一度美術や観光によって再コンテクスト化された仏像は、もはや亀井や入江の手によって戻せるものではないだろう。亀井の著作も入江の写真も、近代的印刷技術、近代的な商品流通のなかで消費されたものであり、それらがいかに反近代的な装いを見せようとも、それは近代の網目からは逃れようがないからである。

注

（1）展覧会図録『写された国宝―日本における文化財写真の系譜』（二〇〇〇、東京都写真美術館、一六三頁）。展覧会図録『写真展　小川晴暘と奈良飛鳥園のあゆみ―小川光三・金井杜道・若松保広』（二〇一〇、奈良県立万葉文化館）も参照のこと。飛鳥園は、その後三男の小川光三（一九二八～二〇一六）に受け継がれた。ちなみに次男の小川光暘（一九二六～一九九五）は、美術史研究者で同志社大学教授を務めた。

（2）岡塚前掲論文、一四七～五三頁。

（3）展覧会図録『幕末・明治の東京―横山松三郎を中心に』一九九一、東京都写真美術館。

（4）岡塚前掲論文、一五三頁。

（5）Roxana Marcoci, "The Original Copy: Photography of Sculpture from 1839 to Today," *The Original Copy: Photography of Sculpture from 1839 to Today,* New York: The Museum of Modern Art, New York, 2010, 13.

（6）Mary Bergstein, "Art Enlightening the World," Maureen C. O'Brien and Mary Bergstein, eds., *Image and Enterprise: The Photographs of Adolphe Braun,* London: Thames & Hudson, 125-126.

（7）*ibid.*, 125-126.

（8）アンドレ・マルロー『空想の美術館』（「東西美術論」1）小松清訳（一九五七、新潮社）三六～三七ページ。

（9）Bergstein, *op. cit.* 131.

（10）Donald Preziosi, *Rethinking Art History: Meditations on a Coy Science*, New Haven: Yale U. P., 1989, 72. Quoted in Marcoci *op. cit.*, 12.

（11）Geoffrey Batchen, "An Almost Unlimited Ability: Photography and Sculpture in the Nineteenth Century," *The Original Copy*, 20.

（12）和辻哲郎『初版　古寺巡礼』ちくま学芸文庫（二〇一二、筑摩書房）三五頁。

（13）同、三七頁。

（14）ヴァルター・ベンヤミン「複製技術時代の芸術作品」（『近代の意味』〔「ベンヤミン・コレクション」1〕浅井健二郎編訳、久保哲司翻訳、一九九五、筑摩書房）などに所収）を参照のこと。

（15）和辻と美術史との関係については、鈴木廣之「和辻哲郎『古寺巡礼』—偏在する『美』」（『美術研究』三七九号、二〇〇三・三、一～一九）を参照のこと。鈴木は、和辻の態度は、アカデミックな実証主義的な美術史とは違い、むしろ文化論として読むべきものだと指摘する。

（16）和辻前掲書、二七八頁。

（17）吉見俊哉「博覧会と列品の思想」『学問のアルケオロジー—学問の過去・現在・未来〈第1部〉』一九九七、東京大学総合研究博物館、四四三頁。

（18）『仏教美術』一三冊からは源豊宗が編集・発行のすべてを行うかたちで存続し、飛鳥園は、新たに會津八一を中心として『東洋美術』を創刊することとなる（一九二九年四月～一九三七年十二月）。出版社としての飛鳥園の代表作には、小川晴暘による『室生寺大観』（一九二四）などがある。

（19）他に建築史研究者の天沼俊一（あまぬましゅんいち）（一八七六～一九四七）による写真が用いられることもあった。

（20）『仏教美術』第一冊（第二版）（一九二五・十二、飛鳥園）七二。

(21) 浅田隆、和田博文編『古代の幻―日本近代文学の〈奈良〉』(二〇〇一、世界思想社)三〇〜三六。

(22) 古代ギリシアとの関係については鈴木前掲論文(七〜一一頁)を、ノスタルジアに関しては前掲『古代の幻』(一一〜一三頁)を参照のこと。

(23) 鉄道国有化の文化史的な意味については、拙論「鉄道写真蒐集の欲望――20世紀初頭の日本における鉄道の視覚文化」(『京都精華大学紀要』第39号、二〇一一・九、京都精華大学、四九〜七二頁)を参照のこと。

(24) 遠藤英樹「観光という『イメージの織物』―奈良を事例とした考察」、須藤廣、遠藤英樹『観光社会学―ツーリズム研究の冒険的試み』(二〇〇五、明石書店)九六〜九八頁。

(25) ジョン・アーリ『観光のまなざし―現代社会におけるレジャーと旅行』加太宏邦訳(一九九五、法政大学出版局)。

(26) 岡塚章子「写された国宝―日本における文化財写真の系譜」、前掲『写された国宝』一五三頁。

(27) 島村利正「奈良登大路町」『奈良登大路町・妙高の秋』(二〇〇四、講談社)七六〜七七頁。

(28) 島村「妙高の秋」前掲書、一三三〜三四頁。および井上明久編「年譜」(同書、二二六頁)も参照のこと。

(29) 亀井勝一郎『大和古寺風物誌』(一九五三、新潮社)六四頁。

(30) 同、一八二頁。

(31) 同、二〇六頁。

(32) 大竹昭子、佐藤守弘「PHOTO WATCHING[写真を語る]――京都と奈良の観光写真」『アサヒカメラ』九五九号(二〇〇六・十、朝日新聞社)二〇五頁。

本稿は、拙稿「仏像写真論序説―仏と美術と観光と」(金田千秋(研究代表)「文化遺産としての大衆的イメージ―近代日本における視覚文化の美学・美術史学的研究」日本学術振興会科学研究費補助金基盤研究(B)研究成果報告書、二〇一二・三、一九九～二〇五）、および「写真と仏像――〈仏〉の美術化と商品化」（『文化学年報』第六二輯、二〇一三・三、同志社大学文化学会、三五四～三六四）をもとに改稿したものである。

寺社縁起における〈近代〉とは何か
——増福院縁起絵巻と語られる怨霊譚

鈴木　堅弘

はじめに——近代の世俗主義と縁起性——

明治時代は各地の仏教寺院にとって、国策の排斥運動に耐える、受難の時代であった。新政府が国家神道という新たな国体理念を構築するために、抑圧の矛先を既存の仏教へとむけたのは周知の事実である。その目的を教科書的に示すならば、徳川幕府をはじめ諸藩大名家（政治）と仏教諸派（宗教）の癒着をいち早く切り離し、政治権力から宗教性を分離させることにあった。この流れは、明治政府が慶応四年（一九八六）三月に「神仏分離令」を発布し、神道国家をめざすことで、諸寺院による民衆への仏教的な影響力の稀薄化を狙いとしたのはいうまでもない。それはまさに、十八世紀の西洋が、公的権威から国教会を切り離し（政教分離）、宗教的信仰を個人の私的領域の範疇に閉じ込めることで（信教の自由）[1]近代国家を成し遂げた事と、同じ轍を歩むことにあった。

ところが日本においては、西洋社会のような一神教の歴史を有さず、仏教や神道が混淆する多神教的な宗教観を有していた。そのため、人びとの〈信仰心意〉や〈寺社への帰属意識〉から特定の宗教観のみを抜き去ることは不可能に近かった。ましてや諸地域の村落共同体は、仏教寺院を支柱とした在民の宗教的信仰心によって支えられていた。そうした在地の宗教空間から、信仰心を個人の領域へと押し込めることは（信教の自由）、村落共同体そのものを根底から瓦解させる危うさを伴っていたのである。

そこで明治政府は「国家神道の祭祀・儀式」を宗教的慣習として国政行事の根幹にそえることで[2]、在民の村落共同体への帰属認識を、仏教信仰から神道儀礼へと移行させることを狙いとした。その狙いが〈公的領域の地域共同体〉と〈私的領域の仏教信仰〉を分離させ、「世俗／宗教」の二分法を果たす近代国家樹立の原則に準じていたことはいうまでもない。さらにいえば、国家神道による祭政一致を政治制度として国家レベルで実施することで、在地の村落共同体において仏教信仰を希薄化させる（政教分離を果たす）、二重構造の宗教政策を成していた[3]。この点に、明治初期から地方の村落社会において廃仏毀釈や神仏分離への惨禍が繰り広げられる発火点が潜んでいたのである。

もっとも、排仏論に限っていえば、すでに江戸期の水戸国学や平田神道の思想観にて強く主張されている。その流れを受けて、明治政府は、江戸期に国学教育を受けた地方の神道家や国学者に、開化政策を民衆に伝達する扇動役を務めさせ在地民を感化することで、彼らに仏教施設や仏像・宝物を次々と排斥するように仕向けた。とはいえ、地方の村落共同体は、神仏習合に基づく仏教信仰を基盤としていた場合も多く、こうした明治政府のラディカルな宗教政策が受け入れがたかったことは容易に想像できる。そのため、神道派と仏教派に分かれて争いを繰りかえす混乱が、明治初年から数年間のあいだに、全国各地で展開した。

さらに、安丸良夫の近代民衆史観に従うならば（『神々の明治維新』）、こうした開化期の啓蒙的な宗教政策において最も否定的に扱われたのが、在地の「神仏信仰」や「民俗信仰」であったとする。安丸は、日本近代の宗教政策とは、在地の俗信や迷信にもとづく集合的信仰心を地域社会の公共空間からことごとく排斥することにより[4]、民衆の啓蒙化にのりだしたとする。これは見方をかえれば、新政府の目的とは、土着の「神仏信仰」や「民俗信仰」を前近代的な旧風として悉く刷新することにあったのではなく、そうした俗信や迷信が地方の村落共同体を維持する支えとなる集合的機能性を希薄化させることにあったのではなかろうか。それはいわば、旧来の俗信や迷信を私的領域の信仰範疇に閉じ込めたうえで（「信教の自由」を確保したうえで）、それら土着の信仰形態が「集団的な公共空間」を維持する紐帯として利用されることを怖れたと考えられる。

もっとも、歴史は明治政府の思惑通りには進まなかった。近代以降も、村落共同体が有する土着の「神仏信仰」や「民俗信仰」が、在地民による公共空間から失われることはなかった(5)。仏教的・民俗的な俗信にもとづく祭儀や因習が、現在でもなお、村落社会において受け継がれていることが、その実相を物語っている。

ところで、この「公共空間としての世俗」と「私的信仰としての宗教」を二分化する世俗主義（セキュラリズム）の問題を「寺社縁起」という観点から捉えるならば、いかなる歴史位相が浮かびあがるであろうか。

近年の縁起学の成果をふまえるならば、例えば橋本章彦による「縁起」を「モノとコトの関係によって宗教的価値を創出する言説」とする定義が参考となる(6)。ここでの「モノ」とは「寺社施設・仏像・宝物・絵伝・縁起書」などの宗教的な物質形態を示し、一方、「コト」とは「寺社伝承・仏教説話・在地民話・高僧伝説」などの言説的な宗教伝承（ナラティヴ）を示す。

ただし、この視座を日本近代の宗教パラダイムにそのまま持ち込むことは、いくぶん注意を要する。なぜなら、明治以降の諸地域では、廃仏毀釈により「モノ」が荒らされ、近代的な世俗主義により宗教的な公共空間から「コト」が抜き取られる歴史を、確かに有するからである。そこで、われわれが考えるべきは、そうした「モノ」と「コト」の関係が揺らぎつつあった時代に、その「縁起性」がいかなる歴史を歩んだのか。

そこで本稿は、その論点に着目し、「描かれる縁起絵巻―モノ」と「語られる寺社縁起―コト」が紡ぎ出す伝承機能が、明治期の地方社会における村落共同体―仏教的な公共空間―にどのような影響を与えたのか、その点を明らかにすることを主たる目的とする。その際のケーススタディとして、福岡県宗像市の山田増福院（曹洞宗）が所蔵する《増福院縁起絵巻》を取り上げる。同縁起絵巻の成立年は不明であるが、「昭和三年寄附」の刊記があり、[7] 貝原益軒（かいばらえきけん）による『増福院祭田記』（山田増福院の寺院縁起）をもとに図像化されたものである。内容は宗像大宮司の御家断絶に伴う怨霊譚と、その怨霊を鎮める六地蔵尊の由来縁起である。また同寺は、宗像大宮司家の神護寺であるがゆえに、明治期に入ると神仏分離や廃仏毀釈の災禍をまともに被り、宗像神社が同寺院を神社に改めるべく檀家衆に働きかけ、村民が神派／仏派に分かれて争う歴史を有する。

本稿が明らかにするのは、そんな「モノ」と「コト」の関係が揺らぎつつあった時代に、在地の村民が俗信や迷信として見なされかねない怨霊譚を支えとして、村落共同体を守り抜いた歴史である。

《増福院縁起絵巻》と貝原益軒『増福院祭田記』

山田増福院は北西に日本海をのぞむ宗像地区の海岸線から内陸へ数里入った山田村にある。地元では「山田地蔵尊」と称される曹洞宗の寺院であり（図1）、西へ数里歩めば、「宗像三宮辺津宮」（宗像大社）がある。同村域は、過去六百七十年間にわたって宗像神社の大宮司職を務めた宗像大宮司家の御殿や別荘が建ちならぶ要所であった（図2）。また、小高い丘陵にめぐまれた土地で、中世期には白山城という宗像大宮司家による堅城も築かれ、戦略上の拠点とされた。山田増福院は、当初、この白山城下に宗像大宮司家の神護寺として築かれ、開基年は定かではない。中世後期には、僧庵として、同家一族や家臣のために葬儀や先祖供養をおこなったと伝えられている。

図1　現在の山田増福院

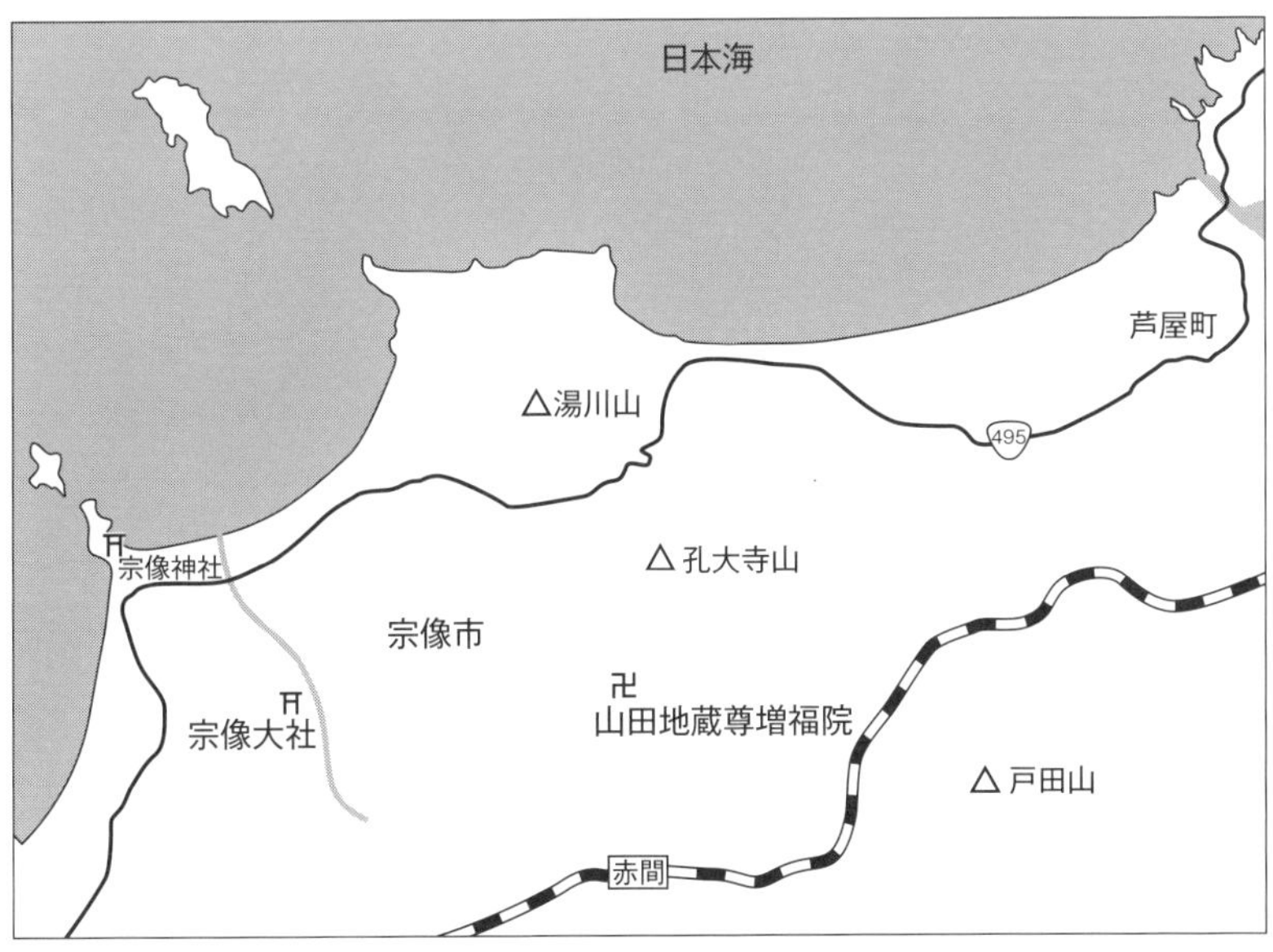

図2　山田増福院　周辺地図（現代）

図 3　《増福院縁起絵巻》（宗像市山田地蔵尊増福院蔵）

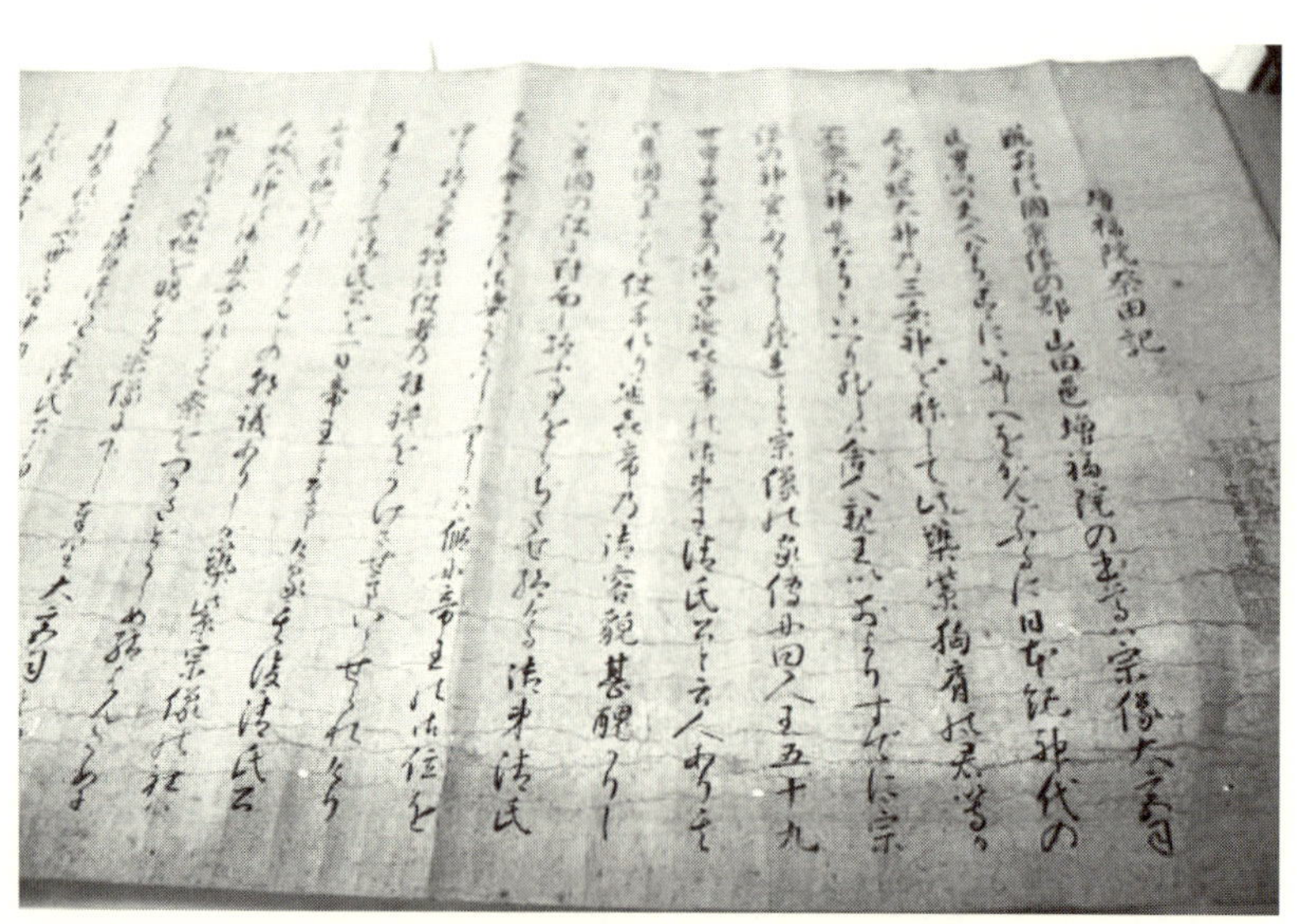

増福院祭田記

図 4　貝原益軒『増福院祭田記』（宗像市山田地蔵尊増福院蔵）

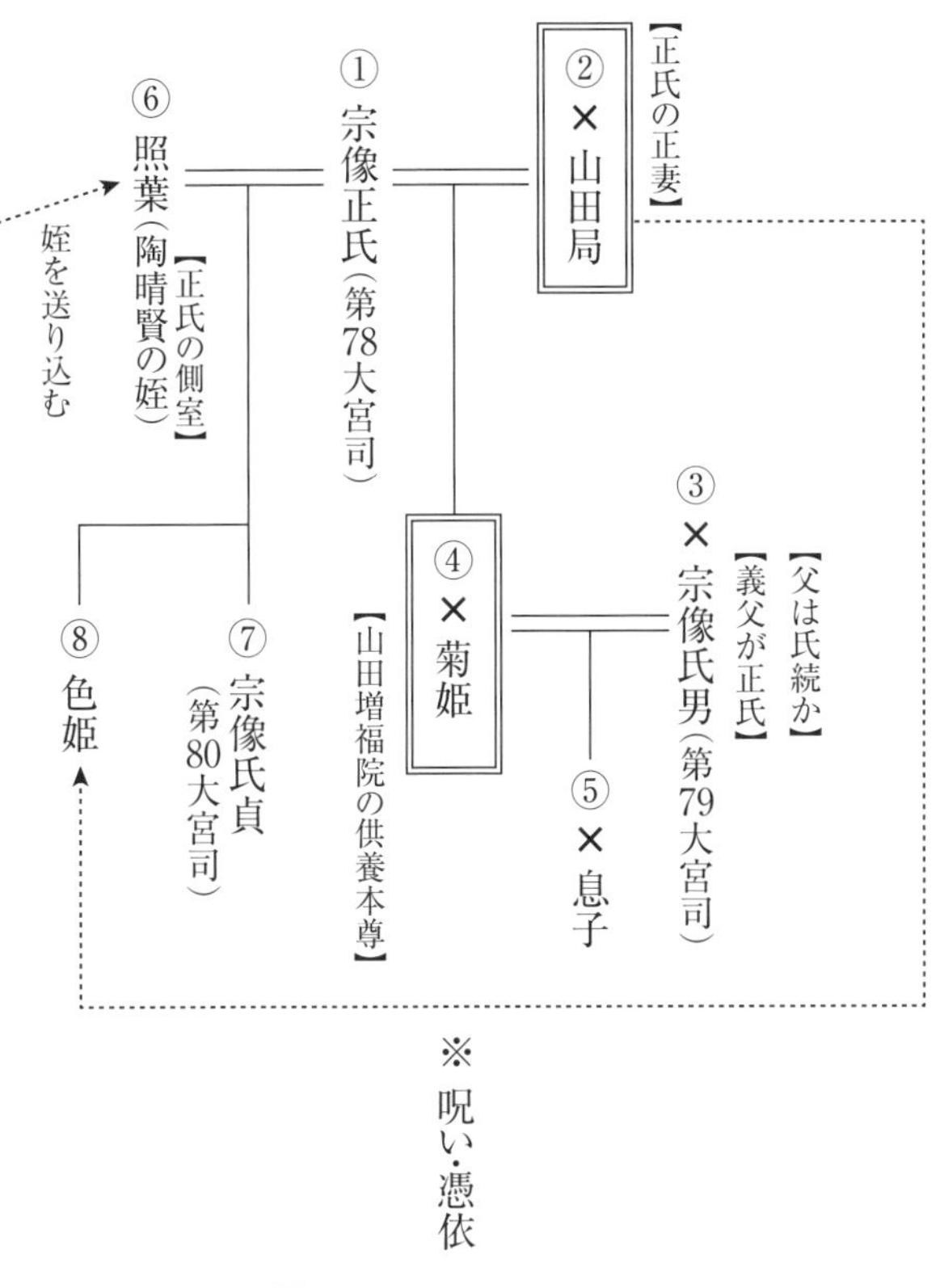

図5

そんな山田増福院には、現在、「菊姫母子怨霊譚」を描いた《増福院縁起絵巻》が遺されている。同絵巻を描いた絵師は不明ながら、題簽に「山田縁起の圖」とあり、乾・坤二巻の紙本着色である（図3）。絵図と詞書が交互に記されており、その文面は、筑前国の儒者貝原益軒によって編まれた寺院縁起『増福院祭田記』（延宝九年〈一六八一〉成立・巻子本一巻・紙本墨書）を転写したものである。山田増福院には、益軒の原本も遺されており（図4）、現在まで語り継がれる縁起内容は、益軒の『増福院祭田記』（以下「祭田記」）に基づくものである。

その縁起伝承は、宗像の「山田館の事件」という史実を含んでおり、まずはその実録から触れなければなるまい。

同事件は、戦国期の天文二十一年（一五五二）三月[8]に、第七十九代大宮司の宗像氏男（③）の一族が、家臣に殺害された出来事である（図5）。この事件は、宗像一帯を支配した宗像大宮司の覇権争いを発端とし、同地域の支配権をめぐる氏男派家臣（③系）と氏貞派家臣（⑦系）のお家騒動である。[9]当時、宗像領国では、第七十八代大宮司宗像正氏（①）と正室・山田局（②）の実娘の菊姫（④）が宗像氏男（③）と婚姻し、氏男（正氏を養父とする）を中心とする家臣団を形成していた。他方、それに反発する家臣たちが、宗像正氏（①）と側室・照葉（⑥）との間に生まれた幼き宗像氏貞（⑦）を擁立すべく氏貞派の家臣団を結成していた。しかも、この内部抗争を裏で仕掛けていたのが、周防国大内家の家臣陶晴賢（⑨）である。この隣国の野心家が、宗像地域における大宮司家の権力基盤を弱体化させるために、自身の姪照葉（⑥）を宗像正氏（①）のもとへ送り込んだのである。さらに陶晴賢は、謀反をくわだて、自国の当主・大内義隆を自害に追い込み、大内家を滅亡させた。この謀反事件にともない、第七十九代大宮司の宗像氏男（③）は、大内家と主従関係にあったために、二十三歳の若さで殉死した。

そこで宗像領内では、こうした戦国期の政情不安をすぐさま解消すべく、幼き宗像氏貞（⑦）を大宮司職に就かせ、氏貞派家臣団を中心とした支配体制を整えつつあった。その際、黒幕である陶晴賢が、同地域を自身の領土として治めるべく氏男派家臣の勢力を削ぐため、氏男の「妻菊姫」と「母の山田局」を宗像家臣の手で殺害させたのである。まさに戦国期の覇権争いが招いた痛ましい事件であるが、信頼していた家臣に裏切られた母子の辛さは、ついに怨霊となって、氏貞の親族・家臣に次々と襲いかかったのである。

同縁起は、そんな山田局（②）と菊姫（④）の怨霊を鎮めるために、山田増福院が宗像氏貞（⑦）によって建立された経緯を示し、怨霊を鎮める供養仏として六体地蔵尊像が納められた縁起譚を記す。寺院縁起として「戦国期の実録」と「在地に根付く怨霊譚」が交錯する例は他に類をみず、極めて特異な縁起性を有している。また貝原益軒という高名な儒学者が地方の寺院縁起を作成した点でも、注目に値する。

では、その縁起はいかなる内容であるのか。同縁起は「筑前の國宗像の郡山田邑増福院の本尊は宗像大宮司氏男卿の夫人なり」の一文ではじまる。その夫人とは、宗像氏男の妻・菊姫である。

縁起の冒頭部では、しばらく神代における宗像大社の創建伝承や、宗像大宮司家の家督史が簡略的に記される。次に、天文二十年八月に陶晴賢の謀反により大内義隆が大寧寺で自害すると、宗像氏男が大内家に忠義を尽くし、自ら殉死したと伝える。そこで宗像の家臣団は、陶晴賢の姪を母とする宗像氏貞に十三歳の若さで大宮司の家督を継がせ、陶晴賢の威を恐れて皆、氏貞派にしたがうことになった。他方、陶晴賢は、こうした家臣団の意向を鑑みつつ、幼い氏貞へ、氏男の妻（菊姫）と息子を殺すように命じる。氏男の息子⑤は三歳であったが、宗像鞍手郡の山口村で殺害され[10]、氏男の妻（菊姫）は息女と共に宗像郡の山田の邑の母親（山田局）の隠宅へ逃げ込んだ。そこで氏貞派家臣は、老臣の石松但馬守が山田局と会談するほどの仲であったために、この老人を刺客に定める。

さっそく石松但馬守は、母公を殺害するために三月二十三日、山田村の御屋敷を訪れる。このとき、山田局（母公）は、石松但馬守が我が身と娘（菊姫）を殺害しに来たことを覚り、家臣として君主親族を害する事は不義の極みであると諭す。そのうえで彼女は、自らは死する運命にあるが、娘（菊姫）だけは他所へ逃がしてほしいと何度も命じる。その部分が、益軒の筆致と相まって気高くも感慨深いので、次に記す。

但汝は宗像数代の臣也　君恩を思はゞ汝を頼むべき事あり　あわれなる我むすめをも我と共に殺さん事　遺恨甚ふかゝるべし　必彼をたすけて氏貞には殺したる由を申て　今夜ひそかに遠賀の麻生の許へ遣し　かくし置くべ

し[11]

図6　《増福院縁起絵巻》（宗像市山田地蔵尊増福院蔵）

そして山田局は石松但馬守に暇乞いの酒杯を差し出すが、その願いはかなわず、石松但馬守は山田局のそばに近寄り、胸もとに二刀刺して殺害した（図6）。娘（菊姫）は、その後ろで泣き叫び、すぐに逃げ出すが、廊下にて石松但馬守に捕まり、刺殺される。さらに、山田局に長らく仕えてきた四人の女官は、この惨劇を目にして、その哀れさに嘆き悲しみ、母子のあとを追うように互いに自刃した。ここまでが縁起に記された「山田館の事件」である。

同縁起（「祭田記」）は、以下、実録から怨霊譚へと展開する。最初の異変は、菊姫母子が殺害された日から、ちょうど一周忌となる日におこった。氏貞の妹で幼き色姫（⑧）が、突然病に臥せ、気絶したのである。しばらくすると、急に、色姫が起きあがり、「我は山田の局なり」と叫びはじめた。その声は怨恨に満ち、「氏貞および家臣たちの悪逆により、我に仇をなした同族を三年以内にことごとく責め殺してやろう。その末代まで根を絶ち、葉をからし、里には荻や杉を生やして荒野となすべし」と、怒号のごとく屋敷内に響きわたった。山田局が色姫に執り憑いたのである（図7）。傍らに

図７　《増福院縁起絵巻》（宗像市山田地蔵尊増福院蔵）

いた宗像氏貞と家臣たちは恐れおののき、詫びを申したが、いっこうに効果はなかった。ある家臣は名刀を抜き、怨霊に挑みかかったが、山田局は「そんな刀を振り回したところで、われが祟りを止めるとでも思っているのか」と大笑いし、「早く太刀を鞘に収めて、恥を知れ」と言い放った。事件に関与した家臣たちは、その日のうちに、父母妻子息を次々と急病で亡くし、一日でおよそ数十人が呪い殺された（図８）。氏貞と家臣団は、この怨讐に恐れをなし、名僧に祈祷を頼み、巫女や山伏を招いて、仏事供養の祭礼をおこなった。しかし、祟りはいっこうに鎮まる気配はなく、氏貞の妹色姫も、憑き殺された。

　そこで氏貞は、比叡山の名僧日祐を招いて、呪法によって祟りを鎮めようと試みた。その呪法とは「大きな釜」を菊姫母子の墓地に置き怨霊を鎮めるもので、さっそく氏貞は、芦屋（あしや）の里の鋳物師に大釜を二つ作らせ、山田局と菊姫の御墓の上に置いた。しかし、怨霊の祟りはいっこうに鎮まらず、二つの「芦屋釜」は一

図8　《増福院縁起絵巻》（宗像市山田地蔵尊増福院蔵）

夜のうちに、ずたずたに砕け散った（図9）。

その後、数年間に、この殺害事件に関与した家臣と親族は、相次いで呪い殺され、その数は三百余人にも上り、家督をことごとく断絶させていった。氏貞は、この惨劇を一刻も早くおさめるために、田嶋村に氏八幡社（神社）を建立し、加持祈祷をおこなったが、怨霊が鎮まる気配はなかった。

そこで、山田局の御居があった山田の里に寺院を建立し、地蔵菩薩尊像を安置すると、母子の怨霊はしだいに鎮まりはじめた。ただその後も、道ばたにて時折、山田局の霊魂と行き会い、目を合わせる者も多くいたという。

貝原益軒は、同縁起（「祭田記」）を結ぶにあたり、この怨霊譚を次のように総括する。

> 数十年以来は漸怨魂もしづまり給ふ　されども其威霊は猶厳重にして　其利益効験も亦甚多し　凡気魄人にすぐれて豪強なる人のつみなくて寃殺せられたるは　其精気俄に不散して　怨魂猶よく祟をなし事　いにしへよりあ

るためしなり　伯有が霊あらわれしも此類也　たとへは火の忿きえても　其餘烟は猶やまざるがごとし　是もまた一種の道理なれば何のうたがはしき事かあらんや

右記、益軒の怨霊観は非常に興味深く、こうした威の強い霊魂はなお厳重に処すれば、かえって利益や効験を甚だ多くもたらすと、「御霊信仰」を説く。また罪なくして殺された魂は、怨みの霊魂となり祟りをなす、このことは、いにしえより伝えられる事であると、怨霊現象に肯定的な見解を示す。さらに、怨みの炎は消えても、その煙りまでは消し去ることができないのが道理であると、怨恨への教訓を述べる。

なお、益軒が同縁起を記した経緯が、最後に述べられている。まず彼は、増福院の住職がその霊魂を守るといえども、人里から離れた山寺にて参詣をする人も少なく、廃寺となるかもしれないことを嘆く。そこで益軒は、尊霊供養のために、里の田地を買い取り、増福院に寄付し、末永く祭田にそなえたとする。そうして彼は、年久しく世の中は移りかわるけれども、遠き日々の出来事を忘れないために、哀れな霊魂への自らの真心を書き示すことを願うとして、同縁起を結ぶ[12]。

次に、『増福院祭田記』の成立背景にふれておきたい。なぜ益軒が、増福院の縁起書を記し、自前の資金にて祭田を寄付したのか。これについては、文政年間（十九世紀初頭）の資料ではあるが、『筑前国続風土記拾遺』（「増福院」）の「祭田記［貝原篤信撰延宝年中旧臣の遠孫等胥議して当寺に祭田を寄て其由縁を記たり］」との記述が参考となる[13]。同記に従うならば、益軒は藩主に古くから仕える家臣の遠い子孫から懇談を受け増福院に祭田を寄付することになり、同寺の縁起書（「祭田記」）を書き残したとする。おそらく福岡藩家臣の子孫が、増福院の困窮を嘆き、益軒に寄付の相談をもちかけたのだろう。では、その人物とはいったい誰であろうか。めぼしい人物を挙げるとすれば、古代より宗像大宮司を支えた四家（家臣）の一つ占部家出身の福岡藩士・占部忠右衛門の子孫ではなかろうか。というのも、占部家文書のなかに益軒の「祭田記」の写本が遺されており、その写本奥書に宗像家旧臣二十名の連署が記されている。その筆頭が占部忠右衛門であり、[14]さらに益軒が占部四右衛門（占部忠右衛門の息子）に宛てた書簡（『宗像神社縁起乱雑弁』宗像大社蔵）も存在する。[15]双方はともに福岡藩黒田家の家臣であり、筑前福岡城内にて、何かしらの交友を持ったと推測される。そう考えると、宗像大宮司家と縁深い占部家の子孫（占部四右衛門か）が、益軒に〈増福院への寄付〉と〈縁起書の作成〉をもちかけた実相もみえてこよう。

他方、益軒は「祭田記」を記すにあたって、いかなる史的資料を用いたのであろうか。益軒の記述より前に「菊姫母子怨霊譚」を記した資料としては、『宗像記』（慶長八年〈一六〇三〉成立）と『宗像軍記』（江戸初期成立）がある。後者の『宗像軍記』は、写本の成立が江戸初期とされるが、元禄十七年（一七〇四）に京にて板本として広く世に流布したものである。おそらく遊行芸能民による「軍記語り」をもとに作られた娯楽本であろう。一方、前者の『宗像記』は、宗像家譜代の祐伝という僧が自身の記憶を頼りに記したものである。祐伝の家系や俗姓については不明瞭な点も多く、同資料に占部家に関する叙述が多いことから、占部家出身の人物ではないかという見解がなされている。[16]そうした観点から、おそらく益軒は「祭田記」を記すにあたって、占部家との交友をふまえて、祐伝の『宗像記』を参照したのではなかろうか。

また、そう推察する点として「祭田記」の「芦屋釜伝承」を挙げることができる。『宗像記』と『宗像軍記』による「菊姫母子怨霊譚」を比較した場合、ともに「大釜による怨霊済度」を記すが、「芦屋釜」であると具体的に明記されているのは前者である。後者は、ただ「大なる釜」としか記されていない。益軒の「祭田記」では、「蘆屋の里なる鋳物師におほせて　やがて大なる釜を二作り」と、芦屋釜と特定されていることからもわかる。

図９　《増福院縁起絵巻》（宗像市山田地蔵尊増福院蔵）

なお「芦屋釜」とは、中世期に、九州芦屋の里（現・芦屋町）に暮らす職人集団によって作られた茶の湯釜のことである。彼らは、室町期に、長門国の大内文化による恩恵を受けつつ、釜造りの技術を発展させ、京にて名品と称される湯釜を造り上げた。ところが、大内文化の衰退にともない、職人技術をしだいに失い、益軒の時代（江戸前期）にはすでに伝統が途絶えていた。

興味深いのは、祐伝の『宗像記』によれば、「芦屋釜」の衰退理由を「菊姫母子怨霊譚」に重ねている点にある。同記によれば、或人が菊姫母子の怨霊を鎮めるためには、平釜を墓の蓋にして封じ込めればよいと言ったと記す。そこでさっそく、芦屋の里の鋳物師に釜を鋳させて、二人の墓の上に置き、怨霊を封じ込めようとした。すると菊姫母子の怨霊が現れ、「平釜で我らが墓を封ずるとは何事か、すぐに除けよ」とののしり、芦屋釜を粉々に砕いたという。この出来事によって、怨霊の祟りが、芦屋の鋳物師にまで及んだという。

芦屋の里の鋳物師は、元祖元朝より此里に渡り来て、代々続き、鋳物の上手と呼れしものなりしか共、此悪みのたたりに依て、子孫皆絶果てたり(17)

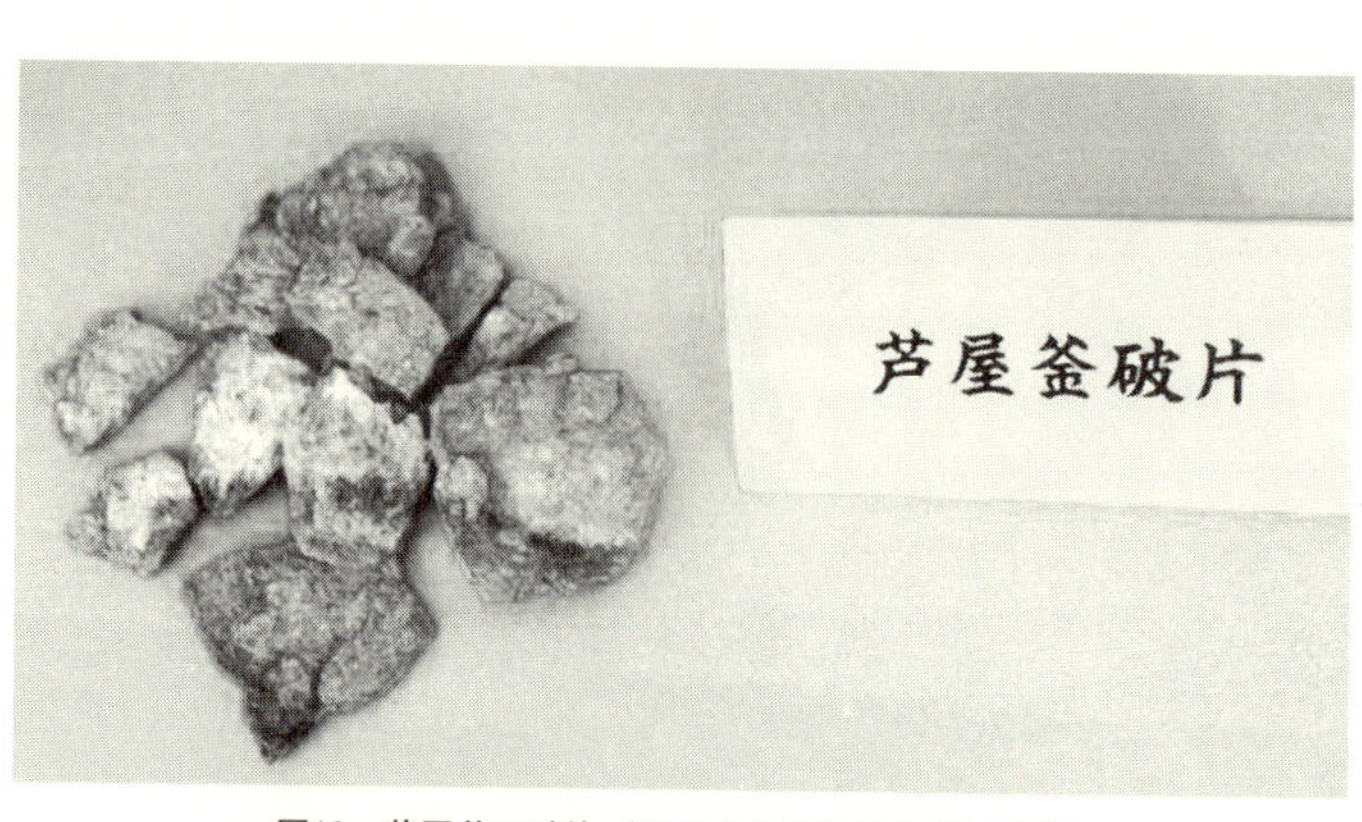

図10　芦屋釜の破片（宗像市山田地蔵尊増福院蔵）

この記述によれば、芦屋釜の衰退理由を菊姫母子の祟りとするが、このときに砕け散った芦屋釜の破片が、山田増福院に宝物として遺されている（図10）。

もっとも益軒は、山田増福院にかつて遺存した古縁起「縁起巻物（一巻）」を実見していた可能性も否定できない。現在、この古縁起については所在不明ながら、文政年間の『筑前国続風土記拾遺』（「増福院」）には、「什物」として「扇絵哥絵巻一軸［菊姫筆］」、「宗像家古証文九通」、「祭田記［一冊］」と並び、「縁起一巻」と記されている。同記述では「絵巻や絵図」と明記していないことから、その縁起一巻が《増福院縁起絵巻》（「山田縁起の圖」全二巻）のことではなく、別巻の縁起書が伝来していた可能性を指摘できる。

さらに興味深いことに、その内容と思われる写文が『宗像郡山田邑増福院縁起』（写本冊子・江戸後期成立か。宗像高校蔵）に記されている。同書には、戦国期の「宗像家古証文九通」（現増福院文書）が書き写されており、その前述に「菊姫母子怨霊譚」の増福院縁起が記されている(18)（図11）。同縁起（板本）は「祭田記」と酷似しているが、益軒による祭田寄付の挿話などは記されていない。たとえば、終わりの文面では、

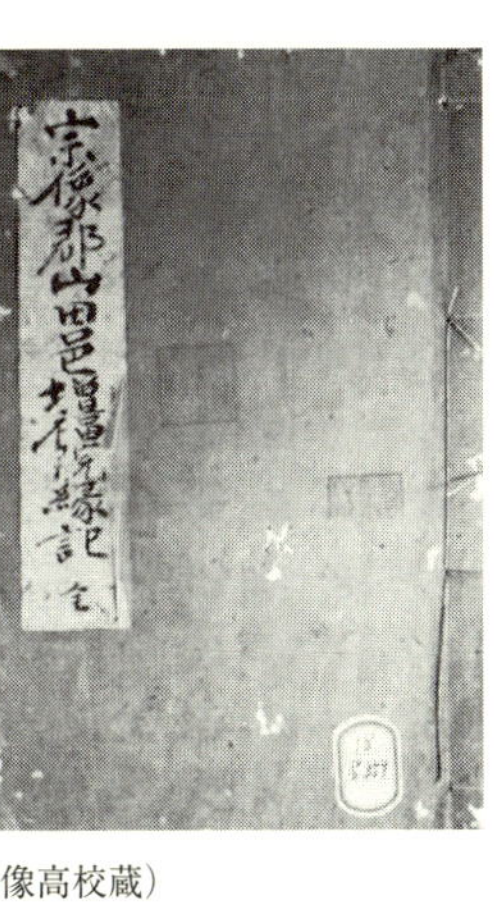

図11　『宗像郡山田邑増福院縁記』（宗像高校蔵）

扨只事にては御霊を鎮めかたしと思しに　山田村の増福庵とて一宇有しを再興して　院号に改　彼御母子并一所に自害の人　五人殺されし人々を御願像を作りて安置して参りて　御供養有へしとて

と、簡素に実相を述べる。また同文は、「芦屋の鋳物師を頼みて釜を作り御母子の御墓に覆けてば釜はみじんに砕け」と、芦屋釜による怨霊済度伝承を記す。くわえて「寺内、石松、大和、吉田飛騨守、尚時此外多く家絶たり」と明記され、怨霊の祟りが及んだ宗像家臣団の家筋が特定されている点が特徴的である。おそらくこの書写の原本縁起が『筑前国続風土記拾遺』に記載された「縁起一巻」（古縁起か）と思われる。また、戦国期の「宗像家古証文」（増福院文書）と並列して筆写されていることから、その縁起一巻の成立は同時代の永禄期頃か、近世初期と推定される。さらにこの縁起文（『宗像郡山田邑増福院縁記』）においても、益軒の「祭田記」と同様に、菊姫母子の怨霊祟りが「占部家の家臣」だけには及んでいない。この点からも、増福院の縁起伝承は、「占部家」によって作られた可能性が高く、同家が宗像大宮司を支えた四家のなかで長らく最高位にあったことも、それを裏付ける。

ちなみに史実では、憑き殺されたとされる色姫（⑧）が元亀二年（一五七一）に豊後国の立花道雪に嫁いでいることから、菊姫母子怨霊譚が実録ではない見解もみられる。(19)

とはいえ、「宗像家古証文」（増福院文書）によれば、永禄二年（一五五九）七月二十三日付けで、宗像氏貞（⑦）と吉田家家臣が、菊姫母子の追善供養のために、田地二町分の供料所を増福庵へ寄進したことが記されている。かりに、菊姫母子の祟りが色姫に及ばなかったとしても、宗像家臣団に何かしらの怨霊現象が起こったことは否定できない。

もっとも、本考が着目すべきは、同寺院の縁起が「絵巻」や「語り」を介して、村民へと受け継がれていく「信仰の場」の継承性にある。この点に関して、文政年間（一八一八―一八三〇）の『筑前国続風土記拾遺』（「増福院」）の記述が参考となる。

当寺ハ無旦地なりといへとも、霊験有とて毎月廿四日にハ、此郡ハ云フに及はす、近郡の男女詣来て香火盛也、特に三月廿三日廿四日ハ老少群集して昼夜寺に籠りて渇仰す(20)

この「場」こそが、同寺院が明治時代に直面した難局を乗り切る糧となった。この点については次節にふれるとして、ひとまず《増福院縁起絵巻》の内容を、そのテクストである益軒の「祭田記」にしたがって通観してみた。

明治期に排される尊像と守り抜く怨霊譚

ふたたび話を明治時代へと戻す。くり返しになるが、山田増福院は、宗像氏貞（第八十代大宮司）が旧来の僧庵を

図12　『楢葉の末』（福岡県立図書館蔵）

再興し、曹洞宗とはいえ、同宗の高僧が開いた寺ではない。いわば神社神官によって再建された特異な歴史を有する。それゆえに、慶応四年（一八六八）に「神仏分離令」が布告されると、檀家衆は宗教変革の煽りをまともに受けざるを得なかった。その過酷な歴史は、昭和二十七年（一九五二）に発行された昭和版の山田増福院縁起『楢葉の末』に記されている（図12）。同書は、菊姫母子の供養本尊である地蔵菩薩像六体が、約八十年の歳月を経て、増福院に返還された記念式典に配布するために刷られた。その「編輯後記」では、「増福院住職門徒一同」との連名で、次のように記される。

> 明治維新の排仏毀釈の波に乗つて宗像神社権禰宜某当増福院を神社に改祀すべく門徒に働きかけました。そこで門徒が神佛両派に対立して争い開基当時の六地蔵尊佛体は神派に持ち出されました。それから訴訟沙汰となり八年目の明治十四年に長崎裁判所の判決で佛派の勝訴となり御佛体も寺に御返還すべく申渡がありましたが神派は焼却したからとて其の儘になっていました。寺では信者の動揺を憂慮し代りの佛体を作つて世間に秘密にしていました。

これは明治初頭の神仏分離令により、同寺院を支えとした「村落共同体」

が仏派（旧派）／神派（新派）に分かれて対立した経緯を示すものである。とくに山田増福院は、国家神道の祭祀を司る宗像大社と深いつながりのある寺院だけに、当時の檀家衆における信仰心の揺らぎは計り知れない。新政府主導の宗教観に準ずるべきか、村落共同体の成員として旧来の寺院信仰を守るべきか、その狭間で揺れ動く地方民の心の葛藤をみることができる。なお、本考の論点は両派の真偽を問うことではない。神仏分離という近代的な宗教観が、単に個人の信心の問題ではなく（「信教の自由」）、あるいは国家神道の形成という制度的観点でもなく、もっと身近に、村落共同体の存続危機として庶民生活の「場」に及んだ点にある。

その点に関して、明治期に村民が仏派（増福院）／神派（山田霊社）に分かれて争った裁判記録「山田村紛争一件書類」が参考となる。同記録で注目すべきは、明治十四年（一八八一）十月に長崎裁判所が下した判決文である。その言文は、仏派／神派による村民の主張よりも遥かに近代的である。しかもその判決は、両派の争い以上に、土着の信仰心によって支えられてきた村落共同体を根底から崩しかねない危うさに満ちていた。その冷淡さは、判決文の冒頭（第一條）から明確であり、

> 宗像氏ノ祖先氏貞ノ開基ナル旨、弁解スレトモ、奉加帳、勧化志ノ如キハ、当時ノ住僧カ集財ノ為メ、六地藏ノ功徳ヲ示シ、庶民ノ口碑等ニ依リ、粧飾書記シタルモノニテ、多クハ妄誕ニ属シ、的據アルニアラサルヲ以テ、信用スルニ足ラズ(21)。

と、増福院の開基伝承を俗信として一蹴する。同寺の「菊姫母子怨霊譚」は、開創時の住僧が根拠のない縁起譚を庶民に符牒して、銭米を集めるために創られた妄談として否定的に退ける。さらに同判決は、同寺院の本尊に関しても、

冷徹な判断を下す。

右六個地蔵ノ木像ハ、元六婦人ガ非命ニ死シタル怨魂ヲ慰スル為メ設置シタルモノナルモ、年月ヲ経過シタル後、神霊ヲ作為スルノ道理ナキモノナレハ、固ヨリ之ヲ神霊トシ、崇祭スヘキモノニアラズ。(22)

つまり六地蔵とは、もとは菊姫母子の怨魂を鎮めるために安置されたかもしれないが、長年の歳月を経るうちに、そうした道理（効用）も失われ、今では宗像大宮司家の神霊とは何の関係もない。いわば、その本尊は、ただの地蔵尊（木彫）に過ぎないとする。(23)まさにこの判決文こそが、尊像から縁起性（コト）を抜き取り、本尊をただの「物」とみる近代的な思考性を端的に示している。こうなると同判決は仏派（増福院）の敗訴と思いきや、意外な展開を示す。

増福院ニ於テハ、従来之ヲ尊崇奉護シ、乃テ氏貞ノ後室氏雄ノ妻、及ヒ四婢女ノ尊霊トスル所ニシテ、地蔵ハ乃チ佛道中六道能化ノ地蔵ニシテ、宗像氏ノ六霊ニ依リ、名称セシニ非ラズ。乃チ増福院ノ本尊トシ、尊奉スルモノナレハ、原由寄附ニ係ルモ、今日ニ在テハ、増福院ノ主本タル佛具ナリ。(24)

つまり増福院は、菊姫母子と侍女の菩提寺ではあるが、地蔵尊はそれとは何ら関係はなく、たんに仏道の六地蔵尊であるとする。ただし、それらの尊像は、ほんらい増福院の仏具（所有物）であるから、所有者である同寺に返却すべきであるとの判断を下す。ここでは本尊に付随する縁起性（コト）を引き抜いたうえで、仏像を「物」として扱い、

「物」の所有者に返還するのが道理であると説く。このような判決は、一応、仏派勝訴のかたちをとったが、本尊から縁起性を取り除かれた裁きでは、仏尊が有する霊験的な機能は薄弱化し、村落共同体を支える信仰的意味を成さない。そのため、裁判所が本尊の返還を命じたところで、すぐに地蔵尊が増福院に戻されることなく、結局、約八十年間の歳月を要することになった。

そこで仏派檀家衆は「寺では信者の動揺を憂慮し代りの仏体を作って世間に秘密にして」(『楢葉の末』)まで、村民の信仰心意を確保したという。また明治四十四年(一九一一)に新たに《宗像増福院御縁起画》(「増福院文書」)の絵伝(所在未詳)が制作されたのも、同等の意向と思われる。

つまり、仏派檀家衆によるこうした行為は、本尊の真贋はともかく、尊像(モノ)にまつわる「縁起性」(コト)を保守し、菊姫母子怨霊譚が有する信仰性を確保することで村落共同体の維持に努めたのである。その認識は、裁判官の仏尊に対する考え方とは真逆であり、彼ら村民が最も恐れたのは、村落共同体の瓦解である。いうならば、仏派檀家衆は、みずからの村落社会が、増福院の本尊に付与される菊姫母子怨霊譚への信仰心によって支えられてきたことを、十分に理解していたからである。それはいわば、旧来の寺院縁起(コト)が有する信仰性こそが、村落共同体の団結を促し、地域社会(コミュニティ)を存続させる重要な役割を担ってきたことを、端的に示している。

寺院縁起から「九州一の怪談」へ――近代メディアと縁起性――

ところで、山田増福院の縁起は、明治期に入り、もう一つ別の様相を呈しはじめる。それは、同縁起が怪談化する点にある。ただし、怪談といっても、近世的な語りとしての怪談咄ではなく、新聞や小説などの近代メディアによる怪談物語という意である。言うならば、同地の菊姫母子怨霊譚は、現在でいうところの情報企業(マスコミ)による伝播機能に

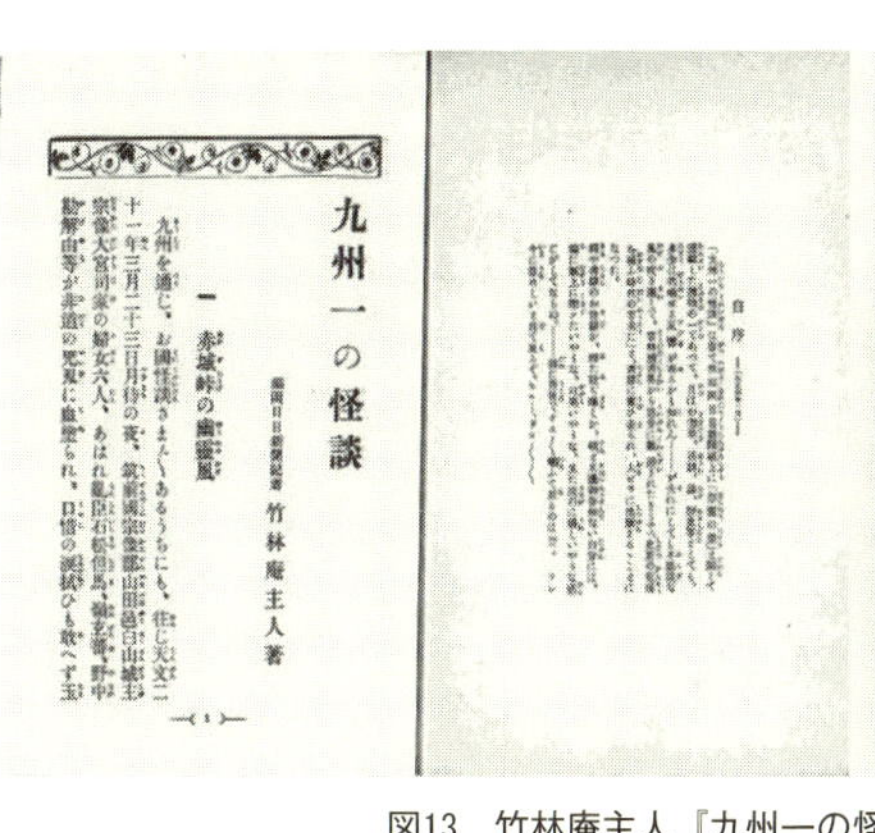
九州一の怪談

竹林庵主人著

図13　竹林庵主人『九州一の怪談』
（国立国会図書館蔵・デジタルコレクションより）

よって、「九州一の怪談」へと様変わりした。

そのあたりの事情を知る手がかりとして、大正四年（一九一五）に刊行された竹林庵主人による『九州一の怪談』（口上文）が参考となる。

> 此の山寺は、筑前國宗像郡の山田地蔵寺とて、名も著るき九州一の怪談―宗像大宮司家の菊媛御前、其他五人の亡魂が、天文二十二年から現はれ初め、柩の上に偃せた蘆屋の大釜を叩き破つて、九州一圓を暴れ廻り(25)

これまで同縁起が「怪談」として記述されることはなかったが、同書をもって初めて、菊姫母子怨霊譚が「九州一の怪談」として世にひろく紹介されることとなった（図13）。ここに、中世末から近世初頭にかけて成立した寺院縁起が、近代の出版メディアを介して、怪談として読物化していく経緯をたどることができる。しかもその変移を担ったのは、明治期において全国各地の都市にて起業された地方新聞社であった。この点については、前述の『九州一の怪談』における自序が参考となる。

「九州一の怪談」は嘗て我福岡日日新聞紙上に「怨霊の祟」と

願して連載した讀物の一であって、且はお伽草、法話、謎、歴史等としても、多少は共鳴せる反響が有るかも知れん（中略）「史實の乾燥を補ふ時代の要求だ」と、書肆に奪い去られ、大ビラに出版さる、ことになった。(26)

同文から『九州一の怪談』は、かつて「怨霊の祟」と題して「福岡日日新聞」に読物として連載されたことがわかる。また先述の『楢葉の末』（昭和二十七年〈一九五二〉）には「今から四十年前時の福岡日々新聞に連載されました」と記されており、逆算すると、「怨霊の祟」の連載は明治四十五年（一九一二）となる。このことから、地方の寺院縁起が、村落社会の伝承空間を離れて、新聞紙面の読物として記載されるという、近代における寺社縁起の新たな在り方を捉えることができる。さらに興味深いのは、こうした寺社縁起の怨霊譚が、大正期においては「史實の乾燥を補ふ時代の要求」として認識されていた点にある。国策によって俗信や迷信が排除されつつあった社会においては、むしろ逆に、在地に根づく旧来の俗伝こそが、時代が要求する物語となったのだろう。ここにもまた、中央政権の宗教政策や、裁判所の判決がどのような判断を下そうとも、日本近代が地方社会において土着的な俗信を捨てきれなかった要因を探ることができる。

さらに『九州一の怪談』の自序による記述も、興味深い。

實に三百有餘人に達した怨霊の祟―を祀り封じた一大霊場である。九鉄の赤間停車場から西北一里、白山城趾の下、伽藍建ならぬ萱葺屋根の山寺で、春は境内に柳櫻を混き交ぜて(27)

すなわち、九鉄の赤間駅ができたことで、山田増福院を「怨霊が鎮まる一大霊場」として、いわば観光名所の一つとみなす。この点が、近代における寺社縁起の新たな在り方であり、鉄道敷設によって、菊姫母子怨霊譚が観光資源として用いられるケースは注目にあたいする。

もちろん、山田増福院の縁起がメディア化していく背景には、〈山田村の村落共同体〉と〈福岡日日新聞〉のあいだで何かしらの連携があったにちがいない。当然そこには、同寺本尊をめぐる返還裁判が、少なからず関与していたのではなかろうか。鉄道敷設にともない、同寺を観光名所とすることは、言いかえれば、同村のコミュニティを支える菊姫母子怨霊譚を末永く維持することに繋がっていく。いわばそこには、〈村落共同体の維持〉と〈近代メディアの効用〉が寺院縁起を介して互いの利点を活かしつつ、旧来の伝承を後世へと受け継ぐ機能を有していたといえよう。

おわりに―語られる縁起と伝承空間としての公共性―

とりわけ宗教学や民衆史の観点から日本近代の仏教観を捉えるならば、その認識は廃仏毀釈や神仏分離を引き合いに出し、「宗教」〈個人〉と「世俗」〈公共〉を二分化する傾向にある。

ところが、「縁起学」の観点から同時代の仏教観を捉えるならば、そのように割り切って考えることは難しい。なぜなら、在地の寺社縁起こそが、〈公共空間としての世俗〉と〈私的信仰としての宗教〉のあいだを繋ぐ機能を果たしてきたからである。もっとも、ここで言う「公共空間」とは国家という単位ではなく、地方の村落共同体というミクロの単位である。前近代の日本宗教史を鑑みた場合、仏教に限っていえば、宗派・教義は千差万別で、諸地域における信仰形態は、先祖供養や自然崇拝との習合を含めて、おのおの異なる。いわば、西洋社会のように一神教的な価値観が全国を支配した歴史を有さず、その信仰形態はどの地域においても多義的である。それゆえに、近代において、「世俗／宗教」を分ける舶来の宗教政策〈世俗主義〉を試みたところで、一律に作用するはずはなかろう。明治期の廃仏毀釈や神仏分離が、とくに地方社会においてほとんど機能しなかったのは[28]、そうした理由による。

さらに言うならば、地域社会における信仰形態の多義性を最も顕著に表すものが「寺社縁起」である。ここでの「縁起」とは「テクストの語り」による伝承空間であり、かつ「視覚」による絵画的な伝承効用である。こうした伝承的機能こそが、在地の信仰形態を育み、地方の村落共同体を維持する支柱を成していた。その一例が、山田増福院の寺社縁起である。同寺に伝わる菊姫母子怨霊譚は、一見、史的根拠に乏しい迷信と思われかねない奇譚性を有している。ところが、むしろこの奇譚性こそが村民への信仰的求心力を高め、同縁起の継承を促した。

換言するならば、日本近代の宗教パラダイムにおいて真っ先に排除・弾圧された「在地の俗伝」や「土着の神仏信仰」こそが、むしろ逆に、同時代の地方社会では、村民たちの菩提寺への信仰心を高め、村落共同体を維持する糧となった。それゆえに、明治期において、新たな絵伝や縁起書が制作され、寺院縁起が新聞メディアに取り上げられたのである。

最後に、山田増福院では現在でも、毎年、菊姫母子の命日である四月二十三日の夜に、地域住民に《増福院縁起絵巻》を披露している。さらにその場で、住職が貝原益軒『増福院祭田記』を「語り」として拝読する。これは、前述の『筑前国続風土記拾遺』による「特に三月廿三日廿四日ハ老少群集して昼夜寺に籠りて渇仰す」との供養祭祀を、こんにちまで受け継ぐものである。それはまた、菊姫母子怨霊譚を「絵巻」や「語り」を介して後世へと伝えていくことを目的とする。しかも、その視覚的な語りは、怨霊供養の信仰が村民をつなぐファクターとして機能する意義を有している。

とはいえ、現住職の話によれば、「祭田記」の拝読は、つい数年前まで旧習に従い夜の十一時から行っていたが、近年は夜の七時から始めるという。その理由を尋ねると、深夜の供養語りでは、地域の子供たちが参加できないからだという。

こうした点からも、怨霊譚を有する寺院縁起が、各々の時代の意向に沿いながらも、絵巻や拝読を通じて次世代へと受け継がれる、近代的な地域伝承の在り方を捉えることができる。

注

（1）ルシアン・ヘルシア「世俗化時代のヨーロッパ」（島薗進・磯前順一編　苅田真司訳『宗教と公共空間―見直される宗教の役割』二〇一四、東京大学出版会、一三〇頁）。

（2）島薗進『国家神道と日本人』（二〇一〇、岩波書店）七頁―八頁。

（3）明治期における「祭政一致」と「政教分離」の二重構造については、注（2）前掲書、二頁―一七頁を参照。

（4）村落共同体の「民間信仰」や「民俗的なるもの」が、廃仏毀釈などの近代宗教政策による弾圧によって価値観を奪われた歴史性については、安丸良夫『神々の明治維新』（一九七九、岩波書店）一〇六―一〇七頁、一七八―一七九頁を参考とした。

（5）安丸民衆史に関する批評的論点として、小松和彦「安丸良夫の民俗論」（安丸良夫・磯前順一『安丸思想史への対論』二〇一〇、ぺりかん社、一六五頁―一八六頁）、島薗進「宗教研究から見た安丸史学―通俗道徳論から文明化論へ」（安丸良夫・磯前順一『安丸思想史への対論』二〇一〇、ぺりかん社、一三七頁―一六四頁）を参考とした。

（6）橋本章彦「縁起学への招待」（堤邦彦・徳田和夫編『遊楽と信仰の文化学』二〇一〇、森話社、一五頁）。

（7）同絵巻には「昭和三年五月寄附」と記されている。管見の限りにおいて、おそらく江戸後期から幕末・明治初期にかけて制作されたものと推測される。

（8）『宗像軍記』・『宗像事跡考』では、天文二十三年（一五五四）三月である。

（9）河窪奈津子「『宗像記追考』が語る宗像戦国史の虚実」（『福岡県地域史研究［第二十四号］』二〇〇七、福岡県地域史研究所、五七頁—六十頁）。

（10）なお、史的資料の記録によれば宗像氏男と菊姫の息子・宗像氏隆（国丸）は長門への逃れ、その後、帰農して長寿を全うしたと伝える。

（11）貝原益軒『増福院祭田記』は伊東尾四郎編『宗像郡誌［中編］』（一九三一、臨川書店）にて翻刻文が掲載されている。

（12）『増福院祭田記』の同所原文には「今彼増福院に住持の僧ありて尊霊につかふるといへども　人里遠き山寺にて　参詣の輩稀なれば　久して廃絶に及なん事を　相ともになげき　尊霊の御為に其里の田地を買て　此寺に寄附し奉り」とある。

（13）宗像市史編纂委員会『宗像史［史料編第二巻中世Ⅱ］』宗像市、一九九六年、三〇三頁。

（14）注（9）前掲論文、四八頁。

（15）注（9）前掲論文、四八頁。

（16）注（9）前掲論文、四七頁。

（17）注（13）前掲書、二七五頁。

（18）他に益軒の「祭田記」を簡略化した縁起書は、享保十七年（一七三二）成立の『宗像郡山田村地蔵菩薩縁起』（写本冊子・旧福岡県文化会館蔵）などがある。

（19）注（9）前掲論文、六〇頁。

（20）注（13）前掲書、三〇三頁。

（21）伊藤尾四郎編『宗像郡誌［下編］』（一九八六、臨川書店（初版一九三二）五九七頁。なお、濁点は筆者による（注（22）・（24）も同様）。

（22）注（21）前掲書、五九九頁。

（23）なお、同文は神派（山田霊社）による同尊が宗像大宮司の祖先に関わるものであるという主張を否定するものである。

(24) 注(21)前掲書、五九九頁。
(25) 竹林庵主人『九州一の怪談』(一九一五、善教堂書店)、口上。
(26) 注(25)前掲書、自序。
(27) 注(25)前掲書、自序。
(28) ジェームス・ケテラー　岡田正彦訳『邪教/殉教の明治』(二〇〇六、ぺりかん社)一一三頁―一一四頁。

[付記]
本稿は日本学術振興会科学研究費補助金「「明治期の高僧絵伝」における地方寺社伝承の近代化に関する研究」により遂行されたものである。二〇一五年三月十日の山田増福院での調査の際に、お世話になった住職をはじめ関係者の方々に厚く御礼申し上げます。

あとがき

人の心を動かす宗教的な感動、とりわけ奇しき出家の因縁をつまびらかにする仏教説話は、ときとして数奇なさだめを描くフィクションの世界と重なり合い、聖俗の垣根を曖昧にすることがある。

指のない　尼をなぶれば　笑ふのみ

（宝暦五年・一七五四刊『誹諧童の的』）

遊里の情愛遍歴を過去にもつ尼僧という設定。この女に指を失うことになった心中立ての顛末を問いただしたところで答えは返ってこない。事情のある尼の壮絶な人生を微笑の裏側によみとる江戸中期の雑俳は、発心遁世を語る中世仏教文学の常套テーマが、俗世の女のものがたりに置き換えられていく姿をみごとに浮きあがらせている。

江戸時代のこうした文芸感覚は、言を換えていうなら、衆庶の好みに合致したトレンディな宗教表象の登場を意味している。たしかに俗文芸への変遷は寺社縁起や僧伝の俗化とみなしうる事柄かもしれない。だが、「俗化」もまた布教の拡散と大衆層に対する生活レベルの信心の浸透には不可欠の要素であった。『誹諧童の的』の別の句に「風流の下卑(げび)て貴き阿闍梨の気」とあるのは、俗なる聖者への共感を心地よしとする時代の声の象徴といえるだろう。

十八・九世紀の庶民文化に定着した「俗化する宗教表象」の種々相は、それでは近代を迎え、西欧風の開化思想に人々の関心が集まる時代にいたり、いかなる変容をとげていったのであろうか。二〇〇〇年以降、かような命題をめぐる議論が、本書の執筆者に名をつらねる研究者のあいだで幾度となく繰り返されてきた。

本書の直接的な出発点となったのは「はじめに」にあるとおり、二〇一五年十二月のシンポジウム「俗化する高僧絵伝と明治時代——寺社縁起にとって近代とは何か?」であった。

寺坊のみならず、ひろく一般社会に行きわたった高僧のものがたりと聖跡の図像化に光をあて、観る者聴く者を法悦の世界にいざなう宗教表象のありようが明治開化期にどのように継承され、また前代との不連続線をいかなる局面であらわにしたのかを探る。先のシンポジウムの視座はおもにこの点にしぼられていた。本書のサブタイトルに「縁起」「絵伝」のキーワードを掲げたのは、そのような考え方の延長上にある。ことにⅠ「開化期の高僧絵伝・聖人伝説」の諸論はシンポジウム以来のテーマを深めたものとみてよい。

一方、単行本にまとめるにあたっては、考究の対象を僧坊の発信する唱導説話の範囲にとどめず、世俗に流伝した広汎な信仰伝承の領域をもターゲットに加えることとした。幕末・明治の巷間に語られた「怪異」を仏教説話や寺社縁起の変奏ととらえ、信仰より派生した不思議な事象に位置付けたのはそのあらわれである。すなわちⅡ「仏教説話・寺社伝承の明治時代」に件（牛人間）や怪火の噂話をとりあげたのは、民衆のあいだで化学変化をとげた宗教表象のゆくえを追尾しようとしたからである。

そもそも寺と怪談の関係性は、江戸期に立ちあらわれた累ヶ淵怪談と祐天上人伝の濃密なかかわりをみれば疑う余地がない。またお菊の皿を宝物とあおぐ江戸麹町・常仙寺の略縁起からも分明なように、怪異文芸と唱導の場の交絡は、明治以前の世俗においてしごく当たり前のことがらであった。かような仏教怪異譚の流れは明治期になってどのように受けとめられ、世間話、都市伝説のたぐいに吸収されながら今日にいたるのか。個々の事例にそって変容の軌跡を究めることも、本書の目的のひとつにほかならない。

さらにまた、寺坊を淵源とする宗教表象の土壌が、開化期のさまざまな新事物の影響化に変貌していく様態は、「怪異」以外の対象においても十分に検証可能である。Ⅲ「モノとしての寺社縁起と近代」に収める論考は、「観光」「土産」「交通」という開化期特有のことがらに注目し、信徒の法悦と宗教的情熱が目にみえるかたちで商品化されるプロセスを再現している。あわせて鳥瞰図、仏教写真などの視覚文化の観点から前近代の縁起・絵伝の質的な変化を解析し、近現代の芸術・文化へと連続していく道筋を明らかにした。

この国の宗教表象は世俗化の道を歩む過程で、じつに多様な「コト」「モノ」と交絡しつつ開化の時代を通り過ぎていったのである。むろんそのあいだには、本来の教義や経典にのっとる布法説話への揺り戻しが試みられたことも事実であろう。しかし総体としてみれば、明治開化期を経ることにより、寺社縁起、高僧伝は大衆的なアミューズメントの性質を確実に強め、娯楽と遊興の周辺事物に混融していった。寺社を観光地の代表格とみなし、仏像・仏画を美術鑑賞の被写体に位置付ける現今のありようを再認識し、その原初の出発点に溯源しようとするとき、聖俗の混交を加速させた明治開化期の宗教表象の解明は避けて通れないのではないだろうか。

近代以後の縁起・僧伝の世界は、周辺に散在する大衆文化との連結と融化により、はじめて全体像をあらわすことになる。宗教表象をとりまく種々のことがらを、あたかも空行く鳥の目をもって俯瞰的に捉えていかなければ、真理はいつまでたっても「近くて遠い存在」のままになってしまうだろう。本書が学問の綜合へとつづく鳥の目の方法を模索するための一里塚となることを願って止まない。

最後になったが、本書の出版企画を快諾されたばかりか、遅々として進まない作業を暖かく見守っていただいた三弥井書店・吉田智恵氏に深謝申し上げる。

二〇一七年一〇月三〇日

台風一過の洛北木野

堤　邦　彦

著者略歴

堤　邦彦（つつみ　くにひこ）
1953年生まれ。京都精華大学教授。博士（文学）。
『江戸の怪異譚～地下水脈の系譜』（ぺりかん社、2004年)、『江戸の高僧伝説』（三弥井書店、2008年)、『絵伝と縁起の近世僧坊文芸～聖なる俗伝』（森話社、2017年)。

菊池　政和（きくち　まさかず）
1960年生まれ。花園大学非常勤講師。修士（文学）。
『無刊記本　首書歎異抄—解説・影印』（九州教学研究所熊本分室、2012年)、『真宗の立体紙芝居「親鸞さま」』（堤邦彦・徳田和夫編『遊楽と信仰の文化学』、森話社、2010年)。

塩谷　菊美（えんや　きくみ）
1957年生まれ。神奈川県立平塚商業高等学校。博士（文学）。
『語られた親鸞』（法蔵館、2011年)、「「石山」呼称一般化の過程—実録『石山軍艦』の成立まで—」（『ヒストリア』260号、大阪歴史学会、2017年)。

佐谷　眞木人（さや　まきと）
1962年生まれ。恵泉女学園大学教授。博士（文学）。
『平家物語から浄瑠璃へ　敦盛説話の変容』（慶應義塾大学出版会、2002年)、『日清戦争　国民の誕生』（講談社、2009年)、『民俗学・台湾・国際連盟　柳田國男と新渡戸稲造』（講談社、2015年)。

橋本　章彦（はしもと　あきひこ）
1955年生まれ。京都精華大学非常勤講師、京都橘大学非常勤講師など。博士（文学）。
単著『毘沙門天—日本的展開の諸相—』（岩田書院、2008年)、共著『略縁起　資料と研究』第３巻（勉誠社、2001年)、共編『異界百夜語り』（三弥井書店、2014年)。

北城　伸子（きたしろ　のぶこ）
1972年生まれ。京都大学大学院事務補佐員。博士（文学）。
翻刻・解題「西播怪談実記」「孝子善之丞感得伝」（堤邦彦・杉本好伸編『近世民間異聞怪談集成』、高田衛監修『江戸怪異綺想文芸大系』第５巻、国書刊行会、2003年)、「「数珠繰り」の習俗と江戸戯作—京伝・南北の趣向をめぐって」（『説話・伝承学』8号、説話・伝承学会、2000年)、「明けなき夜の百鬼夜行—鳥山石燕『画図百鬼夜行』の構成方法」（『國文學　解釈と教材の研究』、學燈社、2007年)。

門脇　大（かどわき　だい）
1982年生まれ。神戸星城高等学校ほか非常勤講師。博士（文学）。
「猫の報恩譚」（横山泰子ほか『〈江戸怪談を読む〉猫の怪』、白澤社、2017年)、「海の化物、海坊主—化物の変遷をたどる」（鈴木健一編『海の文学史』、三弥井書店、2016年)、「天狗と風—怪異観をめぐる一考察」（鈴木健一編『天空の文学史』、三弥井書店、2015年)。

鬼頭　尚義（きとう　なおよし）
1980年生まれ。博士（学術）。
「通称寺と縁起—実方説話から更雀寺縁起へ」（堤邦彦・徳田和夫編『遊楽と信仰の文化学』、森話社、2010年）、「写し霊場の制定と巡礼歌—美嚢郡西国三十三所を中心に—」（『日本文化論年報』第19号、神戸大学大学院国際文化学研究科日本学コース、2016年）、「開帳される弘法の遺品—御衣を中心に—」（『宗教民族研究』第24・25合併号、日本宗教民族学会、2016年）。

朴　美暻（ぱく　みぎょん）
1976年生まれ。京都大学文学部非常勤講師。博士（文学）。
単著『韓国の「鬼」—ドッケビの視覚表象』（京都大学学術出版会、2015年）、共著「韓国の地域振興におけるドッケビの利用—谷域地方の事例を中心に」（小松和彦共編『進化する妖怪文化研究』、せりか書房、2017年）。

藤巻　和宏（ふじまき　かずひろ）
1970年生まれ。近畿大学教授。博士（文学）。
『聖なる珠の物語—空海・聖地・如意宝珠』（平凡社、2017年）、『近代学問の起源と編成』（井田太郎・藤巻和宏編、勉誠出版、2014年）、『聖地と聖人の東西—起源はいかに語られるか』（勉誠出版、2011年）。

末松　憲子（すえまつ　のりこ）
1978年生まれ。名古屋大学減災連携研究センター　技術補佐員
京都精華大学人文学研究科。修士。
主な著書論考　「伝播する「小鍛冶」—京名所・寺社縁起・歌舞伎」（後藤静夫編『近代日本における音楽・芸能の再検討２』京都市立芸術大学日本伝統音楽研究センター、2012年）。「はじめに歌枕あり—八橋売茶方厳の三河八橋再興」（堤邦彦・徳田和夫編『遊楽と信仰の文化学』森話社、2010年）。「青蓮院門跡の略縁起—出開帳とその周辺」（石橋義秀・菊池政和編『近世略縁起論考』、和泉書院、2007年）。

佐藤　守弘（さとう　もりひろ）
1966年生まれ。京都精華大学教授。博士（芸術学）。
『トポグラフィの日本近代—江戸泥絵・横浜写真・芸術写真』（青弓社、2011年）、「遺影と擬写真—アイコンとインデックスの錯綜」（『美学芸術学論集』第9号、神戸大学芸術学研究室、2013年）、「キッチュとモダニティ—権田保之助と民衆娯楽としての浪花節」（『大正イマジュリィ』No11、大正イマジュリィ学会、2016年）。

鈴木　堅弘（すずき　けんこう）
1977年生まれ。京都精華大学特別研究員。博士（学術）。
『春画論—性表象の文化学』（新典社、2017年）、『とんでも春画　妖怪・幽霊・けものたち』（新潮社、2017年）、「「熊野勧心十界曼荼羅」にみる性愛のイコノグラフィー」（京都仏教説話研究会編『説話の中の僧たち』、新典社、2016年）。

俗化する宗教表象と明治時代　縁起・絵伝・怪異

平成30年2月12日　初版発行

定価はカバーに表示してあります。

©編　者　堤　邦彦・鈴木堅弘
発行者　吉田栄治
発行所　株式会社 三弥井書店
〒108-0073 東京都港区三田3-2-39
電話 03-3452-8069
振替00190-8-21125

ISBN978-4-8382-3331-1 C0014

整版　ぷりんてぃあ第二
印刷　エーヴィスシステムズ